왕초보의 대한민국 검찰문화 입문기

문화방송 녹취록 사건을 파헤치며

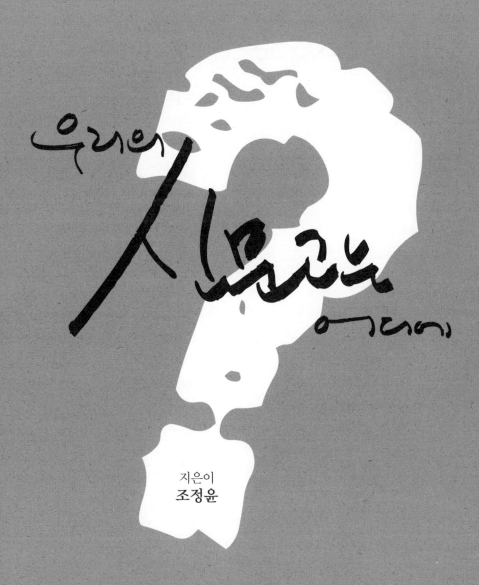

우리의 신문고는 어디에

지은이
조정윤

가나북스

우리의
신문고는
어디에

우리의
신문고는
어디에

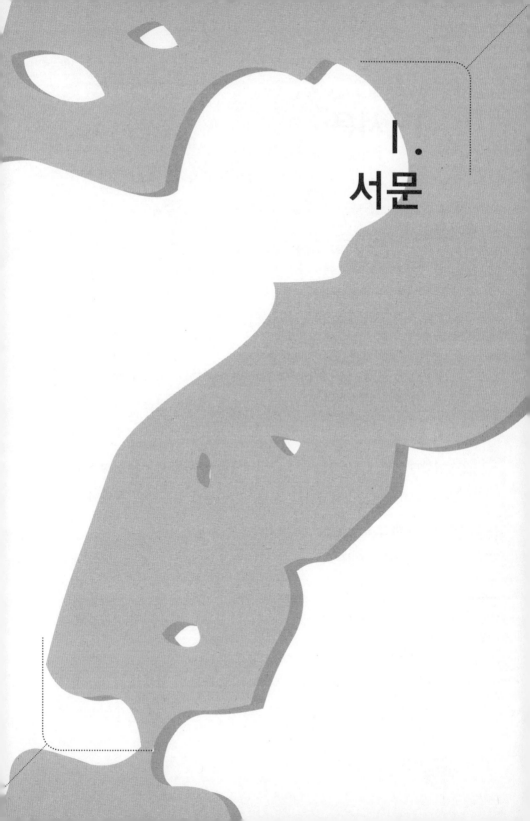

I.
서문

Ⅰ. 서문

　동서고금을 막론하고 지구상 어느 나라에서의 사법 현장에서도 불평과 불신의 목소리가 있기 마련일 터입니다. 평소에 법을 지키고 따르는 것이 결국 가장 편하게 사는 길로 알았고, 또 스스로도 이제껏 순리대로 살아왔다고 자처했었습니다. 그러다가 2011년 6월 발생한 진정 사건으로 사법 사건의 당사자가 되고 보니, 앞에 놓인 길은 좁았고 언제든 넘어질지 모르는 돌부리는 곳곳에 산재되어 있었습니다.

　평소에 우리 사법문화에는 전혀 무지했던 저로서 우리 사법현장에서 겪은 다각적인 체험은 무디기만 했던 제 의식에 뼈아픈 각성으로 다가왔습니다. 사실 일반 시민이 법을 피부로 느끼는 것은 자신이 사건의 당사자가 되었을 때일 것입니다.

　겪어보니, 사건 하나가 소송 당사자들에게는 삶 전체와 맞먹는 절대적 의미를 띨 수도 있기에, 대한민국의 사법 정의와 사회정의를 바로 세우는데 사소하거나 대수롭지 않은 사건은 결코 없는 듯 했습니다. 살다 보면 자신에게만 일어나는 일도 없듯 타인에게만 일어나는 일도 결코 없음도 실감했습니다.

더욱이 대부분의 소송의 소용돌이가 당사자에게 남기는 것은 파란만 장한 고통 뿐으로 결국 재판 결과가 관심의 대상이 되는 것은 그것이 당 사자들에겐 제도적으로 종국적인 선언이 되기 때문이겠습니다.

지금까지도 저는 복잡한 법에 대해서는 알 필요도 전혀 없었을 뿐만 아니라 인간과 인생에 대해 긍정적이고도 무한한 선의로 충만했었는데 진정사건이 발단이 되어 사법 과정을 모두 거치며 의료법이라는 만화경 같은 렌즈에 투과되고 나니 어이없게도 '위법 사무장'이라는 혐의를 썼 던 그 불가사의한 상황을 전혀 이해할 수 없습니다.

우리 헌법에는 엄연히 국민의 기본권이 보장되어 있는데 너무 무고 하게 억울한 일을 당한 사람에게 아무런 대책 없이'아무리 억울해도 어 쩔수 없다'는 것처럼 반인권적이고 절망적인 말은 없을 것입니다. 더욱 이 통계에 따르면 지난 10년(2005~2014) 사이에 무려 80여명이 검사 수사를 받다가 자살했으며, 게다가 해마다 그 수가 점증하는 것에 주목 하지 않을 수 없습니다.

최근 보도에서 피의자로 구속되었다가 나중에 무죄판결을 받은 사례 가 사상 최대를 기록한다고 하는데 이는 우리 사법부가'확정판결은 곧 진실'이라는 권위주의적 발상에서 벗어나 국민의 기본적 인권을 존중하 고 사회정의를 실현하려는 즉 진정한 법치주의를 지향하고 있음을 반증하는 희망의 메시지라고 하겠습니다.

　지난 3년여 동안 사법 사건을 겪으면서도 저는 '모든 길은 진실로 통하는 법'이고 결국 '언젠가는 진리가 승리한다'는 평범하지만 영시대적 진리에 대한 믿음만을 굳게 붙들고 여기까지 오게 되었습니다. 지금으로서의 제 소망은 사건의 증언을 남기는 것 즉, 사건을 통해 제가 알게 된 것 그리고 보고 들은 것을 기록하는 것입니다.

　따라서 그 기록들을 엮은 이 책은 우리 사회의 최대 다수를 이루고 있는 보통 사람들에게 지금 우리 사법문화의 현주소는 어디쯤이며, 주권자인 국민들에게 도대체 법이란 어떤 의미로 다가가고 있는가를 다큐 그대로 보여주고자 하는 하나의 증언입니다.

　무엇보다 검찰문화에 대해서는 왕초보였던 제가 겪은 이 후일담이 검찰 수사를 겪은 분들에게는 가슴시린 공감으로 그리고 겪어보지 않은 일반 독자들에게 유비무환의 예비 학습서로써 반면교사의 역할을 할수 있었으면 합니다.

　말하자면 이 증언록은 이른바 사무장병원의 혐의를 받으며 겪은 사법 피해 일지이면서 동시에 보험공단 ○○지사의 환수금을 놓고 이해 당사자들 사이의 밀고 당기는 사법 사례 일지이기도 합니다.

　예컨대 진정에 성공하면 진정인은 포상금을 환수금의 상당부분(10~20%)을 받게 되고 사건 당사자들은 보험공단 ○○지사에 피해보상액으로 환수금 전액을 나누어 내야 하기 때문입니다.

　꿈에조차 상상할 수 없게도 전혀 예기치 않았던 사건을 겪으며 왜 하필 나에게 이런 일이 있었느냐고 한탄하다가 이제껏 경찰서 문 안에도 들어가 본 적이 없는 나에게조차도 이런 일이 일어날 수 있다며 닥쳐온 시련을 정중히 받아들이게 되었습니다.

그러자 비로소 결국 우리 모두의 문제일수 있는 이 증언록을 가슴에만 묻는다면 사건의 진실은 묻혀버리고 사법적 정의 또한 바로 세울 수 없음을 깨닫게 되었습니다.

그렇다면 시민적 용기와 결단으로 주권자인 국민으로서 침해받은 권익에 대해 항변하는 일은 단순히 쌍방간의 이해관계를 다투는 것을 넘어 자기 자신에 대한 의무일 뿐 아니라 나아가 공동체 전체의 정의를 지키는 의무이기도 하다는 결론에 이르게 된 것입니다.

예컨대 '한번 재판에서 패소하면 영원히 패소한다'는 우리 사법 풍토가 근본적으로 개선되기를 기대하며, 무엇보다 사법피해자에 대한 구조 없이 헌법에 보장된 인간의 존엄성도, 정의사회 구현도 그리고 항간의 최대 화두가 되는 사법개혁도 공허한 구호일 따름이겠습니다.

지나가다 무심히 발로 찬 애꿎은 돌멩이에도 개구리가 횡사할 수 있듯 그렇다면 더욱, 하늘이 무너져도 바로 세워야 할 사법 정의는 무고한 사법 피해자들의 정당한 권익보호가 아닐까 합니다. 법이 결코 먼데 있는 것이 아니라 상식이며 도덕이며 윤리 안에 있다면 더욱 '법 이전에 인간 사회의 기본'이 있음을 믿기 때문입니다.

선진국이 되어 갈수록 법은 특권층의 전유물이 아니라 국민 모두의 것이 되어야 할 것입니다. 따라서 본서에서 열고자 하는 국민법정은 대한민국의 주권자인 일반 국민이 함께 참여하는 장으로서 이른바 의료법에서 정의하고 있는 사무장병원의 참뜻 그리고 그 의료법 적용의 한계와 의의 등에 대해 폭넓게 공론화 할 수 있는 계기를 마련해 보려고 합니다.

이를 통해 양심을 가진 국민의 건전한 상식과 법 감정에 기초하여 사건 사례를 통해 우리 검찰문화를 아우르는 사법문화 전반에 걸쳐 다양한 논의를 이끌어 낼 수 있을 것입니다.

더욱이 법의 해석과 적용에 만장일치가 있기란 어려울 것입니다. 그래서 본서에서는 국민법정에 주권자인 국민 여러분들을 초대하여 합리성과 공정성을 추구하는 법의 이념에 합당하게 논의를 펼칠수 있었으면 합니다.

이른바, 실제 재판이 사실의 인정과 법률 해석 및 적용의 두 단계를 거친다면 사실의 인정은 공론화의 넓은 장에서 사실을 보는 다양한 관점에 대한 개방성을 통해 보다 진리에 근접될 수 있을 것입니다. 그리고 전문 법조인들도 법 논리에만 매이지 말고 현실 세계로 내려와 다 같은 국민의 입장에서 국민의 진정한 목소리에 귀 기울일 수 있는 장이 될 수도 있을 것입니다.

지금 이 시간에도 억울함에 가슴 치는 무고한 사법 피해자들을 위해 울려줄 이 시대의 진정한 신문고는 어디에 있는지 자문해 보며, 지금으로서는 사건의 실체적 진실이 완전히 밝혀질 때를 기다리면서 사건의 증언록인 이 한권의 책을 국민들에게 바칩니다.

II.
검찰수사에 대한
공개진정서

Ⅱ. 검찰 수사에 대한 공개 진정서

1. 진정 경위

사실 그동안 저는 다만 교직에만 있었기에 비즈니스 경력도 전무할 뿐 아니라 그 흔한 계 조차 한 적이 없고 더욱이 누구에게 빚도 져 본적 없고 굳이 분수에 넘는 욕심도 낼 필요 없이 그렇게 자족하며 살아 왔습니다.

거기다 60 중반을 바라보는 이 나이에 언감생심 전혀 생소하기만 한 병원 운영을 시도하려고 할 가능성은 전혀 없었습니다. 사건병원의 건물이 임대중일 당시 저는 망막박리 수술에 이어 백내장 수술을 받으므로써 절대 휴식이 필요하기에 학교를 쉬고 있던 중이었습니다.

특히 교직에 있을 때는 학생 교재만 주로 써 왔으나 예비 노년에 이른

이제는 큰 수술을 하게 된 눈의 건강만 허락된다면 전공인 문학에 전념해 온 제 생을 결산하는 의미에서라도 사회에 유익이 되는 문예관련 교양서적을 쓰는데 전념하고 싶었습니다.

그러다 2011년 6월 발생한 진정 사건으로 막상 사법 사건의 당사자가 되고 보니, 사건 하나가 소송 당사자들에게는 삶 전체와 맞먹는 절대적 의미를 띨 수도 있음을 절감했습니다. 저는 사전 계획에도 없이 건물 임대 과정에서 개설 요양병원을 임시적으로 몇 달 돕다가 사법사건까지 겪게 되었는데 사실 예기치 않게 날벼락과도 같은 진정을 받고 검찰과 법원이라는 사법과정을 모두 거치고 난 후, 그 사법 피해의 환부를 만인에게 드러내기 까지에는 깊은 절망 끝에 참으로 많은 용기와 결단이 필요했습니다.

최근 언론매체에서 '사무장병원'에 대한 수사가 대대적으로 이루어졌다는 보도가 몇차례 있기 전까지 일반인들에게는 사무장병원에 대한 개념조차 낯설 수 있습니다. 그런데 바로 제가 '비의료인으로서 병원을 운영하고 있다'는 바로 그 사무장병원 혐의로 진정받고 날벼락 같은 수사를 받게 되었던 것입니다.

돌이켜보면, 저는 이제껏 60 중반을 넘도록 살아오면서 이 사건 이전에는 단 한번도 법률위반을 한 바 없이 참으로 순리대로 성실하게 살아왔음을 양심에 손을 얹고 맹세합니다. 따라서 이 공개진정서는 결코 목전의 사법 피해만을 임시로 모면하려는 상투적인 변명이 아니라 억울함이 쌓여 한이 맺힌 절규에 다름 없겠습니다.

더욱이 건물 임대 과정에서 상담 왔던 한 의사가 '지금 근무하는 병원이 사무장병원 같아 꺼림직 하여 직접 병원을 운영하려 한다'고 얘기해서 사무장병원이 위법이라는 것은 알게 되었습니다. 때문에 건물 임대를 돕던 당시 제가 이미 사무장병원이 위법임을 알면서 범법을 자초할 이유나 가능성은 전혀 없었던 것입니다.

그럼에도 저는 이미 3년 이상을 검찰수사받고 법정에서 이른바 조서재판의 관행에 따라 재판을 받으며 극심한 사법피해의 트라우마를 겪었습니다. 특히 사건이 판결 결과에 따라 패소하면 내야 하는 수십억에 달하는 환수금을 둘러싸고 포상금이나 성과급 등과 연관까지 되는 이해당사자들의 모략에 따라 까딱하다가는 엄청난 사법피해를 입고 천길 낭떨어지로 떨어질수 있음을 절감했습니다.

2011년 6월 발생한 진정사건 이후 그동안 제가 사법사건의 당사자가 되어 꿈에조차 상상할 수 없게도 전혀 예기치 않았던 사건을 겪으며 막심한 사법피해를 입고 보니 너무도 억울한 사건의 증언을 다만 한맺힌 응어리로 가슴에만 담아두기 보다 기록으로라도 남기고 싶었습니다.

무엇보다 구체적 사법 피해 사례 없이 그리고 피해자 구조 없이 사법개혁도 인권 운동도 정의 사회에도 그리고 각종 부조리 척결도 다만 피상적이고 공허한 구호일 따름임을 절감했기 때문입니다.

이제껏 저는 법치주의가 바로서야 개개인의 자유와 권리가 보장되고 사회정의와 공적질서도 제대로 확립될수 있다고 믿고 살아왔습니다. 때문에 건전한 의식과 합리적인 판단을 가진 일개 시민에게 있어 검찰은 국가 공권력으로서 수사권과 공소권을 갖는 행정기관이기에 충분히 존중받아야 마땅하다고 생각했습니다.

그런데 막상 검찰 수사를 받아보니 저와 같이 평소 전혀 검찰에 간적도 없는 일반인들이 막상 검사실의 삼엄한 분위기에서 수사를 받게 되면 스스로 무혐의를 확신하면서도 극도의 멘탈붕괴에 이를수 있음을 겪어본적이 없는 사람들은 모를 것입니다. 그제서야 종종 검찰수사를 받다가 자살을 기도하는 사람들의 막막한 심정을 충분히 이해할 수 있을 듯 했습니다.

사건병원은 개설된지 불과 수개월 경과된 초기였기에 자금면에서 과도기적 불안정을 심히 겪고 있었던 중이었는데 그러나 만일 검찰수사가 병원 개설하고 적어도 1년 정도 경과한 후에 재개됐다면 그 기간 안에 건물주 회사는 임대료를 제대로 낼 수 있는 임차인 병원장으로 바꾸는 한이 있더라도 사건병원은 곧 자금수급에 안정을 되찾고 병원장이 책임지고 안정적으로 운영을 도맡을 수 있었을 것입니다.

사건병원이 진정받고 날벼락 맞듯 수사가 시작되어 밀어붙이기식 수사가 두세 달 이상 진행되는 것을 지켜보면서 극심한 소모에 시달리다 저희와 같이 사무장 병원으로 신고 받은 다른 요양병원은 어떻게 수사를 받았는지 알아보기로 했습니다.

과문한 탓이었는지 모르지만 그 당시에는 서울에는 별로 그런 병원이 없고 지방에 그렇게 수사를 받은 병원들이 있다고 했습니다. 그런데 그런 대다수 병원들도 대부분 수사를 받았을 때는 이미 1년 이상 경과되었을 뿐만 아니라 수사를 받았다 해도 병원장이 직접 임대해 운영하고 있다는 병원장의 진술과 임대 계약서 또는 차용증 등을 갖추고 실제 임대료를 내고 있으면 수사는 대부분 마무리 되었다고 들었습니다.

그에 비하면 진정인이 얼마나 교활하게 수사관을 회유했던지 개설한 지 불과 몇 달 안된 사건병원에 대한 수사 범위는 전방위적이었다고 하겠습니다. 전 직원과 현 직원들에게 수사관과 진정인이 교대로 전화해서는 '사건병원이 사무장병원 같은 점에 대해 참고인 진술을 해 달라'고 했습니다.

그러나 병원 오픈시 개설자금을 자기 돈만으로 충당하는 의사가 몇이나 있을지 또 옛 친구 지인인 의사에게 개설자금을 몇 달 먼저 빌리도록 도와주고 매일 발생하는 적자를 관리하기 위해 병원 운영을 옆에서 도왔던 것이 그렇게 큰 죄가 되는지 도무지 갈피를 잡을 수 없었습니다.

그리고 그때 만일 전임 병원장 심○○가 막무가내로 당장 폐업하겠다고 고집을 피우지 않고 조금만 시간적 여유를 주었더라면 당장 자금마련이 안되서 개설 후 론을 얻어야겠다는 후임 병원장에게 그렇게 서둘러 임대차 계약이 인계 되지는 않았을 것입니다.

검찰수사를 받게 되어 수사관이 병원의 임대계약이 위장된 계약인 듯 마구 다그쳐대니 진○○ 후임 병원장이 인수인계 할 때 작성만 했지 별다른 용도도 없이 다만 보관만 하고 있던 차용증이라도 사무장 병원 혐의를 벗는데 도움이 되지 않을까 싶어 제출을 했습니다. 그러나 그 차용증은 도리어 제가 심○○이 두고 간 도장으로 심○○이 간 후에 조작한

듯 의혹만 부풀렸다고 하겠습니다.

그런데 그 차용증은 분명히 진ㅇㅇ과 임대계약(2011. 2. 10.) 하며 미리 작성하여 다음날 심ㅇㅇ에게 주려고 했던 것입니다. 더욱이 심ㅇㅇ이 간 이후에 그 도장은 전혀 필요가 없어 사용한 적이 단 한번도 없습니다. 그런데 수사기록에는 제가 마치 그 도장으로 무슨 서류라도 조작하려고 심ㅇㅇ이 떠날 때 되돌려 주지 않고 또 차용증도 그 도장으로 사후에 조작한 듯 되어 있었습니다.

후에 심ㅇㅇ은 그 도장으로 개설했던 통장의 도장을 바꾸어 병원 적자 때문에 세무서에서 받게 되는 환급금 5,900만원을 받았다고 들었습니다. 그러하기에 심ㅇㅇ에게도 이미 그 도장이 전혀 필요없었을 뿐만 아니라 저 또한 그런 엄청난 수사를 받으리라고 전혀 예상치 않았는데 무슨 서류를 조작하려고 그 도장을 일부러 돌려주지 않았겠습니까. 그러나 검찰수사는 처음부터 계속 이렇게 저를 사무장병원을 한 사람으로 표적 삼으며 계속 사무장병원 여부를 판가름 한다는 대법원 판례에 엮어 댔습니다.

그런데 검찰수사를 받는 과정에서 수사관은 처음부터 심증을 굳힌듯 병원의 실질적 임대차계약을 위장된 임대차계약으로만 의심하며 병원과 관련된 모든 서류들을 제출케 하니 변호사를 비롯하여 주위의 모든 사람들이 한결같이 아무리 병원이 적자가 나도 임대료만이라도 제대로 받는 계좌를 만들라고 하였습니다.

위법을 저질렀다고 전혀 생각지 않으면서도 하도 수사관이 이미 결론이 다 나왔다는 듯 그렇게 혹독하게 강압수사를 하니까 사건 당사자로서는 우왕좌왕 하지 않을수 없었습니다. 그러다보니 의심을 받지 않으려는 고육책으로(당시 엄청나게 발생하는 적자 때문에 임대료도 아직 제대로 나오지 않는데도) 황망해 하며 인위적 거래계좌까지 만들었습니다. 그러나 이런 인위적 거래계좌까지 수사과정에서 다 드러나니 수사관과 검사는 더욱 가장된 임대계약이라는 의혹을 부풀렸을 것입니다.

백번 양보해 보면 이렇듯 강압수사를 받게 되면서 우왕좌왕 했던 미숙함이나 개설 초기 과도기의 자금수급의 미비점들이 검찰의 시각에서는 마치 형식적인 임대계약을 실질적인 임대계약으로 가장한 듯 오인했을 수 있겠습니다.

그러나 무엇보다 수사 초기부터 수사관은 오로지 제가 의사를 고용해 불법적으로 병원을 운영한 악덕 사무장이라는 눈 먼 확신에만 빠져 있었다고 하겠습니다. 그러다보니 개설 초기의 사건병원이 수사받는 과정에서 의료법에서 위반시하는 사무장병원이 결코 아니고 저도 그런 병원을 운영하는 사무장은 도저히 될수 없는 많은 정황들과 조건들은 다 걸려져 버리고 말았던 것입니다.

그런데 그런 시각에서 진행된 수사는 이미 수사의 핵심에서 완전히 벗어났을 뿐만 아니라 판결 결과에서도 요양병원에 대해 아무런 예비 지식도 없이 임대를 도우려고 했던 일반인인 저만 법정 구속까지 되었습니다. 이는 사법적 판단에 있어 엄청난 사실오인으로 이로 인해 의료인과 비의료인 사이에 극단적인 불평등을 발생시키고 있다고 하겠습니다.

무엇보다도 병원 개원 경험도 있고 요양병원에 근무한 경력이 있어 요양병원 시스템을 잘 알고 임대해온 병원장이 임대계약에 적극적으로 응하면서 여러 특혜까지 받았을 가능성은 전혀 고려하지 않았습니다.

이렇게 수사관은 저를 사건의 몸통으로 시각을 고정시켰는지 나무 밑둥만 들이 파고 나서 맨 마지막에 불렀습니다. 그리고 오로지 혐의를 입증시키기 위해서 사무장병원 여부를 판가름 하는 대법원 판례 조항에다 엮어대기만 하니 시선을 돌려 사건 주위의 전체 숲은 전혀 살피지 못했고, 그러므로써 밝혀지지 않은 사건병원의 실체적 진실과 미처 드러내 보지도 못한 여러 정황 등은 애써 배제되거나 전혀 참작되지 않았던 것입니다.

이렇게 개설초기의 사건병원에 대한 수사는 처음부터 무슨 꼬투리 하나라도 더 잡아내기 위해서인 듯 무한대인양 싶었습니다. 이는 법률의 해석과 적용 면에서도 사무장병원 혐의로 수사 받거나 조사받은 여타 병원에 비해 형평성에서도 매우 어긋나는 과잉되고도 무리한 수사였다고 하겠습니다.

이런 고정된 시각에서는 요양병원에 대해 예비지식이 전혀 없이 건물 임대를 도우려고 애썼던 저는 병원 영리에만 급급해 의사를 회유한 가해자이고, 병원장 의사는 저의 온갖 감언이설에 회유되어 내용도 잘 모르고 마지못해 응한 피해자가 되고 맙니다.

처음에 전·현직 직원들이 줄줄이 불려가 수사를 받을때는 제 스스로 위법을 하지 않았다는 믿음에서 검찰에서 부르면 가서 사실대로 자세히 설명해서 의혹을 풀면 잘 마무리 되겠지 믿었다가 검찰수사관이 후임 병원장에게 마구 소리지르며 반말하며 고강도로 수사한다고 하니 그제서야 뒤늦게 변호사를 위임했습니다. 그런데 수사관이 위임 변호사에게 이미 수사는 거의 다 했는데 이를 마무리 되려면 진정취하금이 꼭 필요하다고 수차례 얘기했다며 변호사님도 진정취하금을 주라고 강권하기에 결국 2011년 10월 진정인에게 진정취하금을 건네게 된 것입니다.

이미 진정인이 취하를 하였고, 변호사님은 무고로 올리셨다고 하면서 11월 말쯤이면 결론이 나올 것이라고 하셨기에 진인사대천명하는 심정으로 11월말을 기다리고 있었습니다.

그러다가 진정인과 진정취하금의 몫을 많이 달라고 협상하는 이○○수사관의 육성이 공개되는 이른바 문화방송 녹취록 사건(2011. 11. 15.)이 터진 것입니다. 9시 뉴스에 방영된 그 방송을 보고서야 수사관이 진정한 권○○의 회유에 따라 수사를 편파적으로 핸들링 했다는 것과 취하금을 받고도 내부적으로는 포상금을 노리고 수사가 계속되게 하려는 그들 두 사람의 사전 음모를 알게 되었습니다.

위임 변호사님도 만일 취하금을 주고도 수사가 계속 될 것을 알았다면 결코 취하금을 주라고 강력히 권유하지 않았을 것입니다. 더욱이 만일 수사가 계속 된다면 굳이 진정 취하금을 줄 필요가 전혀 없었는데 이렇듯 수사관은 잘 마무리 하려면 취하금이 필요하다고 위임변호사를 속이고 그리고 진정인은 전화로 저에게 '비싼 변호사 비용 쓰지 말고 취하하라'며 저를 교활하게 속여서 부당이득을 취한 것입니다.

그렇게 진정인은 수사관을 교활하게 회유해서 과잉수사를 하도록 했으면서도 막상 진정취하금을 받게 되니 수사관에게 취하금을 적게 주려고 그리고 더 나아가서는 차후에라도 사건병원이 패소하면 받게 될 거액의 환수금을 나누어 주지 않으려고 또는 아예 그 싹을 자르기 위해 취하금 협상을 하는 수사관의 육성을 고의로 녹취해 이를 문화방송에 터뜨렸다고 하겠습니다.

당시 진정인 권○○는 문화방송에 녹취록을 방영시키기 위해 주○○ 국회의원 사무실의 비서관에게 찾아가 사건병원이 사무장병원인 것은 확실하니 그 병원도 함께 취재해서 방영 해 달라고 청했다고 합니다. 그리고 자기가 무슨 공익을 위해 큰 일을 해내고 있는듯 수사 진행상황을 비서관에게 몇차례 보고했다고 합니다. 이는 문화방송 녹취록이 방영된 후에 문화방송 기자들에게 들은 내용입니다.

진정인 권○○는 불과 1달 사건병원에 근무했고, 더욱이 병원에 근무하는 직원으로서 병원장과 건물 임대 주체와의 임대계약 내용을 구체적으로 전혀 모르기에 그의 진술을 어디까지나 피상적인 추측성 음해일 수밖에 없습니다.

그렇게 권○○가 사건병원에 겨우 1달 근무했으면서 사건병원이 수사 받고 있을 때 이미 사건 병원이 사무장병원이라는 확신을 갖고 국회의원 비서관에게 이야기 했다면 이는 권○○가 수사관과 깊이 유착됨으로서 사건병원에 불리하게 엮여지는 수사 진행 상황을 낱낱이 알고 있었다는 증거가 아닐 수 없습니다.

녹취록에서 이○○ 수사관은 "자신이 핸들링을 잘해서 진정 취하금이 3천만원으로 올라갔으니 자신에게 더 많이 주어야 한다"고 했고, 권○○은 "강○○에게도 진정 취하금을 나누어 주어야 하니 그렇게 많이는 줄수 없고 또 취하금은 받았어도 수사는 계속 되어야 한다"고 말하고 있었습니다. 이는 권○○가 진정취하금 말고도 후에 포상금도 나오면 나누어 주겠다고 하며 강○○ 등을 적극 회유했을 가능성을 보이는 대목입니다.

그리고 만일, 문화방송 뉴스에 방영된 녹취록 사건이 터지지 않았다면 어찌 이○○ 수사관이 권○○와 미리 유착되므로써 사건병원에 대해 편파적 수사를 하게 된 부당함을 감지라도 할 수 있었겠습니까. 사실, 그 녹취록 사건은 그동안 수사 초기부터 진행과정 내내 진정인 권○○와 수사관이 깊이 유착되어 왔음을 빙산의 일각으로 보여주고 있음이 자명했습니다.

그리고 문화방송 녹취록 사건이 발생한 후 변호사님은 검찰에 가셔서 수사기록을 열람하시고 일부 복사해 오셨는데 그 기록 내용은 너무 실제와 달랐습니다. 그래서 저는 너무 황망하여 변호사님과 상의해서 그동안 진정인의 사주에 의해 사건병원을 사무장 병원으로 짜맞추기식으로 몰아가며 진행된 수사 기록 일체를 무로 돌려달라고 재수사를 청원하는 진정을 내지 않을 수 없었습니다.

문화방송 녹취록 사건이 발생해서 제가 편파적 수사의 가능성이 높으니 재수사를 해 달라고 진정을 냈을 때 당연히 검찰은 수사관에 대한 진정인의 유착여부 뿐 아니라 5달 동안에 걸치며 편향되었던 수사를 처음부터 다시 재검토 했어야 했습니다.

그러나 검찰에서는 제가 낸 진정에 대해서는 아무런 답변도 없이 이 사건을 위임하고 있던 변호사에게 지금까지 수사 결과로는 아직 혐의를 벗은 것은 아니니 약식 벌금형(심○○ 100만원, 진○○ 200만원, 조정윤 300만원) 등으로 끝내자고 제의해 왔었습니다. 그러나 다른 사안이면 몰라도 소위 사무장 병원이라는 혐의만큼은 병원을 위해서도 그리고 환수금을 내야 하는 처벌조항까지 있어 완전히 벗어야 하기에 이에 응할 수 없었습니다.

당시 녹취록 사건이 발생한 후 위임 변호사를 통해 들은 얘기로는 검찰 내부에서 진정인 권○○와 이○○ 수사관이 검찰 내에서 만났던 것이 자주 목격되었던 적이 있었다거나 또는 '수사관이 파면됐는데 수사까지 잘못 됐다면 검찰 체면이 뭐가 되느냐'는 말들이 들려왔다고 합니다. 그리고는 결국 저의 진정은 유야무야 없던 것으로 치부되었습니다.

그 후 물의를 일으킨 수사관이 바뀌고 나서 마무리 수사가 1달 이상 강행됐습니다. 마무리 수사때 참고인 진술을 한 사람들이 모두 입을 모으듯 수사는 한층 고강도로 삼엄한 분위기에서 진행되었습니다. 그리고 진술 예약 시간을 보통 3~5시간 넘기게 되어 참고인들은 12월 한 겨울에 난방도 없는 대기실에서 장시간 동안 추위에 떨며 기다려야 했습니다.

이런 삼엄한 분위기를 전해들은 (검사장을 역임하셨던) 위임 변호사는 이러니 '검찰이 하지 말아야 할 수사는 열심히 하고, 해야 할 수사는 하지 않고 자기 식구 감싸기에만 열심'이라는 비판을 듣는 것이라며 개탄하셨습니다. 그리고 변호사님은 이미 저의 진정은 받아들여지기 어렵겠으니 굳이 검찰 심기를 건드리지 말고 취하하라고 해서 공연히 거대 공권력 검찰에 괘씸죄라도 받을까봐 저는 진정취하를 했습니다.

특히, 심○○ 전임 병원장에 대한 마무리 수사는 저녁 늦게까지 계속 되었고, 수사관이 시간 스케줄을 급히 잡고 빨리 오라고 하므로써 심○○은 위임되었던 변호사도 대동하지 못했습니다. 그리고 심○○은 1년 전이라 기억이 안난다고 해도 묵비권을 인정받지 못하면서 5~6시간 동안 반복되는 질문만을 계속 받았다고 합니다.

이렇듯 수사관은 원하는 진술(즉 심○○이 지금도 들여오지 않은 월급받은 의사였다는)을 장기간 반복적으로 강제함으로써 심○○은 계속 오락가락 하다가 적반하장식 진술(허위자백)까지 하게 됐다고 합니다. 심○○은 형사 1심때 제출한 탄원서에서 이렇게 밝히고 있습니다. 그리고 그 심○○의 탄원서는 저의 책「우리의 신문고는 어디에」에도 수록되어 있습니다.

더욱이 심○○의 자백에서처럼 수사 과정에서의 자백이 언제나 진실한 것은 아닐터입니다. 예컨대 이해타산에 따른 허위자백이거나 강요된 자백일수 있으며, 또는 앞전의 죄과를 은폐하기 위한 위장된 자백일수도 있습니다.

사실 심○○이 사건병원에 와서 제대로 임대해서 운영해 보려다가 여의치 않으니 1달만에 폐업하겠다고 하다가 겨우 두달만에 몸만 빠져 나가듯 그만 둔 것인데 불과 2달간의 과도기적인 상황을 엄청나게 부풀려 사전에 무슨 대단한 범죄 모의나 한듯 강압하여 허위자백을 받아 낸 것입니다.

뿐만 아니라 수사관은 심○○에게 '병원은 이미 사무장병원으로 판정났다'; '앞에 진술한 참고인들이 다 그렇다고 말했다'; '병원장이 두달 동안 기저귀 비용도 안 가져 왔으니 사무장병원이 아니냐'; '왜 특혜받고 병원을 임대했느냐'그리고 '허위진술 하면 당장 구속될수 있다'고 압박했다고 합니다.

수사기록에는 그런 수사관의 고강도 회유는 다 빠지고 심○○이 단답식 문답에 자발적으로 순응하며 진술한 듯 기록되어 있었습니다. 그리고 이를 사건병원의 혐의에 대한 확실한 증거로 만들기 위해 녹취까지 하고 후에 심○○에게 이에 대한 진술서까지 받았다고 합니다.

더욱이 마무리 수사때는 심○○이 그만 둔 후 한번도 찾지 않았던 도장까지 무슨 단서나 되는듯 캐면서 제가 무슨 날조를 하고 조작을 했는지 하면서 심○○에게 온갖 유도 질문을 한 것입니다. 수사관이 그렇게 편향되게 수사를 하니까 심○○은 그 도장으로 임대 계약서에 도장 찍고 개설시 그 임대계약서를 보건소에 제출했으면서 오락가락하는 진술을 거듭 하다가 수사기록에는 그 계약서를 본적도 없고 작성하지도 않았다고 진술한 것으로 되어 있습니다.

이는 말도 안되는 어불성설이자 자가당착으로서 이 또한 심○○이 마무리 수사에서 진술을 강제 당한 정황적 증거라 하겠습니다. 그런데 형사 1심 판결에서는 이러한 심○○의 진술에 대해 신빙성과 임의성만을 인정하므로써 사건병원에 대한 혐의를 입증하는 결정적 증거로 제시되었는데 이는 재심을 통해 꼭 바로 잡아야 할 사실오인이라 하겠습니다.

마무리 수사때 진술하러 간 저에게 검사는 여러번 '참 운이 없는 경우인데'를 반복했는데 이는 다시 말해 그들도 신뢰도 되지 않는 점이 많은 그때까지의 수사기록만을 바탕으로 마무리 수사를 해야 하는 상황에 문제점을 느끼기는 했다는 뜻으로 해석되어졌습니다. 그러면서도 재수사해서 4～5개월간의 수사기록 전체를 무로 돌릴 수는 없고 또 검찰로서는 불미스러운 문화방송 녹취록 사건도 있었으니 빨리 수사를 종결해야 하는 상황이 아니었나 싶습니다.

특히 마무리 수사때 후임 수사관이 자기 식구 감싸기 식으로 '앞의 수사관이 수사는 잘 했고 또 문화방송 녹취록 사건과 이 사건에 대한 수사는 별개'라고만 강변했습니다. 더욱이 사건 당사자들에게 운이 나빠서라고만 하며 물의를 일으킨 수사관의 수사기록은 전혀 문제삼지 않고 그 수사기록을 금과 옥조인양 옆에 놓고 마무리 수사를 했습니다.

이렇듯 마무리 수사는 훨씬 강압적이어서 더 이상 수사를 더 받을 수 없어 이렇게 수사를 받으니 차라리 법원으로 이관시켜 달라고 자청하기에 이르렀고, 결국 검찰은 이 사건을 2012년 1월 11일자로 법원에 기소하게 되었던 것입니다.

더욱이 마무리 수사때 심○○이 허위자백한 녹취록 때문인지 저는 문화방송 녹취록 사건 직후 300만원 벌금형을 제의받고 그조차 거부하였는데 기소될때는 너무도 엄청나게도 징역 2년형을 구형받기까지 했습니다.

특히, 마무리 수사때 심○○이 허위자백한 녹취록은 제가 법원에서 재판을 받는 과정 내내 혐의 입증의 결정적 증거가 되어 결국 저승사자의 역할을 단단히 한 것은 사실입니다. 심○○의 녹취록을 사건병원 혐의의 결정적 증거로 채택한 법원에서 제가 아무리 탄원서나 호소문을 내봐야 도리어 제가 반성하지 않고 개전의 정이 없는 것이 되어 법정 구속의 명분이 될 뿐이었습니다.

이제 와 아무리 되돌아 보아도 사건병원은 믿을만한 옛친구 지인에게 건물을 장기 임대하려고 초기 임대시 오픈 자금을 일부 차용해 주거나 임대료를 몇 달 유예하는 특혜를 주었던 것 뿐입니다.

전임 병원장 심○○이 두달 남짓 운영하다 갔고, 후임 병원장 진○○이 스스로 병원장을 인수하겠다며 지방에서 병원에 찾아와 개설한지 넉달째 되는 6월에 권○○의 진정을 받고 7월부터 검찰수사를 대대적으로 받았으니 그 사이 병원장이 개설자금을 융통해 올 충분한 시간적 여유도 없었습니다. 이렇게 사건병원은 자금면에서 임대차계약 조건을 다 충족시키지 못하고 있다는 이유만으로 과잉되고 편향된 검찰수사만 받다가 결국 법정에까지 가게 된 것입니다.

이는 공정성과 형평성이 크게 훼손된 무리한 검찰 수사와 기소의 전형으로 이렇게 해서 무고하고 억울하게 혐의를 뒤집어 쓴 사법 피해자에게는 불운의 극치일 뿐만 아니라 너무도 반인권적 폭거가 아닐수 없습니다.

더욱이 전임 병원장은 위임 변호사도 대동하지 못한 상태에서 수사관이 강압하여 진술을 오락가락 하므로써 꿈에조차 상상할수 없게도 기소되고 형사 1심(사건번호 2012 고단 131)에서 법정 구속되고 형사 2심에서 양형부당으로 집행유예 받고 해금되었습니다.

특히 민사 1심과 형사 2심 일정이 거의 같았는데 민사 1심(2012. 6.)에서 사건병원이 수사받고 기소될 때도 다만 참고인 진술만 하였을 뿐인 건물주 회사 대표 김○○씨와 회사까지 환수금을 나누어 내라는 원고(보험공단○○지사)측 주장을 듣고 회사 대표와 회사에 대한 너무 큰 죄책감 때문에 보석 신청조차 포기하였습니다.

제가 건물주인 회사에 신뢰할수 없는 임차인을 소개하고 또 병원장이 마련해 오겠다는 개설자금이 늦어지자 김○○씨에게 무리하게 개설자금을 융통하도록 간청했던 책임이 너무 막중했다고 여겨졌기 때문입니다.

그때까지 사무장병원 혐의로 구속된 예가 없었다고 하며 변호사는 보석신청을 계속 권유했지만 민사 1심에서 피해를 입을지도 모르는 김○○씨와 회사를 어떻게 해서든 온몸으로 막아보고 싶었습니다. 그래서 무지하지만 절박한 죄책감 때문에 보석신청조차 몸이나 편해보려는 사치처럼 여겨졌습니다.

그러나 막상 구금되고 형사 2심이 시작되어 형사 2심 판결이 다가오니 검찰수사 기록이 너무 불리하게 되어 있다고 걱정을 많이 했던 위임 변호사는 혹시라도 구금이 연장될까봐 우려 하였습니다. 그래서 변호사님은 제게 형사 2심에서는 사실오인보다는 양형부당으로 변론을 받고 법률심은 대법원에 가서 받으라고 권유하였습니다.

더욱이 하루도 빠짐 없이 매일 면회왔던 가족들도 3개월에서 더 이상 연장된다면 이제는 인내의 한계가 왔다며 어서 나와서 대법원(3심) 준비를 해야 하지 않느냐고 간곡하게 권유했습니다. 결국 대법원에서는 철저한 법률심을 받을수 있으리라는 기대로 가족들의 간곡한 청을 듣기로 했습니다. 그래서 저는 새장 안에서 형사 2심 내내 무혐의를 주장하는 탄원서들을 여러차례 냈음에도 판결 직전 심리날 판사에게 양형부당 때문에 항소했다고 번복 진술을 하지 않을수 없었습니다.

그러나 후에 돌이켜 보니 만일 법정 구속되었을 때 제가 변호사의 권유대로 보석신청을 하고 해금된 상태에서 재판을 받았다면 변호사와 가족들이 구금이 연장될까봐 그렇게 우려하면서 제게 영향부당만 주장하라는 그런 무리한 권유를 하지는 않았을 것입니다.

저는 지금도 그때 제가 증거인멸이나 도주의 우려가 있는 현행범이 아니었으니 보석신청을 하였다면 분명히 석방되었을 것이라고 믿어 의심치 않습니다. 그러나 저는 회사에 임차인을 잘못 소개하고 또 권고사직으로 진정사건이 발생케 하여 회사와 회사 대표에게까지 피해를 끼치고 있다는 무거운 자책감을 견딜수 없어서 스스로 자진하여 새장속 생활이라도 감수하여 제 스스로에게 벌을 부과하고 싶었습니다.

그러나 막상 형사 2심의 3개월 동안 구금되고 보니 3심 법률심 준비는 해금된 상태라야 제대로 할수 있겠다 싶어 가족들이나 변호사의 간곡한 권유에 따르지 않을수 없었습니다. 이 또한 제가 사법 시스템을 너무 모르고 저지른 크나큰 시행착오에 해당하겠습니다.

그리고 민사 1심(2012. 9. 24.)에서는 회사 대표 김ㅇㅇ씨와 회사는 이 사건과 관련 없다는 승소 판결을 받았습니다. 형사 2심 판결(2012. 9. 28.)에서는 양형부당으로 해금되어 곧바로 대법원에 상고하였습니다. 그러나 실망스럽게도 대법원에서는 형사 2심때 양형부당만 주장했기 때문에 사실오인에 대한 변론이 미흡했다고 하여 상고 기각을 하였습니다. 그래서 그동안 억울함과 부당함을 참으면서도 대법원에서는 새로운 장이 펼쳐져 철저한 법률심을 꼭 거치려고 했던 기대는 좌절되었습니다.

대법원에 재상고가 안된다기에 하는수 없이 헌법재판소에 헌법소원까지 알아보았으나 이 사안은 법조문의 위헌을 문제시 하는 것이 아니라 해당되지 않는다는 소견을 받았을 뿐입니다.

사건병원에 대한 법원에서의 재판과정을 돌아보면 수사권이 검찰에만 있어 법정에서의 공판 중심주의는 매우 어려운 우리 사법 현실에서 이미 사건병원의 수사기록이 너무 나빴기에 법정 판결에서 무혐의 판정을 받지 못했던 것은 관행상 불가피했음을 뒤늦게 알았습니다.

사건병원이 수사받는 중에 발생한 문화방송 녹취록 사건(2011. 11.

15.)이 방증해 주듯 수사관과 진정인의 유착으로 인해 사건병원에 대한 수사기록은 눈먼 확신에 빠져 환수금이라는 과실만을 염두에 둔 수많은 이해타산식 음모로 가득찼습니다. 또 마무리 수사에서 병원장의 허위자백도 추가 되었으니 그 검찰 기록만 읽어보면 그 누구라도 우선은 의혹을 느끼지 않을수 없을 것입니다.

그러나, 의료법에서 단속 대상이 되는 사무장병원이 '영업을 목적으로 의사명의를 빌려 병원 운영을 하는 병원'이라면 제가 사건병원에서 병원을 돕게 된 동기와 그 과도기적 과정 및 궁극적인 목표는 오로지 회사 건물에서의 병원임대가 안정적이 되도록 돕기 위한 것이었을 뿐입니다.

들리는 바로는 개설하는 병원장 의사의 자금 사정이 충분치 못할 때가 많아 편법적으로 외부 자본이 유입되어 지분이 나뉘어지는 병원이 난립할 수 있다고 합니다. 그러나 제가 주장하는 사건병원의 과도기적 정황은 그런 지분과도 관련이 없고 다만 개설 초기 엄청난 적자로 자금 수급이 매우 불안정 했을 뿐입니다.

그러나 그러한 과도기적 초기 정황이 사건병원에서처럼 현실적으로 충분히 가능할 수 있는데도 문화방송 녹취록 사건까지의 편파수사와 그 이후의 마무리 강압수사로 끝내 혐의를 벗지 못하고 기소되었다는 것은 '애매할때는 피해자의 이익으로'라는 형사소송법 원칙에도 심히 위배될 뿐만 아니라 이와 유사한 사법 피해가 얼마든지 양산될 수 있음을 방증하는 것이기도 합니다.

사실 제가 사건을 겪은 전말에 대한 기록을 정리할 때 까지만 해도 너무 엄청난 사법피해를 입었으면서도 앞으로 어떻게 해 보겠다는 방향 감각조차 없습니다. 더욱이 법에 대해 문외한이기 때문에 아무리 억울해도 사법피해를 끼친 그 누구를 진정하거나 고소할 엄두조차 내지 못했습니다.

그러다 답답한 마음에 검찰의 옴브즈맨 담당자와 상담을 했습니다. 그리고 재수사를 원하면 사법피해를 끼친 사건 관련자들에 대한 고소나 진정을 해보라는 친절한 검사님의 조언을 듣고 용기를 내게 되었습니다. 그래서 결국 저는 해당지검에 재수사 청원을 내면서 제 평생에는 상상도 못했을 일이지만 사건 관계자에 대한 고소 2건과 진정 2건도 함께 제출했습니다.(2013. 8.) 그 내용은

① 권○○에 대한 고소장 :
권○○는 포상금의 과실을 얻으려고 온갖 사실무근의 각본으로 수사관을 회유하여 그릇된 확신을 하게 하여 과잉, 편향 수사를 유도하여 공권력을 남용케 했습니다. 나아가 수사관과 공모하여 제게 진정취하금을 주면 곧 진정을 취하하고 수사가 마무리 될 듯 기만하므로써 진정 취하금이라는 부당이득까지 취했다는 내용

② 진○○에 대한 고소장 :
진○○은 시급히 병원장 인수인계가 필요했던 사건병원에 먼저 인터

넷에 약력 올리고 '병원장 인수 가능하다'는 단서를 붙여 연락하게 하고
는 급히 병원에 직접 찾아와 임대해 와서 3개월 임대료를 1년 후로 유
예하는 등의 여러 특혜를 받다가 사건병원이 수사 받고 기소되고 형사
1심에 패소하고 제가 구금되기 까지 당시 발효된 의료법 66조 시행령
을 빌미로 이를 저울질하며 환수금의 구상권을 회사 대표 김ㅇㅇ씨에
게까지 넓히려는 보험공단에 협조해 민사 1심에(거액을 요구한) 진술
서까지 제출했으나(민사 1심에서는 받아들여지지 않았고) 이런 진ㅇㅇ
의 진술서는 제척 사유가 되므로써 전혀 신빙성이 없고 재판이 공정성
을 해친다는 내용

③ 보험공단ㅇㅇ지사에 대한 진정서 :

전술했듯 의사가 자백하면 환수금을 경감할수 있다는 의료법 66조
시행령 발효된 이후 진ㅇㅇ은 민사 1심 판결 직전 허위진술서를 내며
보험공단에 협조 했습니다. 그런데 사건병원이 기소되면서 지급보류
(2012. 1.) 되었던 청구금 일부(1억7천만원 상당)가 1년 후 2013. 2. 지
급된 것입니다. 그렇다면 문화방송 녹취록 사건 이후 사건(2012 고단
131)을 기소하도록 강압적인 마무리 수사를 했을 뿐만 아니라 또 보험
공단이 회사 대표 김ㅇㅇ씨를 청구금의 구상권에 엮으려고 무차별적 고
소를 했으나 김ㅇㅇ씨가 무혐의 판정을 받자(공단이 무고죄로 고소 받
지 않도록) 공단에게 이를 미리 알려준 하ㅇㅇ 수사관이나 또는 민사 소
송에 적극 협조한 진ㅇㅇ에게 부적절하게 댓가성으로 지급된 것은 아

닌지 통장계좌로 청구금이 지급된 경위와 내역을 확인해서 제척사유를 가려내 재판의 공정성을 확보해 달라는 내용

④ 심○○에 대한 진정서 :

심○○이 형사 1심때 탄원서에서 마무리 검찰수사에서 허위 자백한 경위를 분명히 밝히다가 사건병원이 형사 1심에서 패소하자 항소까지 포기했습니다. 그리고 심○○은 의료법 66조 시행령이 발효(2012. 8.)되자 환수금이라도 경감 받을 의도에서였는지 민사 1심에서는 보험공단의 민사 1심 소송장대로 진술을 번복하였다가 형사1심(2013 고단 540) 법정에서는 자신이 직접 병원 운영을 작정하였으며 다만 개설자금을 들여오기에는 두달은 너무 짧았을 뿐이었다고 진술하였으니 진술이 오락가락한 경위를 밝혀 달라는 내용

이렇듯 제가 사건 관계자들을 진정하거나 고소하려고 했던 것은 막심한 사법 피해를 받고 있는 제가 사건(사건번호 2012 고단 131)에 대해 재수사를 받아 오류투성이인 수사기록을 정정한 후에 궁극적으로는 재심을 받기 위해서였습니다.

그러나 재수사 청원서를 내고 고소장과 진정서를 제출(2013. 8.)한지 수개월이 지나도록 해당지검에서는 모 검사가 이를 맡고 있다는 통지문만 보냈을 뿐 재수사에 대해서는 전혀 진전이 없었습니다. 그러다 2014. 2. 수사관실에서 들르라고 연락이 와서 갔습니다.

수사관은 진정인 권○○와 후임 병원장 진○○에 대한 고소(2건) 사건을 맡았다고 했습니다. 그리고 수사를 다 할 수는 없고 진정인 권○○이 실제로 1,000만원을 주지 않으면 검찰에 신고한다고 했는지 여부만 다루겠다고 했습니다. 그리고 이를 확인해야겠다며 당시 진정에 성공했다며 승리감에 도취된 권○○과 저를 대질시키기 까지 했습니다. 그 현장에 대한 녹취록이 없는 이상 교활하기만 한 진정인이 그때 당시 돈을 달라고 여러차례 협박했다고 실토할리 만무했습니다.

그런데 그 수사관실에는 상주하는 검사는 없고 수사관들만 근무하고 있었는데 미리 진정인 권○○와 제가 대질된다는 얘기를 들었는지 다른 두 명의 수사관까지 들려 그 대질 광경을 지켜 보면서 박장대소까지 했습니다. 그런데 1,000만원을 달라고 협박하던 현장에 대한 녹취록이 없는 이상 교활하기만 한 진정인이 그때 당시 돈을 달라고 여러차례 협박했다고 순순히 실토할리 만무했습니다. 권○○는 검찰측 증인 최○○를 만나 미리 의논을 하고 왔는지 '이 내용은 최부장이 잘 알고 있을거다'라고 반복해서 말했습니다.

최○○는 권○○가 협박하는 현장을 수차례 목격하고 원무부장으로서 이를 자신이 해결하겠다며 여러번 권○○를 커피숍에 데리고 가기도 했었지만 결국 해결하지 못했습니다. 그런데 이제는 최○○와 권○○는 같은 검찰측 증인이 되어 있는 이상 최○○가 권○○에게 불리한 그런 사실을 실토할 리는 만무했습니다. 이에 수사관은 그 현장을 목격한 병원 직원들을 참고인으로 모두 부르라고 했습니다.

그래서 병원 직원들이 몇 명 불려가기도 했고, 원무과의 오○○ 실장은 상담실에서 권○○가 그런 협박을 하는 것을 밖에서 들었다고 진술했습니다. 당시 저는 병원 직원들에게 사건병원이 수사 받으며 쑥대밭이 되다시피 했던 그 악몽을 다시 되살려 주는것 같아 너무 미안하고 면목이 없었습니다.

이런 정도의 느슨한 축소 수사로는 제가 재수사 청원을 한 본래 취지와 전혀 동떨어져서 답답한 마음에 위임 변호사에게 자문을 구해보니 현행법에는 3심이 끝난 사안에 대해 재심이라는 구제절차는 있어도 재수사하는 절차가 공식적으로 규정된 것이 없으니 검찰이 재수사를 꼭 해야 할 의무는 없다고 했습니다.

더욱이 제가 재수사 청원에서 제기한 문제들이 대부분 사건병원에 대한 수사와 기소의 공정성을 문제 삼기에 거대 공권력인 검찰로서는 매우 민감한 사안이거나 내키지 않는 사안일수 있겠다고 하였습니다. 사실 평범한 일반 시민이 성역화된 검찰에 대해 이미 끝낸 수사와 기소의 근본적인 공정성을 문제 삼는 것은 일견 계란으로 바위를 치는 것에 다름 없겠으나 사법피해자 입장에서는 신문고 두드리는 심정으로 어떻게 해서든 더 이상의 사법피해만은 무고한 개인의 인권 회복을 위해서 그리고 나아가 사회 정의 및 사법정의를 위해서는 꼭 바로 잡고 싶었습니다.

그러나 깊은 좌절감에 고심을 거듭하다 검찰수사에서의 억울함을 검찰에 호소해 해결하려는 것부터 검찰수사 여부에 대한 재량권을 갖는 막강한 우리 검찰 시스템에 대해 너무 무지했다는 결론에 이르게 되어 저는 재수사 청원을 위해 제출했던 고소 및 진정을 취하(2014. 2.) 했습니다. 이제 되짚어 보면 당시 제가 제기한 고소와 진정의 본질을 호도하려는 그 수사관의 수사 행태는 애초부터 저의 고소나 진정을 저지하기 위한 고도의 전략에서 비롯된듯 합니다.

그러나 대한민국의 사법 정의와 사회 정의를 바로 세우는데 사소하거나 대수롭지 않은 사건은 결코 없듯 너무 무고하게 억울한 일을 당한 사람에게 아무런 대책 없이 '아무리 억울해도 어쩔수 없다'는 것처럼 반인권적이고 절망적인 말은 없을 것입니다.

예컨대 한번 잘못된 기소와 판결은 영원히 피해자들에게 씻을수 없는 고통이 될 뿐인 사법 풍토에서 저는 끝없이 이어지는 모든 파국의 단초는 애초에 사건병원에 대한 불공정한 수사와 이에 따른 무리한 기소에 있다고 다시금 최종 결론을 내리고 재심만으로도 제대로 받기 위해 이번에는 대검찰청에 사건병원에 대한 수사와 기소의 불공정성을 문제 삼으며 이제라도 이를 바로잡아 달라고 진정서를 냈습니다.(2014.12.)

그러나 대검찰청 감찰 1과에서는 이 진정을 해당 지검으로 보내 처리하도록 했다는 통지만 보내 왔습니다.(2015. 1.) 그러나 그 후 해당 지검에서는 지금까지 아무런 연락이 없을 뿐이었습니다.

예컨대 검찰의 수행업무가 바로 목적과 결과 보다는 절차와 과정을 더 중요시 여기는 이른바 형사 정의 실현임을 상기한다면 수사받다가 문화방송 녹취록 사건이 발생했을 때 제가 제기했던 진정까지 합쳐 저의 세차례에 걸친 진정에도 불구하고 검찰은 비리 수사관으로 인해 오류 투성이가 된 사건병원에 대한 불공정한 수사를 자체적으로 전혀 점검조차 하지 않았습니다.

이는 진실 추구와 정의 실현이라는 검찰의 직무상 본연의 의무에 많이 소홀했다고 하지 않을 수 없으며, 그렇게 되면 사건의 실체적 진실은 묻혀 버리고 진정한 정의는 바로 세울수 없게 될 것입니다.

무엇보다 아무리 막강한 거대권력으로 성역화된 검찰이지만 검찰 수사가 언제나 명명백백하게 옳고 그러하기에 어떤 상황에서도 일단 이미 내린 공소장의 판단은 절대 수정할 수 없다고 한다면 이는 너무 지나치게 권위적이고 폐쇄적인 그래서 매우 반인권적 도그마일 수 있습니다.

그러나 대한민국 사법검찰의 막강하고도 드높은 권위는 법 위반을 단죄할 수 있기 때문만이 아니라 분명히 오판했을 충분한 정황이 감지된다면 혐의 있음으로 고정되었던 시각을 돌려 인식을 전환하여 이를 수정할 수 있는 재량권에도 있다고 지금도 믿고 싶습니다.

결국 진정인은 후폭풍처럼 계속 시리즈로 이어지는 사법 피해를 원천적으로 막기 위해 그 단초가 되는 사건병원에 행해졌던(2011년 6월 ~2012년 1월) 검찰수사와 기소의 불공정성에 대해 공개 진정을 제기하기에 이르게 된 것입니다.

2. 사실관계

(1) 건물 임대

사건병원이 소위 위법인 사무장병원과 근본적으로 차별화 되는 점은 병원 운영이 아니라 건물 임대가 목표였다는 점입니다. 따라서 사건병원에 대한 무혐의를 밝히기 위해서는 사건병원 건물의 임대 경위를 자세히 밝히는데서 출발해야 할듯 합니다.

돌이켜 보면, 2010년 사건병원의 건물주 수출회사가 건평 900여평의 9층 새 건물(지은지 1년 된)을 매입해서 전층을 임대하려고 하니 요양병원이나 요양원, 오피스텔 등으로 전층 임대 문의가 수없이 많았습니다. 특히 요양병원 임대 문의에서는 장기임대와 높은 임대료를 조건으로 내세우며 인테리어비를 부담해 달라는 제안도 여러차례 받았습니다.

그때 홍보물 제작을 삼진프린트(도서출판 삼진)에 의뢰했었기에 도서출판 삼진은 그때 저의 목표가 오로지 임대에만 있었다는 사실은 너무도 잘 알고 있습니다.

회사가 수출회사이다 보니 공항 가까운 강서구에 위치해 있어 강동구에 있는 건물의 임대를 전담하는 직원을 배치 근무시키기가 용이치 않았습니다. 마침 그때 안과 대수술을 받고 학교를 쉬고 있던 저로서는 자연스레 건물의 임대문의에 대한 상담전화를 돕게 되었던 것입니다.

당시 주차관리는 배○○ 주임, 건물관리는 김○○ 소장님이 맡으셨습니다. 그러다보니 건물 임대를 위한 홍보물 제작은 제가 맡아서 했습니다.

저는 사건병원의 건물 임대를 10여개월간 도우면서 9층 건물 중 3층 한의원과 지하1층 PC방 임대 계약을 주선했습니다. 그리고 이 건물에 요양병원으로 임대해 올 병원장을 사건병원의 건물주 회사 대표 김○○ 씨에게 소개시키고 추천하기까지 했었습니다.

따라서 저는 사건병원에 전·후임 병원장들이 임대계약하게 된 경위와 임대과정 그리고 진정사건이 발단이 되어 사건병원이 검찰 수사 받고 기소(2012 고단 131) 되었던 전 과정을 직접 지켜보며 온 몸으로 겪었습니다.

돌이켜 보면 전임 병원장 심○○과는 실로 50년 만에 만나게 되었습니다. 마침 여중 동창 심○○이 동창회로 연락을 해서 50년만에 심○○ 과 만나 서로의 근황을 얘기하다, 마침 심○○이 요양병원에 근무하고 있다는 사실을 알게 됐고, 그래서 저는 당시 임대중인 사건병원의 건물도 요양병원으로 상담문의가 많다고 전해 주었습니다.

심○○은 그동안 결혼도 하지 않고 의사생활 38년동안 돈만 벌었다고 했습니다. 그러나 나이가 들면서 때때로 서울생활을 해보고 싶을 때가 많다고 했습니다. 그렇게 몇 번 만나다 보니 심○○은 임대중이라는 회사 건물을 한번 보고 싶다고 해서 건물을 보여 주었던 것입니다.

심○○은 그 건물을 보고 '새 건물이라 요양병원 하기는 너무 아깝다. 그렇지만 요양병원하면 시설도 좋고 교통도 좋아 잘 될 것 같다'라고 하며, '유리 건물이 참 마음에 든다'고 했습니다.

저는 그때 당시 요양병원으로 임대문의 했던 의사들 중에는 ○○교회 앞 '○○○요양병원'의 병원장이 가장 적극적으로 상담해 오고 있다는 얘기를 했습니다. 그리고 그 병원장은 건물의 인테리어 비용 약 5억만 부담해 주면 10년 이상 장기임대하며 매달 임대료를 5,000만원 이상을 보장하고 매년 물가 상승률만큼 임대료를 올리겠다고 했던 얘기도 전해 주었습니다.

정신과 전문의라는 그 병원장은 자신이 운영하고 있는 요양병원이 두세달 안에 곧 임대기간이 끝날 예정이라 빨리 임대할 건물을 찾아야 하는 입장이라고 했습니다. 그리고 그 병원을 임대할 때 너무 인테리어 비용이 많이 들어서 새로 임대하는 요양병원은 이미 요양병원을 하고 있던 병원이나 아니면 인테리어 비용을 부담해 주는 건물로 임대할 생각이라는 얘기도 했습니다. 몇 차례 건물을 찾아왔던 그 병원장은 나중에는 자신이 운영하는 요양병원까지 초대했는데 마침 집에서 그 병원이 가까워서 한번 들른적도 있습니다.

그런데 만일 2010년 여름 심○○가 등장하지만 않았다면 최○○ 원장에게 회사는 인테리어를 해주고 건물을 임대했을 것이고 그랬다면 저와 김○○씨 그리고 회사까지 이런 엄청난 화근에 직면하지는 않았을 것입니다. 그때 당시 인테리어 공사가 시작되자 심○○는 매 주말마다 찾아와 인테리어 공사에 관여 했습니다. 이에 대해서는 당시 주차관리 했던 배○○ 주임, 물리치료실 설비 때문에 주말마다 들렸던 노○○ 실장, 그리고 건물 임대시부터 근무했던 오○○ 실장) 등의 사실확인서에 상세히 설명되어 있습니다.

사건의 실체적 진실이 이러함에도 2012. 6. 28. 사건병원에 대한 형사 1심(2012 고단 131) 판결문에서는 임대를 위해 검찰 수사 기록만 고수하며 '건물주 회사가 임대를 위해 인테리어를 해 준다면 이는 합리적인 임대업자가 아니다'라고 단정할 뿐이었습니다.

당시 심○○도 인테리어만 도와주면 건물 임대를 하겠다는 의사들에 대한 얘기를 저한테 전해 듣고는 자기도 요양병원 경험도 있고, 건물도 새 건물이라 마음에 드니까 만일 자기가 그 건물에서 요양병원을 하게 되면 평소 생각 해 왔던 포부대로 한번 제대로 해 볼 수 있을 것 같다고 했습니다.

그래서 저는 건물주 회사 대표 김○○씨에게 이 사실을 알리며, 이왕이면 전혀 모르는 의사에게 인테리어비를 부담하고 건물을 임대할 바에야 오랜만에 만난 옛 친구에게 건물임대를 맡기자고 강력 추천하게 되었던 것입니다.

심○○이 일반의로서 정신병원 개업도 오래 했고 그동안 돈만 벌었다니 가족도 없는 심○○에게 개업자금 몇 억 쯤은 문제 없으리라 믿었습니다. 그래서 2010년 8월 말 저는 심○○과 만나고 있었던 자리에 건물주 회사 대표 김○○씨를 합석시켜 건물의 임대계약 초안을 잡았습니다. 그 초안을 근거로 회사 이사회에서는 인테리어는 건물을 장기임대 하기 위한 부가가치라고 결론을 내리고 인테리어를 하기로 결정했던 것입니다.

그리고 심○○은 2010. 8. 건물주 회사 대표와 임대계약 초안에 합의할 때 자신은 대전에서 마무리 근무를 하고 개원 직전에야 올라오겠으니 그 사이 재활장비나 간호장비 업자들과 구입 계약을 하려면 자신의 도장이 필요할 테니 필요할 때 쓰라고 하며 저에게 도장을 주었습니다. 요양병원에 대해 아무런 예비 지식도 없는 저로서는 개설 전에 병원장의 도장이 필요 하리라는 예상도 못했다가 심○○이 도장을 맡기니 그냥 받아둔 것입니다.

9월 초부터 인테리어가 시작됐는데 심○○은 매주 주말마다 서울로 올라와 명일동 조카집에 머물며 인테리어 현장에 들렀습니다. 그리고 심○○은 당시 자신이 근무하고 있는 요양병원 시설과 비교하며 업자들에게 여러 가지를 주문했습니다. 예컨대 심○○은 배수시설에서 파는 홈의 크기나 병원장실이나 진료실의 크기 등 세세하게 주문하며 매우 열성을 보였습니다.

그 해(2010년) 늦여름(9월) 홍수가 나서 갑자기 순식간에 건물 바닥까지 물이 들어와 저와 심○○ 그리고 관리소장님, 배차 주임님들이 함께 물을 퍼내기도 했습니다. 당시 건물 임대때 부터 건물관리를 맡으셨던 관리소장님, 건물의 주차시설을 맡았던 배○○ 주임님, 물리치료실 설비 때문에 인테리어 현장에 자주 들렀던 노○○ 물리치료 실장님, 건물 인테리어를 돕다가 후에 원무과 일을 맡게 된 오○○ 실장 등은 심○○이 건물의 인테리어 때 당시 현장에서 얼마나 열심히 병원 건물의 인테리어에 공을 들이며 의욕을 보였는지 잘 알고 있습니다. 이렇듯 처음부터 건물주 회사는 임대해 올 사람을 심○○으로 정하고 인테리어를 했던 것입니다.

건물 인테리어가 순조로이 진척되어 저는 심○○에게 10월 중순이면 인테리어가 끝날 예정이라고 알려주니까 심○○은 10월 말쯤 개원하면 되겠다고 했습니다. 그래서 저는 당연히 인테리어 기간 중에 심○○이 개설자금을 준비하고 있으려니 믿었습니다. 그런데 10월 중순이 되어 막상 인테리어가 끝나고 물리치료 실장님이 써 준 리스트대로 재활장비까지 다 들여왔는데 심○○은 앞전의 병원 일을 마무리 짓는데 시간이 걸린다며 개설자금은 물론이고 개설날짜를 자꾸 미루었습니다.

한편, 재활장비 업자들은 직접 장비를 생산하는 업체가 아니라 대부분 중간 도매상이라 장비를 들여놓음과 동시에 장비대금을 받아 장비 수입업자나 제작업자에게 전해 주어야 한다고 매일 외상대금을 재촉해 왔습니다.

회사도 인테리어 비용을 4억 이상 부담했으니 건물이 빨리 임대 되기를 기다리고 있었습니다. 그래서 심○○이 개설자금을 빨리 가지고 와서 하루 속히 개설하는 것이 급선무였습니다. 뿐만 아니라 많은 요양병원들과 거래를 하는 재활장비 업자들의 얘기로는 통상 요양병원은 개설날에 대비해 각 파트별(간호과, 물리치료실, 주방 등)로 기본 인력을 미리 세팅해야 한다고 했습니다.

그런데 10월 말이 지나고 11월 초가 되어도 심○○에게서는 언제쯤 오겠다는 확답이 없었습니다. 제가 답답해서 전화하면 앞전 병원의 마무리가 예정보다 늦어진다는 심○○의 답변만 돌아왔습니다. 이미 11월이 되어 겨울도 닥쳐오는데 마침 인근 송파구의 한미사랑 요양병원이 문을 닫게 되어 그 병원 환자들이 사방으로 흩어져 여러 병원에 입원하고 있다고 했습니다.

사건병원도 그때 예정대로 개원했더라면 그 퇴원하고 있는 환자들을 일부라도 입원시킬 수 있었을 것입니다. 사정이 그러한데다 겨울이 닥쳐오니 언제까지나 건물 임대를 한없이 기다리자니 답답하여 저는 심○○에게 이런 사정을 알리며 어서 빨리 오라고 재촉하지 않을 수 없었습니다.

심○○은 정 사정이 그러면 겨울도 다가오니까 우선 개설부터 하고 자금을 마련해야겠다고 했습니다. 그래서 제가 개설자금 중에서도 임대보증금 보다 더 급한게 재활장비대금 독촉이라며 매일 외상대금을 독촉해 와 견딜수 없다니까 심○○은 저더러 그러면 자신도 자금을 마련해 보고 있지만 급한대로 자금을 돌려보라고 했습니다. 어렵사리 친구가 임대하게 된 우여곡절을 누구보다 잘 아는 저로선 더욱이 친구가 건물을 임대해올 예정이었기에 저절로 열성을 내지 않을수 없었습니다.

그런데 돈을 급하게 돌려본다는 것이 저로서는 너무 막연하고 힘들게 느껴졌습니다. 그때까지 저는 누구에게 돈을 꿔 본적도 또 누구와 그 흔한 계조차 해 본 적도 전혀 없었기 때문이었습니다. 그래서 건물주 회사 대표 김○○씨에게 이런 사정을 털어놓으며 미리 자금을 빌릴데가 없는지 물어 보았습니다. 김○○씨는 회사에 올인하고 있어 여유자금이 없다고 하면서 사정이 그러면 친지나 지인들에게 여유자금 있는지 알아보겠다고 했습니다.

급하게 자금을 융통하려고 해서인지 김○○씨는 2~3일 동안 여기저기 알아봤지만 급하게 구하기는 쉽지 않다고 했습니다. 세상물정 모르는 저는 당연히 쉽게 자금을 구해올 줄 알았는데 실망했습니다. 그래서 제가 갖고 있는 회사 주식 3만주(6억원 상당)를 김○○씨에게 내 놓으며 이걸 맡기고라도 두 세달 안에 갚는 조건으로 좀 더 알아봐 달라고 했습니다.

김○○씨는 혹시 건물관리를 맡고 계시는 김○○ 소장님이 여유자금을 갖고 있는 전주들을 알고 계실지도 모르겠다며 김소장님께 연락해 보겠다고 했습니다. 그렇게 해서 김○○씨가 김○○ 소장님께 연락을 했다고 들었습니다.

병원이 곧 개설될 예정인 것을 알고 계신 김소장님은 사정얘기를 들으시고, 마침 땅을 판 돈이 은행에 예금된 것이 있다고 하셨다고 합니다. 그리고 소장님은 두 세달 안에 갚을 것이면 잘 알지 못하는 병원장에게 빌려주기 보다 같은 회사에 근무한 적도 있고 믿을만한 김○○씨를 보고 꿔 주시겠다고 하셨다고 들었습니다. 그래서 김○○씨는 제 주식 3만주(6억원 상당)를 맡기겠다고 하고 결국 김○○ 소장님으로부터 자금 6억원을 차용하게 된 것입니다.

그때 당시 저는 이런 사정얘기를 심○○에게 자세히 알리며, 개설하고 나서 자금이 들어오는대로 소장님 빚을 갚으면 된다고 했습니다. 그리고 저는 급히 자금을 구하기가 힘들어 제가 갖고 있던 주식 3만주(6억 상당)를 맡기기까지 한 얘기도 덧붙였습니다.

심○○은 우선 개설자금을 마련하게 됐으니 곧 개설신고를 해야겠다며 그로부터 2~3일 후엔가 서울로 올라왔습니다. 그리고 심○○가 직접 건물주 회사 대표인 김○○씨를 만나(2010년 8월 31일 구두로 계약되었던 조건 그대로) 임대차계약서를 작성하고 도장을 찍은 것입니다.

이 임대차계약서를 자세히 살펴보면 심○○와 회사는 임대기간을 2010년 11월 15일부터 2012년 11월 14일까지 2년으로 정하고 보증금 3억원에 월 임대료 5,000만원, 부가세는 별도로 책정하였습니다. 그리고 계약일은 2010년 8월 31일자로 되어 있습니다. 그런데 이 계약서를 김○○씨가 2010년 8월 31일에 작성한 것이라면 곧 시작될 인테리어 공사가 언제 끝날지 모르는데 미리 2010년 11월 15일로 계약 개시 날짜를 정할수는 결코 없었을 것입니다.

이 임대차 계약서에 임대계약 기간을 2년으로 하면서 계약일을 2010년 8월 31일자로 한 것은 2010년 8월 31일 구두로 협의한 임대차계약서에 준해서 회사가 인테리어 공사를 했고, 또 그 계약조건 그대로 임대차계약서를 작성하게 되었으므로 임대주 회사 대표 김○○씨가 임대계약서에 그 소급된 날짜를 명기한 것입니다. 심○○은 그렇게 해서

2010년 11월 17일 보건소에 그 임대계약서를 제출하고 개설신고를 한 것입니다.

그런데 심○○가 병원을 그만 둔 후 사건병원이 진정을 받고 검찰 수사를 받게 되면서 임대차계약서를 제출하라고 하니 제가 병원에 남겨져 있던 그 계약서를 제출하게 되었습니다.

물론 심○○와의 임대차계약서는 병원장이 개설 전 직접 보건소와 세무서에 제출했으니 수사 받으며 임대차계약서를 내라고 했을 때 번거롭더라도 저나 진○○가 보건소에 찾아가 보관된 임대차계약서를 한 장 복사해 달라고 할수도 있었던 것입니다.

그런데 심○○이 그만 둔지 수개월 후 갑자기 수사 받다가 이 계약서를 보게 되니 계약일을 2010년 8월 31일자로 했던 당시 상황에 대한 기억이 이미 희미해 있었던 것입니다.

그래서 자신은 대전에서 2010년 11월 15일에 올라와 임대차계약서를 쓰고 직접 보건소에 제출 했으면서도 작성 날짜가 매우 차이난다고 생각되어 이런 계약서를 본적도 작성한 적도 없다고 진술한 것입니다. 이미 수사관이 사무장병원이라는 유죄심증을 갖고 압박하니 심○○은 자신이 그만 두면서 남기고 간 도장으로 조정윤이 조작한 것 같다고까지 진술했다고 수사기록에 나와 있습니다.

그러나 만일, 검찰수사 받다가 임대차계약서를 내라고 하니 제가 급히 심○○이 남기고 간 도장으로 조작해서 제출했다면 개설날짜 2010년 11월 15일에 맞춰 작성하지 왜 굳이 계약일을 8월 31일자로 다르게 명기할 필요가 있었겠습니까?

더욱이 심○○가 남기고 간 도장은 심○○가 그만 두겠다며 모두 내려놓고 몸만 가겠다며 그동안의 통장은 물론이고 도장조차 찾지 않고 진○○에게 모두 인수시키고 그냥 대전으로 내려 가서는 통 연락도 없었기 때문에 돌려주지 못했을 뿐이지 후에 검찰수사 받을 것에 대비해 제가 서류를 조작하려고 주지 않은 것은 결코 아닙니다.

뿐만 아니라 심○○는 그만 둔 후 심○○때 병원에서 발생했던 엄청난 적자 때문에 심○○ 소재 대전 세무서로 5,900만원 상당의 환급금이 나왔다고 하기에 알아보니 심○○가 남기고 갔던 그 도장으로 개설되어 있던 예금통장으로 도장만 분실 신고해서 통장의 도장을 바꿔 환급금을 받아갔습니다.

이렇게 도장은 본인이 분실신고하면 언제라도 바꿀 수 있는데 제가 나중에 검찰수사라도 받을 것에 대비해 심○○가 병원을 그만둘 때 일부러 돌려주지 않은 것은 결코 아닙니다.

환급금도 아무리 자신이 병원장일때 발생한 적자 때문에 나온 것이라 해도 자신이 자금을 투입하지 않은 상태에서 그리고 두달만에 그만 두었는데도 통장의 도장까지 바꿔가며 그 환급금을 다 받았다는 것도 심○○가 월급을 받는 의사가 아니고 개설의이었기 때문에 가능했다고 하겠습니다.

더욱이 심○○는 후에 형사 1심(2012 고단 131) 법정에 낸 탄원서 I, II를 통해 그 임대차계약서와 작성 날짜와 계약 날짜가 다르게 되어 있었던 점에 대해 자신의 기억이 희미했었다고 분명히 밝힌바 있기 때문에 더욱 그러하였습니다. 그리고 심○○은 저의 형사 1심(2013 고단 540) 법정에서도 탄원서 I, II는 자신이 직접 써서 낸 것이라고 분명히 밝혔습니다.

그런데 병원개설 이후 심○○와는 매일 발생하는 적자 문제로 여러 번 의견충돌이 있었고, 그 외에도 심○○이 정신병원에서 하던 식으로 향정(마약의 일종) 오더를 많이 내서 간호사들과 의견대립이 심해 물의를 빚곤 했습니다.

수간호사를 비롯하여 다른 요양병원에 근무한 적이 있는 간호사들은 심○○ 병원장이 다른 요양병원에 비해 향정 오더를 3~4배 많이 내서 환자들이 받을 부작용이 걱정된다며 마구 항의를 해댔습니다. 제가 보다 못해 심○○에게 향정오더를 좀 줄이는게 어떠냐고 하면 제가 병원장의 고유 진료권을 침해한다며 심○○은 막무가내로 화를 냈었습니다. 사정이 그러했기에 이런 저런 일로 심○○와는 의견대립이 많이 있었고, 그럴때마다 심○○은 '내일 당장 폐업 신고하겠다'며 마구 화를 냈습니다.

당시 저는 개설자금은 2~3달 후에 들여와 소장님 빚을 갚는다 해도 계속 매일 발생하는 적자라도 병원장이 메꾸라고 재촉했습니다. 그러나 심○○은 개설자금 들여올 때 매일 발생하는 적자도 함께 정산하겠다고만 했습니다. 이렇듯 병원장이 개설 후에 매일 발생하는 적자를 메꾸지 못하니 저는 울며 겨자먹기로 적자관리를 하지 않을 수 없었습니다.

그러나 당시 저는 심○○가 병원에서 매일 발생하는 적자까지 나중에 함께 정산하겠다며 그때 그때 메꾸지 않을줄 어찌 미리 예측했겠으며 또 제가 자꾸 적자를 메꾸라고 재촉한다고 해서 시작한지 한달 조금 지나면서부터 자기 뜻대로 병원이 되지 않는다며 심○○가 당장 폐업해버리겠다고 나올줄 어찌 미리 상상이나 했겠습니까?

나중에 이 얘기를 전해 들은 사람들은 심○○와 이미 임대기간을 2년으로 정했는데 그 기간을 채우지 못하는 것이니 손해배상 소송이라도 하지 그랬느냐고들 하지만 평생 소송이라는 것도 해본 적 없고 건물임대 경험도 없었으니 무엇보다 어렵사리 개시된 건물임대가 끊겨 임대에 차질을 받을 것만 우려하며 어떻게 해서든 빨리 인수자를 찾아 건물 임대를 이어가는 것만이 최선이라고 생각했습니다.

저는 건물 임대를 위해 인테리어까지 한 회사 입장을 너무 잘 알고 있었기에 매일 계속 발생하는 적자 때문에 병원 임대에 차질이 생길까봐 매우 우려되었습니다. 그러다 보니까 저는 주먹구구식으로 김소장님께 차용한 돈으로 그때 그때 임대료를 포함해 매일 발생하는 병원 적자까지 메꾸게 되었습니다. 이제 돌이켜 보면 이때부터 저는 이미 한발씩 깊은 수렁-즉, 후에 사무장병원을 한다는 의혹을 받을 수 있는-에 빠져들기 시작했다고 할 수 있습니다.

병원이 개설된지 1달쯤 지난 후부터 심○○은 자기 뜻대로 병원이 되지 않는다며 계속 하고 싶지 않다고 당장 폐업하겠다고 했습니다. 그래서 제가 심○○에게 병원 때문에 소장님께 진 빚은 어떻게 하느냐고 하니까 그 빚도 이 병원 때문에 얻었고 자기가 직접 돈을 빌린 것도 아니고 그 빚진 돈도 모두 이 병원에 씌여졌으니 자신이 병원의 틀 잡아놓고 그만두는 마당에 자신은 어떤 채무에도 얽히지 않고 그냥 모두 다 놓고 몸만 떠나겠다고 했습니다.

그리고 심○○은 고정적 생활비 외에 자기가 병원에서 개인적으로 가져다 쓴 돈도 이 병원에 밤낮을 가리지 않고 근무하면서 병원장으로 쓴 돈이니 갚을게 전혀 없다고 했습니다. 개설초기 병원이라 환자가 너무 적어 병원은 당직의사를 따로 주지 않고, 병원장이 저녁에도 병원에 들르며 당직을 겸했었습니다.

그러나 심○○이 장기 임대를 하리라 믿고 관리소장님에게 빚을 얻어가면서까지 개설자금을 빌려온 제 입장에서는 심○○이 몸만 빠져 나가겠다니 결국 그 빚을 그냥 모두 떠안으라는 뜻이어서 너무 배신감이 들고 참 당황스러웠습니다.

후에 이 이야기를 전해 들은 사람들 중에는 심○○이 임대 기간을 지키지 못하고 그만 둔다고 했으면 피해 보상에 대해 고소라도 하지 그랬느냐고도 하지만 평생을 민사, 형사, 고소, 고발 등의 뜻도 제대로 알 필요 없이 살아 왔기에 그럴 엄두는 전혀 나지 않았습니다. 그때는 무엇보다 건물 임대의 차질을 최소화 하기 위해서 빨리 인수자를 찾아야 하겠다는 다급한 마음 뿐이었습니다.

이제 겨우 병원 임대가 시작됐는데 심○○이 폐업을 하겠다니 너무 당황한 저는 폐업하면 어떻게 되는 것인지 병원 임대업자들에게 알아보았습니다. 그들의 얘기로는 병원이 당장 폐업하면 그동안 입원한 50여 명의 환자들을 그날로 모두 퇴원시키고 병원 문도 닫아야 한다는 것이었습니다.

그래서 저는 심○○에게 건물 임대를 오래 할줄 믿고 자금까지 빌리도록 도와줬는데 그렇게 무책임할 수 있냐고 따졌지만 도무지 너무 고집이 세고 막무가내여서 하는수 없이 며칠만 말미를 주고 기다려 달라고 몇 차례 통사정을 했던 것입니다. 그리고 계속 그러다가는 정말 폐업사태가 생길 것 같아 급히 수소문 하면서 가까운 지인들 뿐만 아니라 병원 임대를 주로 하는 부동산 소개업자들에게도 여기저기 연락을 했던 것입니다.

심○○이 개설과 폐업의 전권을 갖는 병원장의 권력을 내세우며 선전포고 하듯 폐업하겠다니 급히 사방으로 인수할 임차인을 알아보았는데 건물의 임대보증금 외에 심○○이 남긴 빚 6억원을 시설비와 재활장비 대금으로 갚아줄 임차인 희망자들도 몇 있었습니다. 그러나 그들은 모두 인수인계 하려면 적어도 한달 반 내지는 두 달 이상 시간을 달라고 했습니다. 그런데 인터넷 구직란으로 연결된 진○○은전화 통화로 인수인계 시점은 20일 이내에 가능하다며 일단 병원을 시작하고 나서 개설자금을 닥터론 등으로 곧 마련하겠다고 했습니다. 당시는 그렇게 전화상으로만 진○○와 임대계약을 협상했던 것입니다.

그렇게 전화 통화로만 지방 요양병원에 근무하고 있다는 진○○와 저는 수차례에 걸쳐 임대계약 내용을 협의했습니다. 전화 통화로 진

○○이 20일만에 온다고 했을 때 저는 반신반의 했었습니다. 그런데 전화로 약속한 날 진○○에게서 차로 오고 있다는 연락이 왔습니다. 그래서 진○○이 서울로 오게 된 날 건물주 회사 대표 김○○씨에게도 급히 연락을 했습니다. 김○○씨는 제가 진○○와 전화로 협의한 대로 회사 직원에게 워드를 찍게 하고 그 계약서를 가지고 병원에 왔습니다. 만일 그때 진○○이 병원에 찾아 오지 않았더라면 며칠 더 기다려서 다른 인수자를 찾았을 것입니다.

더욱이 심○○이 간호사들과 마찰을 빚을때마다 당장 폐업하겠다고 막무가내로 압박해 오지만 않았다면 자금준비도 채 안되었기에 개설하고 돈을 얻겠다는 진○○에게 아무리 멀리서 20일만에 직접 찾아왔다고 해도 그렇게 급히 병원 임대를 인수시키지는 않았을 것입니다.

진○○은 임대계약서에 도장을 찍으며 임대계약 조건이 좋아서 병원 임대를 인수하겠지만 한의원 두 번 개원했었으나 쉽지 않았다며, 적자가 많이 나고 있다니 경영 정상화때까지는 도와주기를 바랐습니다. 그리고 "한의원 개업을 두 번 해 봐서 운영이 쉽지 않은걸 잘 아니까 만일 그래도 운영이 잘 안되면 다음 병원장에게 인수인계 할수도 있다"고 구두로 단서를 달았습니다.

그때 옆에 배석했던 제가 '그동안 한방의사가 없었는데 병원장이 한방의사이니 환자들이 침을 맞게 되어 매우 좋아하시겠다'고 얘기했던 기억은 납니다. 그리고 그때 저는 전임 병원장이 급히 인계하는 경위와 병원이 수천만원씩 적자를 많이 내고 있다고 자세히 설명하니 진○○

은 론을 얻어서 자금마련이 될 때 매일 발생되는 병원 적자도 함께 정산하겠다고 했습니다.

그날 건물주 회사 대표 김ㅇㅇ씨는 어디까지나 진ㅇㅇ를 건물의 임대인 자격으로 만났으며, 그때 김ㅇㅇ씨는 3층 한의원 임대 만기가 곧 도래하니 한의원 자리까지 확장하면 적자가 많이 난다는 병원이지만 빨리 정상 운영시킬수 있을테니 매달 임대료를 잘 내달라고 부탁을 했습니다. 김ㅇㅇ씨는 그 자리에서 '그동안 사정 얘기를 들어보니 초기 병원이라 7~8천만원씩 적자가 많이 난다고 하니 초기 임대료 3개월분을 몇 달간 유예해 줄수 있다'고 했습니다. 그리고 그 후 초기 임대료 3개월분을 1년 후 유예해 주는 합의서를 임대인과 임차인이 함께 싸인하여 작성했습니다.

돌이켜 보면, 건물주 회사대료 김ㅇㅇ씨가 진ㅇㅇ와 임대차계약서 계약할 당시 김ㅇㅇ씨는 진ㅇㅇ가 개설자금을 개설 전 소지하지 않고 개설 후 은행론으로 충당하겠다고 하는 점 때문에 저에게 진ㅇㅇ가 일부러 먼데서 찾아오기는 했어도 다른 임차인을 기다려 보자며 진ㅇㅇ을 돌려보내려고 했습니다.

그러나 심ㅇㅇ가 수차례에 걸쳐 당장 폐업신고 하겠으니 직원들 시켜 짐을 싸서 집으로 보내라며 고집 피우는 상황이었기에 저는 김ㅇㅇ씨에게 진ㅇㅇ가 적극적으로 병원장 인수 가능하다는 이력서를 인터넷에 올렸고, 또 건물을 임대하려고 먼 지방에서 늦은 저녁 찾아왔고 또 개설자금도 당장은 소지하고 있지 않아도 은행론을 얻어 모두 충당하겠다며 의욕적으로 하려고 하니 한번 기회를 주어보자고 권유할 수밖에 없었습니다.

그러다가 '임차인이 정 기대에 못 미치면 그때는 어느 정도 시간여유를 갖고 임차인을 바꿀수도 있지 않느냐'고 저는 김○○을 계속 설득 했었습니다. 그런 상황이었으니 김○○씨나 제가 진○○가 처음부터 개설자금을 모두 준비해 가지고 시작했더라면 건물 임대 개시때부터 그렇게 되기를 무척 바랐었으니 당연히 얼마나 다행이라고 안심하며 임대료만 안정적으로 받으면 되는 임대주 회사를 위해서라도 잘 된 일이라고 생각했겠습니까?

더욱이 만일 진○○와의 임대차계약때 진○○가 개설자금을 모두 소지하고 있었다고 하는데도 제가 직접 병원을 운영하겠으니 병원장은 월급이나 받으라고 했을리는 만무하지 않겠습니까? 그러나 전임 병원장이 개설과 동시에 개설자금을 투입하지 못하므로써 이미 건물 임대의 첫 단추가 잘 못 끼워지면서 계속 일그러지게 된 상황이었던 것이니 이렇게 해서 전혀 예기치 않게 이어지는 난국을 어떻게든 수습해 건물임대에 차질을 최소화 하고 싶었을 뿐이었습니다. 따라서 제가 이렇게 예기치 않은 상황을 미리 감안하고 병원 운영을 하겠다는 사전 계획을 했다는 것은 너무 사실과 다른 무리한 억측입니다.

그리고 병원의 통장관리는 미수자 명단을 확인하기 위해 흔히 병원의 원무부장들이 대행하는 업무로 심○○ 원장때부터 매일 발생하는 적자를 통장으로 관리해 왔기에 급히 인수한 진○○이 개설자금을 들여올때까지 계속 수천만원씩 매달 적자가 발생할테니 정상 가동될 때 까지라도 제가 계속 관리할 필요가 있었습니다.

평생을 학생들을 가르치며 책 읽고 쓰는 일만 해 왔던 저에게 뜻하지도 않게 돕게 된 병원 업무는 생소하고 버거워서 얼마나 어서 빨리 병원장에게 모두 넘기고 싶었겠습니까? 그러나 그동안 심○○ 때문에 전혀 예기치 않다가 소장님께 진 빚이나 갚을수 있었으면 그리고 회사도 인테리어까지 해 주었으니 임대료만은 장기적으로 제대로 받을수 있었으면 하고 간절히 바라며 초기 몇 달만 도우면 건물 임대가 안착되겠지 했습니다.

진○○도 처음엔 개설자금을 들여오지 못한채로 시작했지만 임대시 약속대로 론등을 얻어 개설자금이나 병원자금을 메꾸려고 했습니다. 그런데 진○○이 여러 은행에 알아보니 병원의 사업기간도 짧아 자기 담보로는 론을 2억 얻기도 쉽지 않다기에 저는 이왕이면 김○○씨가 고객이 되어 있는 거래은행을 소개한 것입니다.

그리고 진○○ 병원장이 론을 얻을 때 저와 김○○씨가 연대보증을 서 준 것은 병원장 진○○에게 자기 명의의 재산이 별로 없고 또 사업연한이 짧은데다가 그 당시 병원도 적자를 면치 못하니 은행에서 론을 대출받기 위해서는 1년간만 연대보증이 필요하다고 해서 장기적 병원 임대를 위해 부득이 했던 것입니다. 그래서 진○○은 메디칼 론(2억 5천만원)이나 신용보증기금(1억 9천만원)에서 대출받을 수 있었던 것입니다.

그러나 당시 병원에서 발생하는 적자 규모가 너무 크고 또 임대 기간 만기로 3층 한의원까지 내보내야 해서 진○○ 병원장이 받은 론만으로 개설자금까지 다 충당하기가 어려웠습니다.

그래서 진○○이 은행 론을 받았지만 과연 초기 적자를 모두 털고 장기임대를 계속 해 낼 수 있을지 하며 의구심을 갖으면서 잘못하다가는 개설자금을 모두 소지하고 있는 임대 병원장으로 또 바뀌는게 아닌지 매우 걱정하던 중이었습니다. 그러다가 진○○이 인수한지 불과 4~5달 되던 시점에서 진정 받고 검찰수사를 받게 된 것입니다.

사실 평생에 사소한 법조차 어겨본 적이 없는 제가 사무장병원이 위법인 것을 건물 임대에 관여하는 과정에서 의사들에게 들어서 이미 알고 있었고 더욱이 조금만 조건을 잘해주면 요양병원으로 임대하려던 의사도 많았는데 왜 굳이 남편 회사 소유의 건물에서 50년만에 만난 친구에게 그런 위법을 하자고 자청했을리 만무합니다.

그리고 만일 친구가 그런 식의 편법 운영을 제안했다면 저는 그렇게 위법을 권유하는 친구와 절교를 했을 것입니다. 더욱이 건물을 임대하는 입장에서는 임대료만 제대로 받으면 되지 누가 사서 돈을 조달해 주는 고생을 하려고 사전에 운영을 계획했겠습니까? 그리고 심○○가 심기가 불편하기만 하면 당장 폐업하겠다고 막무가내로 압박해 오지만 않았다면 자금준비도 채 안된 진○○에게 아무리 멀리서 20일만에 찾아왔다고 그렇게 급히 병원 임대를 인수시키지는 않았을 것입니다.

그러나 수사과정에서 사건병원에서 드러난 이러한 자금 수급에서의 미비함은 흔히 초창기 병원들이 겪은 과도기적 불안정성이었을 따름으로 사건병원은 다만 이제 겨우 건물 임대가 시작되고 병원은 엄청난 초기 적자를 견디며 힘든 고비를 넘기려는 중이었습니다. 그런데 진정인의 교활한 회유에 수사관은 눈 먼 확신에 사로잡혀 무리하게 과잉 편파 수사를 했으며, 더욱이 수사 과정에서 진정 취하금을 진정인과 수사관이 나누려고 협상하는 대화가 녹취된 문화방송 사건(2011.11.15.)은 이러한 무리수를 여실히 방증해 주고 있었던 것입니다.

그런데 3심을 끝내고도 건물 임대를 위해 회사가 인테리어를 해 주게 된 경위가 소명되지 않아 저는 당시 '인테리어 공사비만 부담하면 요양병원을 오래 운영한 경험을 살려 매달 내는 임대료를 높이 책정해서라도 건물을 장기임대 해 보겠다'고 상담해 왔던 의사들을 수소문해 보았습니다. 그러나 통상적으로 의사들은 상담 후에도 명함을 전해주지 않고, 핸드폰 번호 등 연락처만 남겼는데 그런데 그 수첩조차 남아있지 않아 애를 태우다가 어렵사리 당시 상담했었던 충현교회 옆 푸른요양병원 최○○ 원장과 연락이 닿았습니다.

만일 푸른요양병원에 근무하다가 병원이 폐업되니 당시 사건병원으로 옮겨 와 지금까지 근무하고 있는 간호사들(조○○, 김○○, 강○○)이 없었더라면 저는 최○○ 원장의 근황을 결코 알수 없었을지도 모릅니다. 그러나 사정이 급박해지니 저는 조○○ 간호사에게 최○○ 원장이 어디에 근무하는지 물어보았습니다.

조○○ 간호사가 알려주는대로 제가 라마다르네상스 호텔 건물에서

줄기세포 연구하는 병원에 찾아갔더니 최ㅇㅇ 원장이 2014년 11월 그만 두었다는 것이었습니다. 그래서 연락처 번호만을 받아 곧바로 연락해 그날 저녁 커피숍에서 최ㅇㅇ 원장을 만났습니다. 그리고 저는 최태석 원장에게 사건병원이 사무장병원 혐의로 진정 받았던 사정얘기를 했습니다.

당시 여러 의사에게서 인테리어를 해달라는 임대 상담을 받다가 결국 여중 동창인 심ㅇㅇ에게 하게 된 경위를 밝혀야 건물주 회사가 운영을 목표로 해서가 아니라 임대만을 위해 인테리어를 했음을 소명할 수 있겠으니 사실확인서(당시 있었던 사실 그대로만)를 써 달라고 했습니다.

최ㅇㅇ 원장은 참 억울하게 되셨다며 그때 자신과 여러차례 만나며 인테리어에 대해서까지 구체적 논의가 있어 거의 상담이 성사되는줄 알았는데 나중에 친구가 맡게 되었다고 연락이 와서 마음을 접었었다며 당시 푸른요양병원을 운영하며 인테리어 비용을 너무 과용해 빚을 많이 졌었기에 이제는 일반병원에 근무하고 있다고 했습니다.

그리고 최ㅇㅇ 원장은 메일 주소를 물어보며 다음날 메일로 사실확인서와 신분증 복사본을 보내겠다고 했습니다. 다음날 메일을 보냈다는 문자 메시지가 와서 메일을 열어보니 최ㅇㅇ 원장의 사실확인서가 와 있었습니다.

(2) 수사 과정

2011년 6월 진정을 받고 검찰수사가 시작되었을 때에는 병원장이 개설한지 몇 달 되지 않아 개설자금을 모두 투입할 시간적 여유가 충분하지 못해서 임대차 계약 조건을 미처 다 충족하지 못하고 그 과도기적인 이행과정에 있었습니다.

이렇듯 사건병원은 자금수급면에서 매우 불안정하고 미비했던 시점이었는데 바로 그런 시점에 진정인의 사무장병원처럼 짜맞춘 진술과 이에 동조한 검찰측 증인 두 세명의 진술(당사자에게 이에 대해 사실확인조차 전혀 하지 않았음)만으로 이미 사무장병원이라는 심증을 굳히고 임대 계약이 형식적 임대계약이라며 수사관이 고강도의 강압 수사를 하니 평소 검찰에 가본적도 없는 일반인들은 무척 당황하면서 갈피를 못잡고 우왕좌왕 했습니다.

더욱이 처음에 저는 제 양심만 믿고 검찰에서 부르면 가서 자세히 설명해서 의혹을 풀려고 변호사를 위임하지도 않았습니다. 그래서 변호사를 대동하지 않고 후임 병원장 진○○은 검찰수사를 받으러 갔는데 수사관이 처음부터 '어떻게 입 맞추고 왔느냐'고 반말하고 고성을 지르는 것은 기본이고, 당황해서 우물쭈물 하면 '허위진술을 했을 때는 구속될수 있다'고 겁을 주며 마구 윽박질렀다고 들었습니다.

수사관은 진정인의 말만 듣고 저를 사건의 몸통 즉 영업을 위해 의사를 회유해서 고용한 이른바 사무장이라고 예단했는지 수사가 시작된지

3~4개월 후에 저를 불렀습니다. 더욱이 저는 진○○에게 이미 그렇게 강압적인 수사를 받았다는 얘기를 전해듣고 무언가 일이 잘못된다고 감지하고 그때서야 부랴 부랴 변호사를 선임하고 변호사를 대동했을 때는 소위 문화방송 녹취록 사건이 발생하기 직전이었습니다.

그런데 엄청난 소송의 소용돌이를 겪으며 뼈아픈 학습을 하고 난 지금 가장 후회하고 있는 점은 진정인이 '돈을 주지 않으면 신고하겠다'고 협박했을 때 아무리 제가 위법을 하고 있지 않다고 생각했더라도 이렇게 일이 크게 벌어져 엄청난 사법피해를 받기 전에 월급 몇 달분 더 주는 셈 치고 협상에 응했어야 했다는 것입니다.

그때는 제 스스로 위법을 하고 있지 않다고 생각해서 양심에 거리낄 것이 전혀 없기에 설령 검찰에서 부르더라도 가서 사실대로 다 샅샅이 털어 놓으려고 했습니다. 그러면 검찰이 충분히 이해해주고 진정인 때문에 품었던 의혹은 모두 풀릴 수 있으리라고 믿었었습니다. '무식하면 용감하다'고들 하듯 저는 검찰이라고 해도 위법을 하지 않았다는 생각에 전혀 두렵지 않았고, 부르면 당당히 가야지 하며 다짐까지 하고 있었습니다.

그러나 막상 검찰에 가보니 묻는 말에만 단답으로 대답해야 하니 검찰에서 사건의 진실을 모두 털어놓을 수 있겠다던 생각은 너무도 검찰의 시스템 또는 관행을 모르는 한없이 순진하고 무식하기 그지없는 생각이었음을 깨닫게 되었습니다.

그리고 만일 진정인의 진정을 막지 못해 부득이 검찰수사를 받게 되었다면 그때라도 빨리 변호사를 선임 했어야 했을 것입니다. 검찰이 3개월 이상 병원 직원들이나 병원 관계자들에 대해 참고인 진술을 모두 끝내고 병원장들을 부를 때 까지도 저는 사태의 심각성을 감지하지 못하고 당사자들인 병원장이나 제가 가서 자세히 잘 얘기하면 되겠지 했습니다.

그러나 신뢰를 바탕으로 장기적인 전망을 보고 한 지인들 사이의 건물 임대차 계약이었지만, 검찰수사를 받을 때는 개설 초기여서 병원 관련 서류도 미비해 보일 수 있었고, 더욱이 병원장이 개설자금을 계속 들여놓고 있는 시점이었기에 임대계약 조건을 미처 다 이행하지 못하고 있어 갈피를 못잡고 있었기에 우왕좌왕 했을 수 있습니다.

듣기로는 요양병원 실사를 철저히 하는 심사평가원조차도 개설한지 1년이 안되는 병원실사는 하지 않는다고 합니다. 이는 상식적으로 보아서도 아직 병원의 모든 여건이 미비하고 시스템 정비가 덜 되어 실사 대상조차 안된다는 판단 때문에 실사를 유보한다고 합니다.

더욱이 병원 오픈시 개설자금을 자기 돈만으로 충당하는 의사가 몇이나 있을지 또 건물임대를 위해 개설초기 몇 달간 지인인 의사에게 개설자금 좀 돌려주고 병원 운영을 옆에서 도운 것이 그렇게 큰 혐의가 돼서 그렇게 대대적이고도 고강도로 수사를 받아야 하는지 도무지 갈피를 잡을수 없었습니다.

물론 건물주 회사 대표 부인이 병원을 돕고 있다고 하니 임대해온 병원장이 엄연히 직접 운영하고 있어도 사건 병원의 진정인은 오너라는 개념에서 혼동을 가졌을수 있고 수사를 하는 수사관조차 오도된 진정인의 회유를 받으며 그 착시의 함정에 빠졌다고 밖에 볼 수 없습니다.

다만, 병원 개설시 임대한 병원장이 개설자금을 미처 마련하지 못한 과도기적 기간에 포상금을 염두에 둔 신고나 진정이라도 받게 되면 더욱이 임대한 병원장이 지인이라도 돼서 임대차 계약상의 편의라도 봐주게 되면 실질적 임대차 계약 부존재로 의심받고 나아가 사무장병원의 혐의까지 받을 수 있다는 함정을 미리 예견하지 못했음은 평생을 복잡한 법을 모르고 산 비의료인의 한계가 아니었을까 합니다.

사건병원이 진정을 받게 되었을 때(2011. 6.) 이○○ 수사관과 진정인은 거의 교대로 한달 이상의 기간(2011. 7.) 동안 전·현직 병원 직원들에게 대대적으로 전화해서 사건 병원이 사무장병원 같은 점에 대해 참고인 진술을 요구했습니다. 당시 50여명의 현직 직원들이 재직하고 있는 병원 분위기는 온통 쑥대밭이 되다시피 뒤숭숭 했습니다.

사건 병원의 검찰수사 기록을 열람해 보면 참고인 진술을 요구받았던 그 많은 전·현직 직원들 중, 사무장병원 같은 점에 대해 잘 모르겠다며 진술 요구에 동조하지 않은 전·현직 직원들의 전화통화는 모두 다 빼버리고 수사관과 진정인에 동조한 불과 2~3명(강○○, 손○○, 김○○)의 진술만을 신빙성 있는 결정적 증거로 해서 이미 판을 짜놓고 수사는 시작되고 있었습니다. 그러나 50여명의 전체 직원들은 모두 부인하는데 불과 2~3명의 전직 직원의 의견이 수사의 기본 틀을 잡는 전체의 의견을 대변할 수 없으며 이는 매우 편향된 뿐만 아니라 전형적인 일반화의 오류에 해당되겠습니다.

그러나 진정에 성공하면 환수금 전액에서 10%~20%에 상당하는 포상금이라는 과실 때문인지 진정인에게 동조한 검찰측 증인들(2~명)은 검찰수사뿐 아니라 1심 법정에서까지 모두 입을 모아 제가 병원 운영을 주도적으로 했다고 몰아갔습니다.

더욱이 전임 병원장 심○○은 개설 전날에야 병원에 왔고, 그전에는 대전에서 상경하여 주말에만 병원에 들렀으니 개원 10일 전부터 세팅되었던 오픈 멤버인 강○○와 손○○에게는 병원 개설작업을 제가 통장 관리를 하는 등 주도하고 있는 듯 오인 할 수도 있었기에 진정인 권○○의 회유에 동조하게 됐으리라 여겨집니다.

반면에 병원 직원들은 대부분 우선 검찰에 불려가는 것 조차 되도록 기피하고 부득이 가게 되도 미리 예단을 하거나 과장되지 않게 자신들이 직원으로서 병원일 하며 알고 있는 한도 내에서만 성실하게 답변했습니다.

그리고 수사관은 건물 임대를 위해 돈을 꿔 준 것인데 임대계약서를 서류적으로만 작성한 것인 듯 의심하고 모든 계좌를 추적해 댔습니다. 민간끼리의 계약인데 개설자금이 개설 초기가 늦어지면 늦게라도 받으면 되고 더욱이 돈을 임시로 조달해주는 입장은 마지못해서이지 개설자금을 모두 받고 임대가 빨리 안착되기를 무척 바랐던 것입니다.

그리고 수사가 시작되면서 당시 전·현직 직원들이 참고인으로 불리어 갔다 와서 전언한 바로는 '이미 사건 병원은 사무장 병원임이 확실하다'며 무슨 복사본 같은 것들을 가리키며 "저기 증거서류가 저만큼 쌓여 있다"는 식의 협박성 회유나 유도 질문으로 처음부터 사건 병원을 의도적으로 사무장 병원으로 몰고 갔던 정황은 너무도 많았다고 했습니다. 나중에 알고 보니 그 서류들은 진정인 권○○이 병원에 1달 근무하며 직원들 몰래 복사해 간 사건병원의 입원 환자 접수대장 등이었습니다.

검찰수사를 받을때는 사무장병원에 관한 2003년도 사무장 대법원 판례가 있는줄도 몰랐었는데 법원으로 이관된 후 변호사 사무실을 통해 검찰수사기록 복사본을 받아보고 나서야 알게 되었습니다. 그제서야 그 판례의 틀에 맞춰 수사하기 위해 수사관이 그렇게 반복해서 누가 면접을 보았으며, 근로 계약서 및 통장을 누가 관리했는지에 대해 진술하러 온 직원들에게 일일이 물어봤는지를 알 수 있었습니다.

대법원 판례의 항목들에 따라 수사한 후 최종적으로 내려야 할 결론을 미리 내놓고 참고인들에게 사건 병원이 사무장병원 같은 점에 대해 진술하라니 대법원 판례의 항목들은 증거 수집의 수단으로만 극단적으로 적용되었다고 하겠습니다.

이렇듯 수사 과정에서는 모든 상황을 의료법에서 운운하는 위법적 사무장 병원이라는 틀에만 짜 맞춰 넣으려고 하니 이런 식의 수사로는 애초에 노인복지나 국가재정 측면에서 사무장 병원을 단속하려는 본 취지와도 심히 괴리된다고 보여졌습니다.

그렇게 수사가 진행되다 보니 그 과정에서 사건 병원이 의료법에서 위반시 하는 사무장병원이 아니고 저도 그런 병원을 운영하는 사무장이 될 수없는 많은 정황들과 조건들은 다 걸러져 버리고 말았던 것입니다.

더욱이 후임 병원장 진○○이 다녀와서 수사관이 고함에, 반말에 마구 압박해대서 말도 제대로 못했다고 했을때야 비로소 뭔가 일이 잘 못되는구나 싶어 검찰이 저를 부를 때 급히 대동하기 위해서 변호사를 위임했던 것입니다.

변호사가 수사관을 만나봤을 때는 이미 진정 받은지 3~4개월 경과되어 진정인과 이에 동조한 사람들(후에 검찰측 증인들)을 통해 거의 각본을 짜 놓은듯 했다고 했습니다. 그래서 사건에 대해 걱정을 하는 변호사에게 수사관은 '지금으로선 진정취하 밖에 다른 방법은 없겠다'고 했다고 합니다. 그것도 만날때마다 여러번 그 필요성을 강조해서 말했다니 변호사는 진정인에게 진정취하금을 주고라도 진정취하를 받도록 하라고 병원장과 저에게 적극 권유했던 것입니다. 그리고 위임 변호사는 이미 수사가 오랫동안 진행되면서 사건을 너무 크게 키워놓은 후에야 뒤늦게 변호사를 위임했다며 매우 안타까와 했습니다.

사실, 2011년 7월부터 이듬해 1월까지 7개월간의 수사 과정에서 사무장병원으로 그럴듯한 그 어떤 증거라도 샅샅이 수집하기 위해서인 듯, 전임 원장이 운영했던 두어달 그리고 후임 원장이 인수한지 넉달정도 된 기간들간의 병원 관련 서류(거래통장, 직원명부, 근로계약서, 계좌이체 급여통장, 매달 손익계산서 등)들을 모두 제출케 했습니다. 그렇게 해서 결국 어마어마하게 방대한 사건병원에 대한 검찰수사기록물이 남겨졌다고 하겠습니다.

그러나 그 검찰수사기록에는 수사 시작에서부터 전 과정을 통틀어 사실 오인이나 심리 미진에 따른 예단으로 인해 편향되었던 오류들로 가득하면서도 문답식 단답 진술 기록들만으로 그 편파성 등은 거의 희석되었다고 하겠습니다. 그러다 2011년 11월 15일 진정인과 수사관이 이 사건의 진정 취하금을 나누는 대화가 문화방송 저녁 9시 뉴스 시간에 공개된 소위 문화방송 녹취록 사건이 발생했습니다.

이 문화방송 녹취록 사건은 사건병원에 대한 수사 과정상의 공정성이 심히 훼손되었던 상황을 방증해 주기에 그리고 변호사를 통해 그간의 수사기록의 복사본을 일부 전해 받고 수사기록이 실제와 너무 다르게 되어 있는 것을 알고 제가 앞전의 수사기록을 무로 돌리고 재수사해 달라는 진정을 냈습니다.(2011.11.) 그 진정서 및 진정서 보충은 다음과 같습니다.

진 정 서

사 건 : 2011 진정 588 진정사건 등
진정인 : 조 정 윤

　다음과 같이 588호 진정사건에서 받은 왜곡된 수사로 인한 막심한 폐해를 진정코저 합니다.

| 다 음 |

본인은 진정 사건 588호 피의자로서, 그동안 진정인 권○○의 사주와 이○○수사관의 핸들링에 의해 짜맞추기식 편파 수사의 피해를 입은 장본인입니다.

본인과 ○○○병원이 그들 각본에 의해 표적 수사를 받았다는 근거로는

1. 수사관은 진○○ 병원장이 명의만 빌려 주고 천만원씩 받았다는 권 ○○의 진정 내용이 사실임을 밝히지 못했습니다.

2. 본인이 기업은행 변대리한테 이 병원은 내가 의사를 고용해서 운영하는 병원이니 안심하고 대출해 주라고 했다는 이○○ 수사관 수사 기록이 사실 무근인 허위입니다.

3. 전심사과장 강○○가 1주일에 2번씩 건물만 김○○씨한테 청구 내용을 보고 했고, 심사평가원에 진료비를 오버코딩 청구하라고 제가 지시 했다고 진술했다는 이○○ 수사관 수사 기록 또한 날조된 각본입니다.
   그 외에도 수사관이 참고인들에게 유도 질문을 하여 저희 병원을 소위 사무장병원으로 몰고 간 정황은 너무도 많습니다.

〈추론〉

저희 ○○○병원은 588 진정 사건의 진정인 권○○이 제기한 혐의 즉 사무장병원이 결코 아님을 밝혀 주시기 바랍니다.

저희가 이미 제출한 서류와 참고인 진술을 다시 받아 보셔서 충분히 재 검토해 주셨으면 합니다.

2011. 11.

진정서 보충(이○○, 권○○측에 대하여)

저는 진정 사건 588번의 피의자 조정윤입니다. 정리해 본다면 그 진정 사건의 개요는 제가 ○○○ 요양병원의 행정원장으로서 한의사 진○○에게 명의를 빌려 1달에 1천만원의 급여를 주며 병원장으로 고용하면서 세칭 '사무장 병원'을 운영하고 있다는 내용이었습니다.

참고로 부연한자면 그 사건의 진정인 권○○은 ○○○ 요양병원에서 청구를 1달간 맡았던 심사과 직원이었습터다. 그러나 권○○은 요양병원 청구 심사 경력이 전혀 없어서 실무를 잘 몰랐기에 병원측에서 계속 근무하기 어렵겠다고 통고하니까 월급 석달분과 이사비를 주지 않으면 노동부에 신고하고 또 검찰에는 사무장 병원이라고 신고하겠다고 수차례 협박을 가해왔습니다.

그러나, 권○○은 수습기간 3개월 이내에는 적응이 안 되면 해고가 가능 하다는 취업 규칙에 이미 싸인을 했고, 또 사무장 병원이라는 혐의가 가당치 않다고 여겨져 권○○의 협박과 회유에도 끝내 응하지 않았으며 굳이 신고를 한다면 의연하게 대응하여 혐의를 벗을 수밖에 없다고 병원장과 다짐했었습니다.

올해 7월경 권○○이 검찰에 신고하러 갔다 왔다는 이야기들이 전직 직원들한테서 들려오기 시작하더니 며칠 후 저에게 이○○ 수사관이 병원장 전화 번호를 묻는 전화가 왔습니다. 그 동안에도 전직 직원들에게서 계속 전화가 걸려 왔는데, 내용은 수사관과 권○○이 번갈아서 ○○○ 요양병원이 사무장 병원인 점에 대해 근무하며 느낀 점을 이야기 해 달라며 수사에 협조해 달라고 했다는 것이었습니다.

그러나, 그들 대부분은 '자신들은 맡은바 일만 하느라 그런 내용은 전혀 아는바 없다'고 말했다고 전해주었습니다. 사실 권○○은 ○○○ 요양병원을 그만 둘 때 임금을 세배 달라고 협박하면서 요즘은 신고하면 포상금도 거액이 된다고 강조했었습니다.

제가 들은 바로는 수많은 전직 직원들 중 부당한 전횡을 일삼아서 간호사 등에 의해 내몰려 그만둔 전직 수간호사 손○○씨만이 권○○씨에게 동조하여 ○○○ 요양병원이 사무장 병원 같다고 진술했다고 합니다.

그러나, 우선 피상적으로 그런 오해를 받을 수 있는 소지가 있었던 점을 짚어보면 처음 이 병원 건물을 임대할 당시 여러 의사들이 팀이 되어 와서 요양병원으로 인테리어 해주면 자신들이 임대해 들어와서 지분을 나누어 주겠다고 제의해 왔었습니다. 여러차례 그런 제의를 듣고 또 50년지기인 동창도 경험을 살려 병원을 해보고 싶다고 했습니다. 그래서 E회사(건물 소유주)와 의논해 보니 일면식도 없는 의사 보다는 친분이 두터워 신뢰할만한 의사에게 임대해 주고 필요하면 인테리어도 도와주는 것이 낫겠다고 했습니다.

그래서 50년 지기인 동창에게 임대를 하게 되었고, 더욱이 요양병원은 초기에 1년 정도 적지 않은 적자를 감수해야 하는 실정이다 보니 E회사 측에서는 임차인에게 초기 보증금이나 임대료 등을 분납해서 받거나 또는 몇 달간 유예하는 조건을 받아들여서라도 장기임대로 이어가려고 했습니다.

저는 건물을 소유하고 있는 E회사 대표의 부인으로 다만 옛 친구인 병원장의 권유에 의해 진료에 여가가 없는 병원장을 도와 병원 행정

전반에 대한 실무를 대행해 왔을 뿐입니다. 그러나 병원의 수입과 지출에 관한 회계 전반과 직원들의 채용 및 임금 책정 등에 관해서는 병원장과 주기적으로 또는 필요할때마다 상담실 또는 주변 커피숍 등에서 만나 충분히 의논하여 업무를 수행해 왔습니다.

그러나, 이미 권○○의 진정으로 수사가 시작된 이후에는 이○○ 수사관이 제출하라는 제반 서류(병원 통장, 임대 계약서와 차용증, 직원 명부 등)는 모두 다 빠짐없이 최선을 다해 제출하였습니다.

더욱이 병원의 전직, 현직 직원들이 차례로 참고인 진술을 위해 불려 가면서 외부적으로는 병원의 이미지가 실추될까봐 우려되었고, 병원 내에서는 분위기가 술렁이고 어수선해지니 직원들 관리에 차질이 생겨 병원 안팎으로 입게 된 막심한 피해를 속수무책으로 감수해야만 했습니다.

이렇게 밀어붙이기식 수사가 두어달 이상 진행되는 것을 지켜보면서 극심한 소모에 시달리다 저희와 같이 사무장 병원으로 신고 받은 다른 요양병원은 어떻게 수사를 받았는지 알아보기로 했습니다. 대다수 병원들은 병원장이 직접 임대해 운영해왔다는 병원장의 진술과 임대 계약서, 차용증을 갖추고 실제 임대료를 내고 있으면서 무엇보다 병원장이 월급을 받고 있는 결정적 단서가 없으면 수사는 마무리 되었다고 들었습니다.

그에 비하면 ○○○ 요양병원에 대한 이○○ 수사관의 수사 범위는 무한대인양 싶었고 이미 확신의 함정에 빠졌는지 고압적이고 편파적인 수사 행태는 극심하여 이렇게까지 인권을 모독해도 되는지 심히 의심스러웠습니다.

그 때 참고인 진술을 하고 온 의사 더러는 권○○이 가져온 서류(나중에 알고보니 환자 입원서류 복사물)가 한 박스라면서 사무장 병원이 확실하니 사실대로 말하라며 마치 죄인 다루듯 반말로 일관했다고 합니다.

병원장이 참고인 진술을 하러 갔을 때는 서두부터 '어제 행정원장하고 어떻게 입을 맞추고 왔냐'면서 반말로 고함지르고 해서 울음을 터뜨리고 있는데 의사 월급을 묻기에 말하고 싶지 않아 그냥 모른다고 했다고 합니다. 그런데 그걸 결정적 단서인양 참고인 진술하러 간 병원 직원들 모두에게 병원장이 의사 월급도 모르니 바로 사무장 병원이 아니냐 하면서 똑바로 사실대로 말하지 않으면 위증죄에 처한다고 협박을 했다고 합니다.

제가 피의자 신분으로 진술을 하러 갔을 때는 서두부터 취하를 했다는데 취하 대금은 얼마냐고 부터 물어서 사실대로 3천만원이라고 했습니다. 그 때는 그것이 첫 번째 질문이 되는 점이 참으로 의아하기도 했습니다.

무고하고 억울하게 계속 이런 식으로 수사는 계속되었고 의뢰한 변호사님 이야기로는 아무래도 빨리 잘 사건이 마무리 되려면 취하를 받아내는게 필요하다고 했습니다.

그래서, 권○○에게 알아보니 권○○은 취하를 하면 이 사건은 자신을 떠나니까 자신이 해고시에 말했던 천만원은 너무 적다고 하면서 3천만원을 요구했고 변호사님도 이에 응하라고 하여 거금인줄 알았지만 3천만원을 건네게 된 것입니다.

이미 진정인이 취하를 하였고 변호사님은 무고로 올리셨다고 하면서

11월 말쯤이면 결론이 나올거라고 하셨기에 진인사대천명하는 심정으로 11월 말을 학수소대하며 기다리고 있었습니다.

그러다가 이○○ 수사관의 육성이 공개되는 이른바 MBC 방송 녹취록 사건이 터진 것입니다. 그 방송을 보고서야 수사관이 이 사건을 권○○과의 사전 모의하에 짜맞추기 식으로 편파적으로 handling했다는 것과 취하금을 받고도 내부적으로는 포상금을 노리고 수사가 계속되게 하려는 그들 두 사람의 사전 음모를 알게 되었습니다. .

그 후 MBC 방송 폭로 사건의 참고인으로 불려가 진술을 할 때까지도 ○○○ 요양병원 사건만 빨리 잘 마무리되는 데에만 골몰하였기에 권○○과 이○○ 수사관을 진정할 생각까지는 못했습니다.

그러나, 제가 피의자 신분으로 이○○ 수사관에게 수사 받으며 수사관을 통해 그동안 작성되었다는 조서의 내용들을 실제로 진술했다는 사람들(기업은행 염창동 지점 변○○ 계장, 3층 한의원 임대했었던 홍○○ 원장, 초기 심사 과장 강○○씨 등..)에게 확인해본 결과 수사관이 그들이 진술한 내용과 판이하게 날조되어 각본을 쓰듯 조서를 작성한 것을 알게 되었습니다.

따라서 그 동안 ○○○ 요양 병원을 사무장 병원으로 몰아가려는 음모에 의해 진행된 수사 기록 일체를 무로 돌리지 않고는 검찰 관계자들도 짜 맞추기 식으로 분식된 그 수사 기록들을 참고하고 오인된 판단을 하실 수도 있으니 그 점이 심히 우려되었습니다.

그런 상황이기에 병원 입장에서는 넉달 이상 끌어 온 ○○○ 요양병원에 대한 검찰 수사로 인해 겪었던 부적절함을 검찰에 분명히 알리고 하루 빨리 그동안 무고하게 덧씌워졌던 혐의-사무장병원-를 벗

을 수 있기를 바랄 뿐입니다. 그런 연유로 하여 결국 권○○, 이○○
수사관에 대해 진정서를 내게 되었으니 현철하신 판단을 앙망할 따름
입니다.

2011년 11월 28일 조 정 윤

그러나 저의 진정은 묵살되고 그 비리 수사관만 파면됐을 뿐 앞전에
물의를 빚은 수사관의 수사기록만을 그대로 인정하며 매우 고강도로 마
무리 수사가 강행되었습니다.

진정인 권○○은 50이 넘어 나이도 많은데 권고사직되어 취직도 여
의치 않았다는데 그런 진정인에게 유일한 목표는 거액의 포상금이었는
지도 모르겠습니다. 더욱이 사건 병원은 초기 병원이라 서류적으로도
미비하고 허술해 보여 진정에 성공할 가능성이 있다고 보고 진정인은 진
정에 올인하므로써 사건병원이 수사관을 적극 회유했던듯 합니다.

제가 수사를 다시 해 달라고 진정을 냈을 때도 변호사를 통해 검찰
내부에서 들려오는 얘기는 '수사관도 파면됐는데 수사까지 잘못 됐다
면 검찰 체면이 뭐가 되느냐'였습니다. 이는 검찰이 관료체제에 오랫동
안 길들여져 형식적 법 논리에만 함몰되어 있었던 일례가 아닐수 없습
니다.

당시 검찰은 '사건병원에 대한 수사와 문화방송 녹취록 사건은 별개

이다'라고 애써 강변하며 이런 비리 수사관과 진정인이 유착되어 편파 수사를 했을 가능성 즉 형사절차의 파탄에 대해서는 애써 판단 유보하는 듯 했습니다. 그 후 검찰은 비리 수사관에 대한 수사와 기소에서도 수사관이 진정인과 진정 취하금을 협상한 혐의만을 문제 삼았다고 들었습니다.

그리고 그 사건으로 이ㅇㅇ 수사관이 법원에 회부되어 (2012 고단 540) 재판 받는날 진정인이 '강ㅇㅇ(검찰측 증인)에게도 진정 취하금을 나누어 줘야 했기에 수사관에게 많이 줄 수 없었다고 진술했습니다. 이는 저도 참고인으로 진술하라고 불러서 법정에 갔다가 들은 내용이니 법정 기록에도 나와 있을 것입니다.

더욱이 검찰이 문화방송 녹취록 사건 직후 재수사 해달라는 저의 진정을 충분히 고려했어야 하는 필연적 당위는 사건병원에 대한 수사가 중립을 지켜야 하는 수사관이 진정인과 깊이 유착되므로써 견강부회식으로 억지로 꿰맞춘 편파적인 수사기록이 되지 않을수 없겠기 때문입니다.

무엇보다 수사관이 수사하다 그런 불상사가 터졌다면 담당검사는 번거로운대로 4~5개월에 걸친 수사과정을 거슬러 올라가서 점검해 주었어야 했습니다. '의심스러울때는 피해자의 이익으로'라는 형사소송법 조항도 있다는데 수사과정의 공정성이 불신되는 그토록 애매한 정황에서는 수사의 공정성을 기하기 위해서도 편향된 오류로 가득한 그 수사기록을 시작부터 바로 잡지 않고 이를 그대로 인정하고 마무리 수사를 했다는 것은 피의자가에겐 엄청난 불이익이 아닐수 없었습니다.

마무리 수사에서 담당 검사는 '참 운이 없는 케이스인데'를 연발했는데 담당검사도 수사 초기와 그 과정에서 사건병원이 진정인과 수사관의 유착으로 과잉되고도 편향된 수사를 받았을 정황을 감지하는 듯 했습니다.

그러나 문화방송 녹취록 사건 이후 교체된 수사관은 '이○○ 수사관이 수사는 잘 했다'고 자기식구 감싸기 식 단정을 서슴치 않았습니다. 그리고 앞전의 방대한 그 수사기록을 모두 사실로 인정하려는 듯 바로 옆에 놓고서 수사를 했습니다. 특히 마무리 수사에서는 병원장이 월급을 받았느냐 또는 제가 월급을 주었느냐에 초점을 맞추는 듯 했습니다. 그런데 당시 사건병원은 아무리 적자가 나고 있어도 병원장들은 독신이어서 생활비등 명목으로 거의 매달 일정금액을 병원에서 가져가 자신들의 통장에 입금했던 듯 합니다.

후임 하○○ 수사관은 후임 병원장 진○○의 통장에 현금이 입금된 계좌만으로 마치 사무장 병원에 고용되어 월급 받은 것이라고 낙인 찍으며 이를 사무장병원에 대한 증거가 아니냐고 강압했다고 합니다. 그러나 진○○은 자신이 독신인데다 병원 이외 다른 수입원이 없으니 생활비로 썼을뿐 월급 받은 것이 아니라고 주장했다고 합니다.

그러나 전임 병원장 심○○이 수사 받을 때는 변호사도 대동하지 못하도록 급히 스케줄을 잡은 상태에서 하○○ 수사관은 병원에 자금도 들여놓지 못했으니 월급을 받은 것이라는 똑같은 질문만 반복하여 압박했다고 들었습니다.

그래서 심○○이 견디다 못해 병원에서 돈을 받았으니, '월급을 받았다'고 하니까 이로써 혐의의 결정적 자백을 받아낸 듯 이를 영상 찍고, 녹취하고, 또 이에 대한 진술서까지 낸 후 검찰은 이를 사무장병원 혐의의 결정적 증거로 기소했습니다.

그러나 병원장들이 초창기 병원에서 매달(2달간) 일정금액을 받아 자신의 통장에 넣고 생활한 것을 이른바 사무장병원에서 고용되어 받은 월급이라고 낙인 찍으면서 이를 결정적 증거로 삼았다는 것은 극도로 편향된 법 왜곡 행위가 아닐수 없습니다. 이런 무리한 형법의 적용이 과연 공정하고 적법하였는지, 혹은 이야말로 아니면 말고 식으로 어둠속에 돌을 던져버린 듯한 너무도 무책임하고도 무리한 형사범죄화 시도는 아니었는지 공개진정을 통해 문제 제기를 하지 않을 수 없습니다.

그리고 전임 병원장 심○○의 탄원서나 참고인으로 불려갔던 병원관계자들이 증언하듯, 마무리 수사를 맡은 하○○ 수사관은 수사시간은 5~6시간 이상은 기본이고, '이미 이 병원이 사무장병원인 것이 다 드러났다'; '잘못 진술하면 당장 구속된다'; '병원장이 월급 받았으니 사무장병원 아니냐'는 등 온갖 회유와 강압을 하면서 마무리수사를 했습니다.

검찰 수사에서 제가 마지막으로 진술하러 간 날 대동해 주신 변호사님은 진술이 끝날때까지 지켜 보신 후 담당검사에게 '물속에 물고기가 가득한데 그 속에서 손에 잡히는대로 한 마리 꺼내놓고 혐의를 주는 식이다.'라고 하시며 개탄 하셨습니다. 그 진의는 병원 개설 초기 외부에서 자금을 끌어오는 예가 다반사인데 설령 초기 몇 달 병원일을 도왔다고 그것만으로 직접 병원을 운영한 것이라며 사무장 병원 혐의를 씌우는게 말이 되겠느냐는 뜻이라고 해석됐습니다.

무엇보다 마무리 수사에서 전임 병원장 심○○에게는 시간 스케줄을 조율할 여유도 주지 않아 변호사님을 대동치 못한 상태에서 기억이 안 나도 묵비권 행사는 커녕 끝내 '월급을 받았다'는 허위자백까지 하도록 압박하고 이를 혐의에 대한 결정적 증거로 내세워 녹취까지 한 후 검찰은 2012년 1월 11일 법원에 기소하였습니다.

그러나 문화방송 녹취록 사건이 발생했을 때 제가 편파적 수사의 가능성이 높으니 재수사를 해 달라고 진정을 냈을 때 5달동안에 걸쳤던 수사를 처음부터 다시 재점검했어야 했습니다. 그러나 저의 진정은 유야무야 없던 것으로 치부되었고, 그 후 한 달 간의 마무리 수사를 강행하여 기소처리 되고 수사는 종결되었습니다.

결국 마무리 검찰수사에서 진술을 강제 받으며 심○○이 '월급 받았다'고 한 진술을 사건병원이 사무장병원이고 제가 그런 사무장병원의 사무장이라는 결정적 증거로 확보한듯 검찰은 심○○의 영상을 찍고, 또 그 진술을 녹취한 후 진술서까지 제출케 했던 것입니다. 이를 근거로 검찰은 무리하게 사건병원을 기소하였던 것입니다.

법원에 기소된 후 형사1심(2012고단131)때 제출되었던 전임병원장 심○○의 탄원서는 다음과 같습니다.

탄 원 서

탄원인 : 심 ○ ○

  본인은 2010.11.7. 사건 병원을 개원하여 2011.2.10. 진○○ 원장과 ○○ 보건소에 직접 가서 폐업신고를 하고 대전으로 낙향 하였습니다 (첨부서류 1)

  먼저 병원설립 후 의당히 따르는 고난과 역경을 슬기롭게 감내하지 못하고 포기하고 황급히 돌아온 본인의 무능과 대인관계의 미숙 및 통솔력 부재에 대해 심한 자괴감을 느낍니다.

  본인은 의사로서 그간의 경륜을 총망라하여 최고의 Geritric Service Centre를 ○○에 세우고 싶었습니다. 런던과 스톡홀름 뉴질랜드에서 일했던 경험을 되살려, 더욱이 중학교 친구인 조정윤와 함께라면 승승장구하리라 꿈에 부풀어 서울로 달려갔습니다.

  그러나 다양한 사람들이 모여드는 병원조직에서 "미꾸라지 한 마리가 흙탕물을 흐린다"는 옛말처럼 초창기 ○○병원의 조직구성에 비협조적이고 중상모략을 일삼는 무리들이 있어, 진정인중 한 사람 손○○가 본인에게 얼마나 악의적으로 진정했는지는 기록에 나와 있습니다. 손○○는 병원 경험이 없는 조정윤를 조종하여 병원장인 본인을 무력화시키고자 온갖 술책을 썼습니다.

  당시 병원장으로서 안간힘을 썼으나 도저히 조직분열을 막을 수 없고 자금압박도 심각하여 자신감을 잃었습니다. 설상가상으로 건강까지 해쳐 콜레스테롤 수치가 비정상적으로 높아지고(320 mg/이) 공복

혈당까지 올라가자(126mg/) 더욱 위기감에 빠졌습니다. 특히 친구 건물내에서 임대하여 병원을 운영하다가 자칫하면 평소의 우의까지 곤란하게 되지 않을까 염려 되었습니다.

진정인들이 본인을 쫓아냈다고 진술하여 조정윤를 불리하게 증언한 것은 악의에서 나온 날조입니다. 본인이 분명 인수자를 찾자고 제안했기 때문입니다. 침소봉대하여 조정윤와 불화하였다고 주장하나 의견 차이가 컸던 결과였지 각자 맡은 업무가 산적하여 눈 코 뜰새 없었습니다. 그러다보니 조정윤와 얼굴 보기도 어려웠습니다. 당시의 곤고했던 본인의 처지가 드러낸 글을 제시 합니다 (첨부서류 3).

하루하루 눈이 빠지게 인수 받을 의사를 기다리던 중 진〇〇 원장이 나타나서 본인도 합의하에 인수인계 절차를 마쳤습니다. 기타 각종 물품 등의 할부금등은 병원 사정을 감안하여 초여름이 되어서야 명의변경이 종료되었습니다. 각종 할부금 이체기간과 건강 보험료마저 체납되어 압류까지 받은 정황적 근거를 제시합니다 (첨부서류 4).

이 사건의 장본인인 한 진정인은 본인과 일면식도 없는데 본인까지 진정한 것은 과연 상식적인 일입니까? 본인이 주말을 이용하여 병원 개원 준비에 따른 제반사안을 논의하고자 대전 서울을 오르 내리고 개원후 병원장으로서 동분서주한 것을 배〇〇 주임이 누구보다 잘 알고 있습니다. 추석전날에도 상경하여 인테리어 색채, 문양, 목욕탕의 배수가 안심이 안되어 물 빠지는 홈을 더 크고 깊게 하는 방안을 두고 조정윤와 수차례 상의를 하고 업자에게도 자문을 하였습니다. 본인이 대전에 있으므로 개원직전 직원들 면접을 조정윤에게 위임한 것은 누가 봐도 충분히 납득이 가는 정황입니다 (첨부서류 5)

본인은 대전에서 병원 일에만 주력하고 TV도 보지 않아 문화방송 보도도 전혀 모르고 지내던 중 돌연 또 조사를 받으러 오라고 빗발치듯 연락이 와서 심지어는 2011.12.28. 수요일 오후 의협 사회협력단 의료봉사에 참여하기로 결정이 되어 있는데, 그 수요일날 조사 받으러 올라오라고 강압적으로 명령하여 도저히 그럴 수는 없다고 하니 마지못해 다음 주로 미뤄줬습니다. 아무 때고 조사하고 싶으면 그냥 불러서 조사만 하면 되는 식으로 절차라던지 피의자의 최소한 기본권은 안중에도 없었습니다.

다음주 서울로 가는 도중에도 대전역사에서 통장을 가져오라고 호통을 치는 전화를 받았습니다. 열차 타기위해 역에서 기다리고 있는데 통장을 가져 오라고 하면 어떻게 하느냐고 하였더니 툭 끊고 말더군요. 이렇게 정신을 차릴 수 없을 정도로 혼란에 빠지게 굴었습니다. 또한 본인이 꼬박꼬박 조사에 임했음에도 불구하고 고의로 전화를 제 근무처인 테크노 요양병원에 걸어 병리과 직원 최숙은으로 하여금 동부지청에서 전화왔다는 메시지를 남겨 놓게 하는 등의 수법은 너무나 야비합니다.

본인은 조사를 피하고자 도피하거나 잠적할 이유가 전혀 없습니다. 짧은 병원운영 기간 동안 어려움은 컸어도 의료사고나 진정 고발 등의 사태가 전혀 없었습니다. 재임기간 이후에 일어난 사건을 확대 소급하여 본인을 의료법 위반으로 기소한 것이 정의에 입각한 법의 존립목적입니까?

처음부터 통장제시를 요구하고 병원돈을 쓴 것이 그게 월급이다라고 힐난하며 묵비권을 허용하지 않고 자백을 강요하였습니다. 전후 좌우 사정을 해명할 기회를 주지않고 닥달하고 회유하는 등 혼돈상태에 빠져 횡설수설한 부분이 많았습니다. 나중에 조사받고 돌아온 다음 정신을 차리고 돌아와서 통장내역 등을 자세히 조사해보니 다음과 같은 사실이 밝혀졌습니다. 월급이라면 2010.11.7.부터 2010.12. 7. 까지의 900만원이라는 입금 내력이 없을 뿐 아니라, 오히려 1000만원이라는 비용을 11월 17일 1000만원을 운영통장에 비축했습니다 (첨부서류 6)

당시 미취업중인 조카 아파트(암사동 천호 우성 아파트 6동 303호)에 한달여 기거하다보니, 옹색하여 아파트 리모델링에 드는 비용을 본인이 주선해야했기에 불가피하게 병원돈을 끌어다 썼습니다. 어차피 조카가 결혼을 하게 되면 리모델링이 필요했기에 서둘렀습니다. 그러므로 월급이라고 단정을 지을 근거가 없음에도 진정인들의 허위정보에 입각하여 의사들을 불법 의료인으로 매도하고 어려운 시기에 병원경영에 동참하여 사회적 기업을 꿈꿨던 본인과 진○○ 및 조정윤를 매장하려한 처사는 고의적 음모였음이 백일하에 폭로 되었음에도 무리하게 확대수사를 감행한 점을 간파하여 주시기 비옵니다.

또한 본인이 여러번 들었던 야유 비슷한 호통중에 조사관의 말 "기저귀 하나 산게 없지 않느냐?" 다그치고 제 답변은 묵살한 증거를 제시합니다. 또한 본인이 황급하게 사건 병원을 포기하고 떠나 왔어도 초기 운영난을 겪는 고초를 감안하여 600만원을 사건 병원 경영에 재투입한 사실을 제시 합니다. 수사관이 야만적이지는 않았으나 묵비권을 허용하지 않고 교묘하게 자백을 강요하여 피의자의 권리를 존중하지

않았습니다. 앰블런스 및 각종 실내집기 (첨부서류 7)

특히, 본인은 검찰조사 기록 가운데 1,154~1,156쪽 진술에 대해 전부 부동의합니다. 1,154쪽은 본인이 한 페이지 전체를 계속해서 진술한 것으로 나와 있습니다. 그 조서 기록은 너무 본인의 진의와는 전혀 다르게 되어 있습니다. 얼핏 비슷한 얘기 같아도 나중에 보니 전혀 다른 얘기를 뜻하게끔 기록되어 있었습니다.

일예로, 조정윤이 병원을 운영하려고 저한테 명의만 걸어 주라고 했다는 얘기는 본인이 직접 운영하고 진료했는데 어떻게 본인이 그렇게 얘기했다고 했는지 알 수 없습니다.

또 다른 예로, 본인이 진술하기를 본인이 그만 두더라도 면허만 걸면 500만원을 준다고 조정윤이 얘기했다고 조서기록에는 나와 있는데, 이는 실제와 너무 다릅니다. 실제로 수사받을 당시 본인이 한 얘기는 조정윤이 본인이 그만둔다고 하니까 놀라면서 그렇다면 다른 사람으로 인수인계 시키고 나서도 이왕 서울에 왔고 집도 가까운데 주중 당직 근무만이라도 하면 어떨까 물어보았습니다. 그러면서 조정윤은 그래도 수입이 500만원은 넘지 않겠느냐고도 했습니다. 그런 얘기를 수사관에게 했지만 들은척도 안하고 기록도 안되어 있었습니다.

그리고 나중에 조서기록을 보니 500만원이라는 얘기만 같았을 뿐이었습니다. 이제 기억을 더듬어 보면 그때 수사관은 먼저 선수를 치면서 그만둔다는데 수입이 500만원이라면 그 500만원은 면허 값이 아니냐고 유도하면서 수차례 반복하기에 결국 본인도 당직비로는 적으니 면허를 얘기했는지 모르겠다고 하여 본인의 동의를 받아냈던 것 같습니다. 이런식으로 어떻게 해서든 사무장병원으로 맞추어 가려는 수사관의 집착은 대단했습니다.

수사 받는 동안 내내 수사관은 이미 사무장병원으로 다 알고 있으니, 그리고 다들 그렇게 진술했으니 잘못 진술하면 수사 받다가 구속될 수 있다고 협박했고, 또 겨우 두 달 동안 짧게 근무했으니 본인에게도 별로 큰 잘못이 없다고 회유까지 했습니다.

나아가 조정윤이 본인을 쫓아내겠다고 손○○, 강○○ 등을 거론하며 직원들에게 얘기했다면서 그래도 친구냐는 식으로 이간술책까지 썼습니다. 병원은 떠났지만 친구를 믿었던 본인은 그때 극도로 혼란에 빠지고 친구에 대한 미움과 배신감에 심하게 격분하여 친구에게 낚였다는 진술까지 하게 되었습니다.

그 후로 한동안 본인은 조정윤와 연락조차 끊었었습니다. 막강한 공권력의 이간술책은 오래된 친구에 대한 믿음과 우정까지 금가고 위태롭게 했었던 겁니다.

수사받고 나서 평상심으로 돌아와서 읽어보면 말이 안되고 이해도 안되는 진술이 허다했습니다. 그리고 수사관은 본인이 일정금액을 썼다며 그걸 급여를 받은거라고 자꾸 강압하기에 돈을 쓰긴 했으니 더 괴롭힘을 당하는 것도 또 자꾸 서울로 불려다니는 것도 진절머리가 나서 아예 그들이 원하는 대로 그렇다면 급여를 받았다고 얘기한 기억은 납니다. 그러나 본인은 수사관이 말하는 일정금액 말고도 필요할때면 병원장이니까 병원돈을 여러번 가져다 썼습니다.

그 외에도 수사관이 부동산 임대차계약서를 작성했느냐고 물었는데, 사실 그건 너무도 당연한 얘기입니다. 왜냐하면, 보건소에 병원 신고를 할 때 그 서류도 내기 때문에 오픈 전 작성되어 보건소에도 복사본을 내고, 진료실 서랍에 늘 비치되어 있었습니다. 그런데 그걸 작성한 적도 없고 나중엔 차용증조차 잘 모른다고 말했다는 건 너무 터무니 없고 말도 안되는 얘기입니다.

더욱이 첫 번째 수사 받은 기록에는 본인이 임대차계약이나 차용증을 다 알고 있다고 진술했는데 나중에 수사받은 기록에는 모른다고 했다는 것이 너무 이상하고 앞뒤가 전혀 안맞는 모순으로 그런데 본인이 어떻게 그런 진술을 했다는 것인지 전혀 믿기지 않습니다. 그래서 부동의합니다.

그리고 이 사건이 생기고 나중에 조정윤이 본인에게 보여준 서류는 변호사가 최종 정리한 세 피의자들의 진술서였지 임대차계약서류는 아니었습니다. 그런데 조서기록에는 조정윤이 진술서대로 진술해 달라고 부탁까지 하며 임대차계약 서류도 가져왔다고 되어 있는데 같이 일을 당하고 있는데 누가 누구에게 부탁을 했다는건지 참 말도 안되는 진술을 본인이 했다니 어이가 없습니다.

지금에 와서 본인은 극도로 흥분하거나 스트레스를 받으면 콜레스테롤 수치와 혈당치가 많이 높아져 컨디션이 정상이 아닐때가 많은 본인의 기억을 믿을 수 없거나 또는 본인의 진술을 수사관의 의도대로 잘못 기록했거나 하여간 어느게 진실인지조차 애매하게 느껴집니다. 그 외에도 엠브런스 구입 과정에서 조정윤이 본인에게 인감증명서와 도장을 달라고 하고 그 후에도 계속 사용하겠다고 했다는데 그 정도로 본인이 배신감을 느끼고 마음의 정리를 했다는 조서기록은 너무 과장되는 얘기입니다.

병원에서의 크고 작은 계약때마다 병원장의 인감증명서와 도장이 필요하기 때문에 접수에 인감증명서와 도장을 상비해 놓는건 기본입니다. 그걸 가지고 요양병원에 근무까지 해 본 본인이 심히 배신감을 느꼈다고 진술했다면 그건 너무 과장된 억지입니다. 도장이나 인감증명은 어떻게 관리했느냐고 물어 엠브란스 얘기를 하며 도장이나 인감증명서를 항상 맡겨야 했는데 그게 마음에 편치는 않았다고 생각나는대로 얘기했습니다.

수사를 하며 수사관은 본인이 원하는 얘기 즉, 본인이 두 달 동안 월급 받았고 그래서 임대계약도 모르고 또 조정윤와 불화해서 그만 뒀다는 얘기만을 들으려고 하면서 본인을 강압했을 뿐입니다. 그래서 사리에 맞게 본인이 임대해 올 때 포부나 그 당시 병원 운영에 대한 비전 같은 얘기를 하려고 하면 무조건 끊고 으름장을 놓으며 협박, 회유, 이간 전략 등을 반복하며 참 힘들게 압박했습니다. 그렇게 해 놓고는 꼭 끝에는 사실대로 진술했다는 자필기재를 받습니다. 일종의 요식행위겠습니다.

이렇게 검찰에서는 본인이 결국 실제와는 다르지만 그들이 원하는 진술을 하고 (월급을 받았다는 등) 나서야 수사를 끝맺고 풀려날 수 있었습니다. 따라서 수사받는 날짜조차 일방적으로 정해 변호사를 대동시키지도 못하고 받은 그런 강압, 편파수사로 진술인에게 극도의 불안과 혼란을 초래시키고 한 진술이므로 본인은 변호사가 참여했던 첫 번째 수사 이외의 두 번째, 세 번째 수사기록 및 영상녹화 기록에는 부동의하지 않을 수 없습니다.

만일 본인이 그렇게 진술한 부분이 있다면 그런 살벌한 분위기에 눌려 공황상태에서 본인이 무엇에 씌웠거나 하여간 맨정신이 아니었다고 할 수 없기 때문입니다. 사실 그때는 압박수사에서 어서 풀려나고 싶었고, 그 수사를 끝으로 제발 그만 서울로 불려다니고 싶은 마음 뿐이었습니다. 사실 겨우 두 달 병원에 있었을 뿐인데 여러번 서울로 불러내 무슨 사무장병원이니, 월급쟁이 의사니 하며 너무 괴롭혀 너무 진저리를 쳤습니다. 그리고 영상녹화때도 그들이 원하는 답변이 무엇인지는 그들의 태도로 보아 너무 잘 알겠기 때문에 그들이 원하는 답변을 해주고 그렇게 해서라도 구속 안되고 무탈하게 집에 돌아갈 수 있다면 또 그들이 원하는대로 다 들었으니까 다시는 부르지 말았으면 하는 마음 뿐이었습니다.

그래서 수사 받으며 진술하는 과정에서 실제와는 다르고 마음에도 없는 얘기들을 그들이 유도하니까 그들이 원하는대로 말해 버리고 말았던 난센스적인 부분(본인이 월급을 받았다거나 본인이 임대계약서나 차용증을 모른다는 등)도 많았음을 솔직히 인정합니다. 그러나 보다 신중히 진술하기에는 수사 분위기가 너무 불가항력적이었음도 판사님은 깊이 감안해 주시기 바랍니다.

존경하는 조ㅇㅇ 판사님!

본인은 그간 이 사건으로 조사를 받으러 오가느라 본의 아니게 봉직하는 테크노 요양병원에 자주 연가를 내게 되어 4월 15일자로 검사실 프로젝트도 종료되어 재계약을 마다하고 현재 휴직상태입니다. 테크노 병원에 계속 累를 끼친다는 것이, 피의자 신분이란 상태로 근무하는 것이 본인의 성격상 죽기보다 싫기 때문입니다.

의사로서 35년간의 경륜을 바탕으로 최고의 노인의학 센터(Geriatric service centre)를 세울 꿈을 실현하지 못하고 낙향한 본인의 무능을 용서하시고 여러 정황을 참작하시셔서 개전의 기회를 주신다면 그 자비 두고두고 의사의 사명을 지키는데 바칠 것입니다. 언제나 판사님과 판사님 가족에게 사랑과 평화가 함께 하시기를 기원 드립니다.

감사 합니다.

2012. 4. 23.

심 ○ ○ 배상

탄원서 II

심○○

저는 시간을 내어 검찰기록을 샅샅이 살펴보다가 특히 검찰기록 1,154~1,156쪽 진술에 대해 전부 부동의 하기 위해 탄원서 II를 제출합니다.

우선 눈에 띄는 예로, 제가 진술하기를 제가 그만 두더라도 면허만 걸면 500만원을 준다고 조정윤이 얘기했다고 조서기록에는 나와 있는데, 이는 실제와 너무 다릅니다. 실제로 조정윤은 제가 그만둔다고 하니까 그렇다면 다른 사람으로 인수인계 시키고 나서도 이왕 서울에 왔으니 집도 가까운데 주중 당직 근무만이라도 하면 어떨까 물어보았습니다. 그러면서 조정윤은 당직비가 500만원은 넘지 않겠느냐고 물어보았던 것입니다. 그런 얘기를 수사관에게 자세히 했는데 나중에 조서기록을 보니 500만원이라는 얘기만 같았을 뿐 당직비가 면허값으로 바뀌어 있었습니다.

검찰기록 1154~1156쪽에 해당되는 진술때는 수사 받는 동안 내내 수사관은 이미 사무장병원으로 다 알고 있으니, 그리고 다들 그렇게 진술했으니 잘못 진술하면 수사 받다가 구속될 수 있다고 협박했고, 또 겨우 두 달 동안 짧게 근무했으니 저는 별로 큰 잘못이 없다고 회유까지 했습니다.

나아가 조정윤이 저를 쫓아내겠다고 손○○, 강○○ 등을 거론하며 직원들에게 얘기했다면서 그래도 친구냐는 식으로 부아를 돋구기도 했습니다. 병원은 떠났지만 친구를 믿었던 저는 그때 극도로 분개하여 친구에게 낚였다는 진술까지 하게 되었습니다. 수사받고 나서 평상심으로 돌아와서 읽어보면 앞 뒤가 안맞는 진술이 허다했습니다. 그리고 수사관은 제가 일정금액을 썼다며 그걸 급여를 받은거라고 자꾸 강압하기에 돈을 쓰긴 했으니 그들이 원하는 대로 그럴다면 급여를 받았다고 얘기한 기억은 납니다. 그러나 저는 수사관이 말하는 일정금액 말고도 필요할때면 병원장이기에 병원돈을 여러번 가져다 썼습니다.

그 외에도 수사관이 부동산 임대차계약서를 작성했느냐고 물었는데, 사실 그건 너무도 당연한 얘기입니다. 왜냐하면, 보건소에 병원 신고를 할 때 그 서류도 내기 때문에 오픈 전 작성되어 보건소에도 복사본을 내고, 진료실 서랍에 늘 비취 되어 있었습니다. 그런데 그걸 작성한 적도 없고 나중엔 차용증조차 잘 모른다고 말했다는 건 너무 터무니 없는 얘기입니다.

짧은 두어달 기간에 계약조건을 다 충족할수는 없었지만 차용증 부분은 후임자에게 인수인계 하기 위해 필요했던 것입니다. 후임자가 그 차용증 금액을 저에게 분할상환 한다면 저는 그 상환금을 임○○씨나 김원씨에게 계좌송금 하려고 생각 했었습니다.

무엇보다 첫 번째 수사 받은 기록에는 제가 임대차계약이나 차용증을 다 알고 있다고 진술했는데 나중에 수사받은 기록에는 모른다고 했다는 것이 너무 앞뒤가 전혀 안맞는 모순으로 제가 그런 진술을 했다는 것이 전혀 믿기지 않습니다.

다만, 2010년 가을 병원 인테리어 하기 전 조정윤이 대전에 내려와 부동산 임대차 계약조건을 이미 의논한 바 있기에 후에 보건소에 제출할 때 날자를 8월 30일로 앞당겨 작성했던 것으로 압니다.

사실 지인들간의 계약은 이렇게 따지지 않고도 겉보기에는 엉성해 보여도 얼마든지 순리대로 조건을 맞춰 나갈 수 있습니다. 더욱이 불과 몇 개월 사이이기에 그 계약조건을 다 맞추지 못하고 있다가 검찰에서 갑자기 사무장 병원이라고 수사를 하니 당사자들이 도리어 검찰 수사 때문에 서류를 작성해 내는 듯한 자가당착에 부딪힌 점도 있었겠습니다.

그리고 이 사건이 생기고 나중에 조정윤이 제게 보여준 서류는 변호사가 최종 정리한 세 피의자들의 진술서였지 임대차계약서류는 아니었습니다. 그런데 조서기록에는 조○○이 진술서대로 진술해 달라고 부탁까지 하며 임대차계약 서류도 가져왔다고 되어 있는데 이미 알고 있는 임대차계약서를 그때 새삼스레 조○○가 가져왔다는게 이치에 맞지 않습니다.

저는 극도로 흥분하거나 스트레스를 받으면 콜레스테롤 수치와 혈당치가 많이 높아져 쇼크라도 받을까봐 수사 받는 내내 많이 걱정했습니다. 그 외에 엠브런스 구입 과정에서 조정윤이 제게 인감증명서와 도장을 달라고 하고 그 후에도 계속 사용하겠다고 했다는건 무리하게 생각됩니다.

병원에서의 크고 작은 계약때마다 병원장의 인감증명서와 도장이 필요하기 때문에 접수에 인감증명서와 도장을 상비해 놓는건 기본입니다. 그걸 가지고 요양병원에 근무까지 해 본 제가 심히 배신감을 느꼈다고 진술했다면 그건 너무 억지라고 생각됩니다. 도장이나 인감증명은 어떻게 관리했느냐고 물어 엠브란스 얘기를 하며 도장이나 인감증명서를 항상 맡겨야 했는데 그게 마음에 편치는 않았다고 생각나는대로 얘기했던 것 같습니다.

수사를 하는 과정에서 수사관은 자신이 원하는 얘기 즉, 제가 두 달 동안 월급 받았고 그래서 임대계약도 모르고 또 조정윤와 불화해서 그만 뒀다는 얘기만을 들으려고 하면서 저를 강압했을 뿐입니다. 그래서 제가 임대해 올 때의 포부나 그 당시 병원 운영에 대한 장기 비전 같은 얘기를 하려고 하면 무조건 끊고 으름장을 놓으며 참 힘들게 압박했습니다.

그리고 검찰에서는 변호사에게 제 진술 날짜를 알려주지 않아 결국은 제가 변호사도 없이 실제와는 다르지만 그들이 원하는 진술을 하고 (월급을 받았다는 등) 나서야 수사를 끝맺고 풀려날 수 있었습니다. 따라서 그런 강압, 편파수사로 진술인에게 극도의 불안과 혼란을 초래시키고 한 진술이므로 저는 동영상 및 1154~1156쪽에 기록된 조서기록 전부에 부동의 하지 않을 수 없습니다.

사실 그때는 압박수사에서 어서 풀려나고 싶었고, 그 수사를 끝으로 제발 그만 서울로 불려다니고 싶은 마음 뿐이었습니다. 사실 겨우 두

달 서울에 있었을 뿐인데 그걸 가지고 무슨 사무장병원이니, 월급쟁이 의사니 하며 너무 괴롭히니까 정말 진저리를 쳤습니다. 무엇보다 그들이 원하는 답변이 무엇인지는 그들의 태도로 보아 너무 잘 알겠기 때문에 동영상 찍을때나 수사 받으며 실제와는 다르게 진술했던 부분(제가 월급을 받았다거나 제가 임대계약서나 차용증을 모른다는 등)들도 많았음을 솔직히 인정합니다. 그러나 보다 정확하고 신중하게 진술하기에는 수사 분위기가 명백한 인권탄압으로 너무 중죄인 다루듯 해서 불가항력적이었음도 판사님은 감안해 주시기 바랍니다.

지금에 와서 이 모든 정황을 되돌아보면 요즘 들어 의료법에 대해 내부 고발자들에게 내리는 포상금이 거액이라는 점 때문에 저희 세 사람이 이렇게 엄청난 곤경에 처하게 되지 않았나 싶습니다. 내부 고발을 하는 동기가 개인적인 원망에서라기 보다 눈에 보이는 금전적인 과실을 목표로 하고 있는 듯이 보이기 때문입니다.

전통적으로 정이 많고 의리를 존중해 온 우리 대한민국이 어찌하다 이렇게 찔러 봤다가 아니면 말고 식으로 공동체 내부의 불신과 배신을 조장하고 또 단지 내부 고발자들을 보호한다는 명분하에 파파라치 같은 모의꾼들만 양산하고 있는지 심히 개탄스럽습니다.

저 또한 의사 입장에서 의료법을 익히 잘 알고 있지만 저희 세 사람이 의료법 위반으로 수사를 받은 첫 단추부터가 잘못 끼어졌다고 생각합니다. 애초에 지인들간의 신뢰로 맺은 임대계약이었기에 관공서나 공공단체와의 계약보다 미비했다 해도 의료법 저촉 대상에는 해당되지 않는다고 확신하기 때문입니다.

저희들이 그동안 수사를 위한 수사를 받으며 얼마나 막다른 곤경에서 처해 있었는지 그리고 한치 앞도 잘 내다보이지 않는 지금의 상황이지만 마지막 순간까지 긍정의 힘을 믿으며 판사님의 공명정대한 판결을 간구합니다.

2012. 05. 13.

심 ○ ○ 배상

(3) 문화방송 녹취록 사건

무엇보다 사건(2012 고단 131)을 뒤늦게 위임 받은 변호사가 수사관을 만나봤을 때는 이미 진정인과 이에 동조한 사람들(후에 검찰측 증인들)의 진술로 거의 수사기록의 기본 틀을 완성해 놓은 이후였다고 합니다. 사건을 초기에 변호하지 못해 너무 크게 키워 놓았다며 사건에 대해 걱정을 하는 변호사에게 수사관은 '지금으로선 진정취하 밖에 다른 방법은 없겠다'고 했다고 합니다. 그것도 수사관은 변호사를 만날때마다 여러번 강조해서 말했다니 변호사는 수사관의 이러한 의견을 전하며 진정취하금을 주고라도 진정취하를 빨리 받도록 하라고 적극 권유했던 것입니다.

문화방송 녹취록 사건 직전 진정인과의 전화통화에서 진정인은 저에게 비싼 변호사 비용 쓰지 말고 진정 취하 하라며 이제는 1,000만원이 아니라 3,000만원은 되어야 한다고 했습니다. 진정인이 수사관에게도 사건을 잘 마무리 하려면 진정 취하금이 꼭 필요하다고 했을테니 수사관이 변호사에게 거듭 진정 취하를 요구하도록 했을 것은 자명합니다.

더욱이 병원의 전직, 현직 직원들이 차례로 참고인 진술을 위해 불려가면서 외부적으로는 병원의 이미지가 실추될까봐 우려되었고 병원 내에서는 분위기가 술렁이고 어수선해지니 직원들도 동요하면서 이직이 많아져 병원 안팎으로 입게 된 막심한 피해를 속수무책으로 감수하던 중이었습니다.

그래서 결국 변호사의 권유에 따라 진정 취하금을 진정인에게 건네고 변호사님은 전임, 후임 병원장과 저의 진술서를 대신 써 주고 무고 취지의 의견서까지 내셨습니다. 그동안 병원에서 위법을 했다는 양심의 가책은 전혀 없었지만 더 이상의 소모는 원치 않기에 차라리 액땜하는 마음으로 취하금까지 건넸으니 희망적인 결과가 나오리라 기대하고 있었습니다.

문화방송 녹취록 사건 직전 위임변호사는 무혐의 소견서를 냈습니다. 그 내용은 다음과 같습니다.

변호인 의견서

서울동부지방검찰청 진정 제○○○호 의료법위반
진 정 인 권○○
피진정인 조정윤

위 사건에 관하여 피진정인 조정윤의 변호인은 다음과 같이 의견을 개진합니다.

| 다음 |

1. 진정요지

피진정인은 의사가 아님에도 의사인 진○○를 고용하여 사건 병원을 개설하여 운영하고 있다는 취지

2. 사건의 진상

가. 피진정인이 사건 병원의 행정원장이라는 직위를 가지고, 의사인 진○○의 병원 운영을 행정적인 측면에서 도와주고 있는 것은 사실이나, 진○○이 병원의 개설 및 운영에 필요한 자금을 차용하여 그의 책임 하에 병원을 개설 운영하고 있는 것이며, 피진정인이 사건 병원을 개설 운영하고 있는 것이 아닙니다.

나. 피진정인 조정윤이 사건 병원에서 행정원장으로 근무하게 된 경위

조정윤의 남편인 김○○이 대표이사로 있는 E 주식회사는 서울 ○○구 ○○동 소재 ○○건물을 2009. 8월경 매수하여 소유하고 있었는데, 이 건물을 임대하려고 하였으나, 각층이 연결되는 건물 구조상 각 층으로 분할하여 임대하는 일이 잘 되지 아니하여, 이를 통째로 임대하면 좋겠다는 생각 하에, 2010. 8월경 조정윤은 조정 윤의 중학교 동창으로서 의사인 심○○에게 위 건물을 통째로 임 대하여 요양병원을 개설하여 운영하여 볼 의향이 없느냐, 심○○

이 임대한다면 남편인 김○○에게 이야기하여 병원에 필요 한 인 테리어를 하여 주겠다고 하였던바, 심○○이 위 건물을 임대하고 자금을 빌려 의료 시설을 갖추어 2010. 11. 20. 사건 병원을 심 ○○ 명의로 개설하고 심○○이 운영하게 되었던 것입니다.

이를 계기로 심○○은 조정윤에게 자신을 도와 사건 병원 원무 과에 근무할 의향이 없는지를 타진하였고, 조정윤은 그 당시 교수 직에서 휴직하고 있던 터라 이를 승낙하여, 조정윤은 사건 병원 의 원무과에 원무행정을 담당하는 직원으로 근무하게 되었던 것 입니다.

다. 심○○이 진○○에게 병원의 운영권을 넘겨 준 경위

그 후 2011. 1월 초순경까지 약 1개월 10여일 가량 심○○이 사건 병원을 운영하였으나, 병원 개원 초창기이고 2010년 겨울 날씨가 추운 탓에 입원환자가 2010. 12월까지 전체 입원실의 병상 수가 100여개인데도 약 30 병상 정도 밖에 차지 아니하여, 2010년 11 월에는 약 7천여만원의 적자, 2010년 12월에는 1억여원의 적자가 발생 할 것으로 추정되었습니다.

이에 심○○이 계속하여 들어가는 경비 지출을 감당하기 어렵고, 특히 심○○은 고향인 대전을 떠나 서울에서 생활하는 것이 생각 보다 더 힘들다고 하면서 다른 사람에게 병원 운영권을 넘겨주었 으면 좋겠다고 하였고, 이에 심○○이 빌린 돈 4억원 8천만원 중 4억원만 갚아 줄 사람이 있으면 위 사건 병원을 다른 사람에게 인 계하기로 하였습니다.

이에 조정윤은 인터넷에 구직광고를 보고 병원장 인수도 가능하다

는 한의사 진○○에게 전화를 걸어 이러한 조건으로 위 병원을 인수하여 운영하여 볼 의향이 있는지 타진하였던바, 진○○은 그 조건이 매우 유리하였으므로 이를 인수하기로 하고. 2011. 2.월 초순경 진○○이 심○○에게 차용증과 계약서를 작성하여 주고, 사건 병원의 운영권을 심○○로부터 넘겨받아 진○○의 이름으로 병원 개설자 이름을 바꾸고, 진○○이 사건 병원을 운영하게 되었던 것입니다. 이 과정에서 심○○은 그때까지 들여온 자금이 없다며 차용증조차 고사했습니다. 심○○은 불과 두어달 병원 틀 잡는데 주력했으니 끝내는 마당에 자금상의 채권, 채무 관계는 끊고 싶다고 했습니다.

그리고 진○○이 사건 병원을 심○○로부터 인계받아 진○○ 명의로 요양병원을 개설 운영함에 있어서, 진○○은 조정윤에게 계속하여 사건 병원 원무과에 근무하여 줄 것을 요청하므로, 조정윤은 이를 승낙하여 사건 병원의 원무를 현재까지 담당하고 있습니다.

심○○ 또는 진○○이 사건 병원을 운영함에 있어서, 사건 병원의 원무를 담당하였던 조정윤은 위 병원의 직원 채용과 제반 지출 수입 등 경리사무 등 사건 병원의 제반 업무에 대하여, 수시로 심○○ 또는 진○○에게 보고하고, 집행하였습니다.

그러나 심○○ 또는 진○○은 위 병원의 입원 및 외래 환자의 진료 및 처치에 바쁘다 보니 원무에 관한 대부분을 신뢰할 수 있는 조정윤에게 많이 의존하였고, 그러다보니, 직원들의 눈에 조정윤이 사건 병원의 운영을 좌지우지 하는 것으로 비쳐졌을지 모르나, 사건

병원의 모든 업무는 조정윤이 원장인 심○○ 또는 진○○에게 보고하고 처리한 것입니다.

그러므로 사건 병원은 심○○ 또는 진○○이 그들 명의로 개설하여 그들이 운영한 의료 기관이지, 조정윤이 심○○ 또는 진○○의 명의로 개설하여 운영한 의료기관이 절대로 아닙니다.

3. 결론

따라서 이 사건 사건 병원은 심○○이 운영하였고, 현재는 진○○이 운영하는 병원이며, 조정윤은 병원의 행정적인 일만을 도맡아 도와주는 역할을 한 것이 전부입니다. 따라서 이 사건 진정은 그 근거가 없으므로 무혐의 내사 종결하여 주시기를 바랍니다.

2011. 10. 30.

그러다가 뜻밖에도 수사관이 진정인과 진정 취하금을 나눠 가지려고 협상하는 대화가 방영된 문화방송 녹취록 사건(2011.11.15.)이 발생했습니다.

9시 뉴스에 방영된 그 방송을 보고서야 수사관이 진정한 권○○의 회유에 따라 수사를 짜 맞추기 식으로 편파적으로 핸들링 했다는 것과 취하금을 받고도 내부적으로는 포상금을 노리고 수사가 계속되게 하려는 그들 두 사람의 사전 음모를 알게 되었습니다.

위임 변호사님도 만일 취하금을 주고도 수사가 계속 될 것을 알았다면 결코 취하금을 주라고 강력히 권유하지 않았을 것입니다. 더욱이 만일 수사가 계속 된다면 굳이 진정 취하금을 줄 필요가 전혀 없었는데 이렇듯 수사관은 잘 마무리 하려면 취하금이 필요하다고 위임변호사를 속이고 그리고 진정인은 저에게 비싼 변호사 비용 쓰지 말고 취하 하라며 저를 교활하게 속여서 부당이득을 취한 것입니다.

진정인은 수사관을 교활하게 회유해서 과잉수사를 하도록 했으면서도 막상 진정취하금을 받게 되니 수사관에게 취하금을 적게 주려고 그리고 더 나아가서는 차후에라도 사건병원이 패소하면 받게 될 거액의 환수금을 나누어 주지 않으려고 아예 그 싹을 자르기 위해 취하금 협상을 하는 수사관의 육성을 고의로 녹취해 이를 문화방송에 터뜨렸다고 하겠습니다.

당시 진정인 권○○는 문화방송에 녹취록을 방영시키기 위해 주○○ 국회의원 사무실의 비서관에게 찾아가 사건병원이 사무장병원인 것은 확실하니 그 병원도 함께 취재해서 방영 해 달라고 청했다고 합니다. 그리고 자기가 무슨 공익을 위해 큰 일을 해내고 있는듯 수사 진행상황을 비서관에게 몇차례 보고했다고 합니다. 이는 문화방송 녹취록이 방영된 후에 문화방송 기자들에게 들은 내용입니다.

진정인 권○○는 불과 1달 사건병원에 근무했고, 더욱이 병원에 근무하는 직원으로서 병원장과 건물 임대 주체와의 임대계약 내용을 구체적으로 전혀 모르기에 그의 진술을 어디까지나 피상적인 추측성 음해일

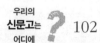

수밖에 없어 신빙성을 갖기에 한계가 있습니다.

그렇게 권○○가 사건병원에 겨우 1달 근무했으면서 사건병원이 수사 받고 있을 때 사건 병원이 사무장병원이라는 확신을 갖고 있다고 국회의원 비서관에게 이야기 했다면 이는 권○○가 수사관과 깊이 유착됨으로서 불리하게 엮여지는 수사 진행 상황을 낱낱이 알고 있었다는 증거가 아닐 수 없습니다.

막상 취하금이 건네지니까 진정인은 수사관에게 진정 취하금을 나눠 주기 싫었을 뿐만 아니라 후에 진정이 성공하면 받을 수 있다고 기대하는 포상금까지도 나눠야 하는 상황을 염두에 두고 녹취록을 방영시켰을 것이라고 추정하지 않을 수 없습니다. 후에 문화방송은 주○○ 국회의원 보좌관을 통해 이 사건을 입수해서 방송하게 됐다고 전해 주었습니다.

녹취록에서 이○○ 수사관은 "자신이 핸들링을 잘해서 진정 취하금이 3천만원으로 올라갔으니 자신에게 더 많이 주어야 한다"고 했고, 권○○은 "강○○에게도 진정 취하금을 나누어 주어야 하니 그렇게 많이는 줄수 없고 또 취하금은 받았어도 수사는 계속 되어야 한다"고 분명히 말하고 있었습니다. 이렇게 권○○가 강○○에게 진정취하금 까지도 나누어 주려고 했다면 후에 진정에 성공해 포상금이라도 나오면 당연히 강○○에게 포상금도 나누어 주겠다며 강○○ 등을 검찰측 증인이 되도록 적극 회유했을 가능성을 보이는 대목입니다.

상식적으로 수사관은 진정인과 피진정인 사이에 중립에 서야 하는 것이 형사 절차상의 정의가 아닐까 합니다. 그런데도 녹취록에서 진정인은 수사관에게 진정 취하금을 받았어도 수사는 계속 해야 한다며 수사에 대한 방향 제시까지 할만큼 수사관과 유착되어 있었습니다.

녹취 내용에 수사관이 자신이 '핸드링을 잘해서 취하금이 올라갔다'며 수사관이 진정인과 진정취하금을 나누자고 협상하는 녹취록이 방송됐다면 이렇게 수사관이 수사과정에서 핸드링 하는 역할을 했다고 실토하고 있고 또 수사관과 진정인이 수사방침과 진정 취하금을 나누는 협상을 할 만큼 유착되어 있다면 그동안 4~5개월에 걸쳤던 사건에 대한 수사 전 과정에서 수사관과 진정인이 깊이 유착되었을 가능성은 충분합니다. 따라서 수사관이 그동안 편파적이고도 과잉된 수사를 하였을 농후한 가능성에 대해서 검찰은 당연히 자체 점검을 했어야 했습니다.

그 녹취록 사건이야말로 그동안 수사 초기부터 진행과정 내내 진정인 권○○와 수사관이 깊이 유착되어 왔음을 빙산의 일각으로 보여주고 있다고 할수 있겠기 때문입니다. 뿐만 아니라 문화방송 녹취록 사건 후 위임 변호사를 통해 전해 받은 검찰 수사기록 복사본은 사실과 너무도 달랐습니다.

예컨대 검찰조서 기록에는 건물주 회사 대표 김○○이 거래통장주 임○○의 집을 찾아왔을 당시 "사무장병원을 운영하다 진정사건이 터져 검찰에서 조사를 받게 되었다"로 되어 있었습니다. 그런데 김○○이 "사무장병원을 운영하다"라는 말을 전혀 한적 없다는데 그리고 임○○도 전혀 그렇게 진술하지는 않았다는데 기록은 그렇게 되어 있었습니다.

그리고 임○○의 얘기로는 후에 기억을 상기시켜 보니 수사관이 먼저 '병원운영'이라는 말을 쓰기 시작했다는 것입니다. 임○○은 그 당시 검찰기록에 있는 "사무장병원으로 운영하다 검찰조사를 받게 되었다"와 "사무장병원으로 검찰조사를 받게 되었다"의 차이를 잘 몰랐다는 것입니다.

나중에 임○○은 그 엄청난 차이를 알았기에 법정진술에서 증인으로 나와 김○○이 '병원 운영비로 돈이 필요했던 것이 아니라, 임대한 병원을 지원하려니 돈이 필요했다'는 차이를 분명히 밝혔던 것입니다. 사실 임○○은 나중에야 의료법에서 지칭하는 사무장병원이란 비의료인이 직접 병원을 운영하는 것을 뜻한다는 것을 알게 되었다고 했습니다.

그 외에도 임○○의 검찰조사 기록에는 병원운영이라는 말이 수없이 반복되고 있는데, 이는 저를 사무장병원 운영자로 엮어 넣으려는 수사관의 유도전략이 역력해 보였습니다. 이렇듯 검찰조사기록은 사무장병원의 뜻도 정확히 잘 모르는 임○○을 유도해서 사무장병원에다가 짜맞추어 넣은 것이 분명해서 임○○에게 그 복사본을 보였습니다. 임○○은 법정에서 그 경위를 자세히 밝힌 사실확인서를 써 보내기까지 했습니다. 따라서 임○○에 대한 수사 역시 기획수사 또는 표적수사의 표본이라고 하지 않을수 없습니다.

그리고 검찰수사 기록 복사본 중에는 진○○이 메디칼론을 신청할 때 제가 기업은행 변대리더러 "이 병원은 내가 운영하는 병원이니 잘 해

달라"고 했다거나 또는 메디칼론대출 담당 변○○ 대리가 '진○○이 고용된 의사이고 이 사건병원의 실소유주는 저와 김○○으로 알고 대출을 실행하였기에 연대보증인으로 세운 것'이라고 검찰수사 기록에 나와 있었습니다. 그 수사기록 때문에 변○○ 대리에게 직접 확인해 보니 전혀 그렇게 얘기한 적이 없다며 형사 1심때 변○○ 대리는 사실확인서까지 제출한 바 있습니다.

또 검찰조서에는 대출문의는 김○○가 하고 대출 상담 자체는 조정윤과 하였다고 기록되어 있는데 저는 기업은행에 간 적도 없고, 변대리가 병원에 와서 진○○와 제가 함께 메디칼론에 대해 설명을 들었을 뿐입니다. 그런데 왜 수사기록에는 유독 조정윤과만 상담했다고 하는지 이런식으로 수사관은 자기 의도대로 사무장병원답게 각본을 짜는가 봅니다.

그리고 수사기록에는 제가 변대리더러 "내가 직접 병원을 운영하는 것이며 진○○은 고용된 의사다" 라고 했다며 또 이어지는 괄호 속에는 은행에서는 위 병원은 조정윤이 운영하고 자금관리는 김○○가 하는 것으로 알고 있다는 전혀 사실무근의 설명까지 달려 있었습니다. 이렇게 수사관은 진정인의 회유로 일단 유죄 심증을 굳힌 후 짜맞추기식 표적수사로 일관했다고 하겠습니다.

그러나 변○○ 대리는 건물주 회사가 주로 거래하고 있는 은행의 직원이기에 이미 사건병원의 건물이 회사 건물인 것과 그 건물이 그동안 임대중이었다는 것 그리고 그 후 요양병원이 되었다는 것은 알고 있었습니다. 그러나 그는 의료법의 세부도 잘 몰라 새 병원장이 임대해온 병원장인지, 또는 고용된 의사인지 조차 구분하지 못했다고 분명히 사실 확인서 등에서 확언한 바 있습니다.

사건병원을 수사하며 수사관이 진정인에게 편향되었기 때문인지 그리고 검찰측 증인들이 환수금을 염두에 두고 무리수를 해서인지 변호사님이 복사 해 온 사건병원에 대한 수사기록은 사무장병원으로 짜맞춘 사실무근으로 가득 찼습니다.

이렇듯 수사기록 복사본들이 너무 사실과 달라 저는 황망하여 변호사님과 상의해서 그동안 진정인의 사주에 의해 수사관이 사건병원을 사무장 병원으로 몰아가려고 짜맞추기식으로 진행한 수사 기록 일체를 무로 돌려달라고 진정을 내지 않을 수 없었습니다. 그러나 검찰은 제 진정을 묵살했습니다.

그리고 검찰은 '사건병원에 대한 수사와 문화방송 녹취록 사건은 별개이다'라고 애써 강변하며 이런 비리 수사관과 진정인이 유착되어 편파수사를 했을 가능성 즉 형사절차의 파탄에 대해서는 애써 판단 유보하는 듯 했습니다. 그 후 검찰은 비리 수사관에 대한 수사와 기소에서도 자기식구 감싸기 식으로 수사관이 진정인과 진정 취하금을 협상한 혐의만을 문제 삼았다고 들었습니다.

그러나 검찰이 문화방송 녹취록 사건 직후 재수사 해달라는 저의 진정을 충분히 고려했어야 하는 필연적 당위는 사건병원에 대한 수사가 중립을 지켜야 하는 수사관이 진정인과 깊이 유착되므로써 수사 과정을 서로 논의하며 편파적 수사를 했을 가능성이 명백했기 때문입니다.

더욱이 문화방송 녹취록 사건과 같은 물의를 일으킬 만큼 수사 절차 상의 흠결이 있었음에도 일단 행해진 수사기록을 전혀 점검해 보려고 하지 않는 권위적이고도 폐쇄적인 검찰관행이 만연되어 왔기에 검찰 개 혁이 절박하다는 개탄에 많은 국민들이 공감하는 것이 아닐까 싶었습니 다. 이런 사법 현실에서 이와 비슷하게 억울한 사례가 비단 저만의 경우 에서 끝나겠습니까?

① 문화방송 녹취록 사건까지의 편파 수사

진정을 받았을 당시(2011년 6월) 사건병원은 개설된지 불과 수개월 경과된 초기였기에 자금면에서 과도기적 불안정을 심히 겪고 있었던 중 이었습니다. 그러나 만일 검찰수사가 병원 개설하고 적어도 1년 정도 경 과한 후에 재개됐다면 사건병원은 곧 자금수급에 안정을 되찾고 병원장 이 책임지고 안정적으로 운영을 도맡을 수 있었을 것입니다.

수사관은 초창기 병원이 겪는 자금수급의 불안정성을 바로 비의료 인이 사무장병원의 병원을 운영하는 증거라고 단정하고 사건병원의 전 직·현직 직원들에게 연락하며 대대적인 수사를 벌인 것입니다. 진정인 이 얼마나 그럴듯한 각본으로 수사관을 회유하여 수사관으로 하여금 유 죄심증을 갖게 했는지 개설한지 불과 몇 달 안된 사건병원에 대한 수사 범위는 무한대인양 전방위적이었다고 하겠습니다.

수사 초기부터 개설된지 몇 달 안된 병원에 대해 수사관은 진정인과 거의 교대로 사건병원의 전직·현직 직원들에게 전화해서 '사건병원이 사무장병원 같은 점에 대해 진술해 달라'며 수사에 협조하도록 압박했습니다. 그러나 통상적으로 일반인들은 검찰수사에 골치아프게 얽히기를 원치 않을 터이고 실제로 병원 직원들은 건물의 임대차 계약의 세부를 전혀 모르기에 그들의 진술은 극히 제한적일 수 밖에 없겠습니다.

사실 수사관과 진정인이 함께 약속이나 한 듯 전·현직 직원들에게 전화해서 수사에 협조해 달라고 한다기에 참 의아하다 싶었습니다. 그런데 당시 진정인은 임상병리 직원인 정○○과 이○○ 수사관의 전화 내용을 수사관에게 듣고 알았는지 정○○에게 전화해서 '수사관에게 너무 까칠하게 하지 말고 수사에 협조하라'고 했다고 정○○이 전해 주었습니다. 그러나 진정인이 이○○ 수사관을 통해 수사 진행상황을 서로 의논하거나 하기 전에는 이렇듯 진정인이 수사관과 정○○의 통화내용을 알수는 없었을 것입니다. 그러나 이는 진정인이 정○○에 대해 수사관이 했던 얘기를 진정인이 전해 들은 정황적 증거라 하겠습니다.

그런데 진정인은 정○○이 자신과 내통한다고 해서 제가 정○○을 해고했다고 검찰에서 진술한 기록을 남기고 있는데 정○○는 청구학원을 다니기 위해 시간이 맞지 않아 스스로 병원을 그만 두었는데 진정인은 검찰 진술에서 제가 정○○를 자신과 내통해서 해고했다고 모략했습니다.

무엇보다 진정인이 이○○ 수사관과 유착되어 자신의 의도대로 전개되는 수사진행 내용을 계속 전해 듣지 않았다면 사건병원에 겨우 단 1

달 근무한 것만으로 그렇게 사건병원이 사무장병원이라고 확신하고 국회의원 사무실을 찾아가 정의의 사도나 되는 듯 수사 진행 상황을 알려준다는 것은 현실적으로 전혀 불가능합니다.

당시 피진정인인 저는 수사 진행에 대해 정보 불통 상태를 겪으면서도 결국은 진실은 밝혀지리라고 믿고 있었는데 그 이면에서는 엄정하게 중립 입장을 지켜야 하는 수사관이 진정인과 유착하며 수사 내용을 의논하거나 공유하므로써 너무 편파적인 수사기록을 남기게 된 것입니다.

그래서인지 막상 검찰수사를 받아보니 수사관은 진정인과 진정인에게 동조하고 후에 검찰측 증인이 된 2~3명의 전직 직원들의 진술만으로 이미 사무장병원이라는 유죄심증을 굳히고 있는 듯 했습니다. 그리고 수사관은 그 외의 다른 가능성에 대해서는 전혀 고려조차 하지 않으려는 듯 피의자로 하여금 수사관의 물음에 단답만 허용하며 사건 전반에 대한 이야기는 전혀 하지 못하게 했습니다.

예컨대 수사관은 진정인과 피진정인 모두에게 유리한 증거의 수집과 정당한 이익을 도모하도록 해야 할 위치에 있으면서도 진정인과 유착되어 사실을 오인하고 위법한 과잉 수사를 한 것입니다.

수사관은 임대계약서를 서류적으로만 작성한 것인 듯 의심하고 모든 계좌를 추적해 댔습니다. 민간끼리의 계약인데 개설자금이 늦어지면 늦게라도 받으면 되고 더욱이 돈을 임시로 조달해주는 입장은 마지못해서이지 개설자금을 모두 받고 임대하기를 더욱 바랐던 것입니다.

그리고 당시 전·현직 직원들이 참고인으로 불리어 갔다 와서 전언한

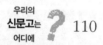

바로는 '이미 사건 병원은 사무장 병원임이 확실하다'며 무슨 복사본 같은 것들을 가리키며 "저기 증거서류가 저만큼 쌓여 있다"는 식의 협박성 회유나 유도 질문으로 처음부터 사건 병원을 의도적으로 사무장 병원으로 몰고 갔던 정황은 너무도 많았다고 했습니다. 나중에 알고 보니 그 서류들은 진정인 권○○이 병원에 1달 근무하며 직원들 몰래 복사해 간 사건병원의 입원 환자 접수대장 등이었습니다.

따라서 사건 병원의 검찰수사기록은 사건 병원에 대해 주술을 외듯 사무장병원으로 짜맞춘 주문임과 동시에 한없이 방대하기만 한 오류 그 자체일 뿐임을 주장하지 않을 수 없습니다.

제가 병원이 손익분기점에 다다르고 빌려온 자금을 돌려받을 시점이 됐는데도 병원 자금을 주도적으로 관리했다면 의사 명의를 빌려 병원 운영을 의도했다고 혐의를 받을 수도 있겠습니다. 그러나 개설 초기 병원장이 들여올 개설자금이 늦어져 임시적으로 적자를 관리하며 병원 일을 도운 것만으로 병원 운영을 하려고 했다는 유죄 심증을 굳히고 대대적으로 수사를 시작해서 개설 초기 병원을 온통 쑥대밭으로 만들다시피 했다면 이야말로 의료법의 무차별적이고도 극단적인 적용으로 불의의 극치가 아닐 수 없습니다.

말하자면 피의자에게 무죄추정의 원칙을 적용해야 했음에도 수사관은 피의자가 스스로 무고함을 입증하거나 또는 사건전반에 대해 총체적으로 설명할 기회조차 전혀 주지 않았던 것입니다. 그리고 수사관은 온갖 회유와 강압을 하여 자신이 원하는 대답이 나오지 않으면 수차례 같은 질문을 반복하며 강압했습니다.

　이러한 수사관행으로는 겉보기에만 비슷해 애매한 정황에 처해 피의자가 실제로는 무혐의일 수 있는 여러 다른 가능성을 처음부터 미리 모두 차단하는 것이 되어 이는 목적이 수단을 정당화시키는 목적 지상주의적 오류에 다름 없겠습니다. 또 수사관으로서는 유죄심증을 뒷받침할 증거 수집에는 편의적이고 효율적이 될지언정 형평성을 잃은 편향된 수사가 되기 쉬워 결국 무고한 사법 피해자를 양산할 수 있는 폐해를 낳는다고 하겠습니다.

　그리고 기소되어 법원에 이관된 후 검찰 수사기록 전문을 살펴보니 수사관은 사건병원을 사무장병원처럼 짜맞춘 진정인의 진술과 이에 동조한 검찰측 증인 두 세명의 허위 진술만으로 이미 사건병원이 사무장병원이라는 심증을 굳히고 틀을 짜고 강압 수사를 한 것입니다. 그러니 평소 검찰에 가본적도 없는 일반인들은 무척 당황하면서 갈피를 못잡고 우왕좌왕 했던 것입니다. 그러면서도 사건 피의자에게는 검찰측 증인들의 진술에 대해 직접 사실확인할 기회조차 전혀 주지 않았습니다.

　무엇보다 진정인은 저만 불법적인 영리만을 챙기는 악덕 사무장으로 만들면 저절로 사건병원은 사무장병원이 된다고 생각했는지 검찰 기록에 남겨진 진정인의 진술은 제가 혼자 병원일을 주도하며 자신을 해고하는 등의 횡포를 부렸다는 내용으로 일관되어 있었습니다.

　특히 진정인은 제가 '남편이 사업을 해서 병원을 차렸고, 병원에 든 비용도 모두 회사자금으로 조달하였다'고 말했다거나 또는 제가 진정인

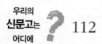

에게 '말 안듣는 의사가 있으면 해고할테니 얘기하라'고 말했다고 수사 기록에는 나와 있습니다. 그런데 입사 초기부터 부적응하여 권고사직 시키려는 직원에게 제가 온전한 정신을 갖고 그렇게 사실 무근하면서도 터무니 없는 얘기를 했을리 만무합니다.

더욱이 검찰수사 기록에서 진정인은 제가 '사건병원에서 1달에 1천만원을 주고 진ㅇㅇ의 명의를 빌려 병원장으로 고용하면서 사무장병원을 운영하고 있다'고 추측성 허위진술을 서슴치 않았습니다. 실제로 병원장 진ㅇㅇ은 한달에 1천만원씩 가져가지도 않았습니다.

특히 사건병원의 건물주가 회사로 되어 있고 회사는 임대만 제대로 하면 되는데 병원도, 운영도 전혀 모르는 제가 어떻게 병원을 차렸다는 터무니 없는 얘기를 했겠습니까. 다만 인테리어 비용만 장기임대를 위해 회사에서 이사회를 거쳐 회사자금으로 조달하였습니다.

사건병원이 수사 받을 때 권ㅇㅇ가 그 수사 진행을 수사관을 통해 세세히 파악하고 수사 방향까지 모의했다는 또 다른 증거로 권ㅇㅇ는 사건병원이 수사 받을 때 그 수사 진행 상황을 주ㅇㅇ 국회의원 사무실까지 찾아가 낱낱이 보고했다는 점입니다. 그런 연고로 하여 국회의원 보좌관의 협조로 권ㅇㅇ 은 문화방송 녹취록 사건을 일으킬 수 있었던 것입니다.

더욱이 진정인 권ㅇㅇ의 권유에 동조한 검찰측 증인 수간호사 손ㅇㅇ와 강ㅇㅇ는 병원 개설시 함께 오픈멤버였는데 이들 오픈멤버 두 사람이 사건병원의 사무장병원 혐의에 대해 동조함으로써 권ㅇㅇ는 대법원 판례 중 누가 개설 주도를 했는지 하는 조항에 제가 엮여진다고 보고 더욱 포상금을 받을수 있겠다는 확신에 차 있었던 듯 합니다.

문화방송 녹취록 사건에서 보여주듯 교활하고 극악한 진정인은 자신의 사리사욕을 위해 수사관을 회유하여 성공을 그릇되게 확신시킴으로서 수사 공권력을 남용토록 시켰습니다. 그러면서도 권○○는 취하금을 나누어 주지 않으려고 취하금을 협상하는 녹취록까지 방송에 공개하여 수사관을 파면케 하고 나아가 무고했던 사건 병원과 당사자들에게 돌이킬수 없을만큼 엄청난 피해를 끼치고 말았습니다.

그러나 검찰 수사기록상으로는 진정인과 이에 동조한 검찰측 증인 강○○ 등에 의해 저를 영리를 위해 위법을 불사하는 악덕 사무장처럼 각본을 짜서인지 검찰에서나 법원 판결에서는 모두 마치 제가 병원 건물회사의 대표 부인으로서 의도적으로 의사를 회유해서 병원을 운영하려고 했을거라고만 시각을 고정시키는듯 했습니다.

그래서 검찰의 공소장이나 형사 1심 판결문에서도 건물을 임대해온 병원장이 장기임대를 하려는 건물임대 주체인 회사의 계약조건이 좋으니 그 특혜를 받기 위해 임대계약 조건에 대해 적극적으로 협상했을 가능성은 전혀 고려하지 않았습니다. 이로써 의료인과 비의료인 사이에 의료법 해석과 적용에 있어 엄청난 불평등이 발생되고 말았다고 하겠습니다.

흔히 무식하면 용감하다고들 하듯 저 또한 진정인이 '돈을 주지 않으면 검찰에 신고한다'고 여러차례 협박했어도 위법을 하지 않았다는 생

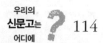

각에 검찰도 전혀 두렵지 않았고, 부르면 당당히 가서 초기 병원에서 병원장들의 과도기적인 임대 경위를 자세히 설명해야지 하며 다짐까지 했었습니다.

그러나 막상 검찰에 가보니 수사관이 묻는 말에만 단답으로 대답해야 하니 검찰에서 사건의 진실을 모두 털어놓을 수 있겠다던 생각은 검찰의 시스템 또는 관행을 너무 모르는 한없이 무지하고 어리석기 그지없는 생각이었음을 깨닫게 되었습니다.

그러나 만일 제가 사전에 우리 사법 시스템에 대해 일말의 예비지식이라도 있었다면 설령 진정인의 진정을 막지 못해 부득이 검찰수사를 받게 되었을 때라도 빨리 변호사를 선임 했어야 했을 것입니다. 그럼에도 저는 검찰이 3개월 이상 병원 직원들이나 관계자들에 대해 참고인 진술을 모두 끝내고 병원장이나 저를 부를 때 까지도 사태의 심각성을 감지하지 못하고 검찰에서 부르면 당사자들인 병원장이나 제가 가서 자세히 잘 얘기하면 모든 의혹이 풀리겠지 했던 것입니다.

나중에 듣고 보니 수사단계야말로 피의자에게는 가장 위험한 시기라고 하는데 그 위험한 시기에 저는 스스로 위법을 하고 있지 않다는 양심만 믿으므로써 변호사 선임을 하지 않았었습니다. 결국 변호사를 수사 초기에 빨리 위임하지 않고 이미 수사기록의 틀이 편향되게 다 잡힌 후에야, 말하자면 변호사가 손 쓸수 없게 이미 사건이 키워진 후 검찰에서 저를 부를때야 동행을 위해 변호사를 선임했던 것입니다. 이는 제가 전반적인 우리 사법 시스템에 대해 너무 무지했기에 저지른 크나큰 시행착오였다고 하겠습니다.

더욱이 사건병원의 수사에서처럼 수사권이라는 공권력이 진정인과 유착되므로서 편향되게 오남용 된다면 법은 선과 형평을 구현하는 수단이 아니라 부정의를 저지르는 도구가 될수도 있습니다.

② 문화방송 녹취록 사건 이후 자백 받아내기 위주의 강압수사

문화방송 사건 이후 위임 변호사를 통해 100만원, 200만원, 300만원 벌금형 제의가 왔지만 세 피의자가 이를 거부하고 무죄를 주장하자 수사관만 교체되고 마무리 수사가 1달 이상 강행됐습니다. 마무리 수사때 참고인 진술을 한 사람들이 모두 입을 모으듯 수사는 이전보다 한층 고강도로 삼엄한 분위기에서 진행되었습니다. 진술 예약 시간도 보통 3~5시간 지연되어 수사가 저녁 늦게까지 계속되기 일쑤였습니다. 그리고 참고인들은 난방도 없는 대기실에서 오랜시간 동안 추위에 떨며 기다려야 했다고 합니다.

무엇보다 마무리 수사를 맡았던 후임 수사관은 물의를 빚었던 전임 수사관의 수사기록을 옆에 놓고 '수사관이 수사는 제대로 했다'는 무책임하고 경솔한 단정을 서슴지 않으면서 그 수사기록을 대단한 증거서류인양 옆에 놓고 수사를 했습니다.

그러나 전임 병원장 심○○의 탄원서 I, II나 참고인으로 불려갔던 병원관계자들이 증언하듯, 마무리 수사에서는 수사시간이 5~6시간 계속되는 것은 기본이고, 수사관은 '이미 이 병원이 사무장병원인 것이 다 드러났다'; '잘못 진술하면 당장 구속된다'는 등으로 거짓 회유와 고도의 심리적 강압을 하면서 고강도 마무리 수사를 했습니다.

마무리 수사가 계속될 때 담당검사는 저에게 '참 운이 없는 경우인데' 를 몇 차례 반복했는데, 이는 다시 말해 검찰도 문화방송 녹취록 사건으로 신뢰되지 않는 점이 많아 애매하기만 한 그때까지의 수사기록을 바탕으로 마무리 수사를 해야 하는 상황에 대해 문제점을 느끼기는 했다는 뜻으로 해석되어졌습니다.

그러면서도 재수사 해 달라는 저의 진정은 무시하기로 검찰 권위로 결정했으니 상명하복의 일심동체가 되어 있는 검찰 조직의 특성상 이미 재수사 한 수사기록 전체를 무로 돌릴 수는 없고, 거기다 검찰 명예에 먹칠한 문화방송 녹취록 사건도 있었으니 하루속히 사건에 대한 수사를 종결해야 하는 상황이었던 것이 아니었나 싶습니다.

그런데 검찰 수사에서 사건 피의자들에게 운이 나빠서라고만 하면서 물의를 일으킨 비리 수사관이 남긴 오류 투성이의 수사기록은 전혀 문제 삼지 않고 옆에 놓고 참고하며 마무리 수사를 했다는 것은 수사 기록이 정확치 않고 애매해도 결국 피의자들이 운이 없는 탓이니 희생을 감수해야 한다는 뜻이 되어 명백한 검찰의 직무 유기로서 매우 반인권적이고도 비민주적이 아닐 수 없습니다.

이렇듯 사건에 대한 마무리 수사에는 처음부터 '애매할때는 피의자(인)의 이익으로'라는 헌법에 명시된 무죄추정의 원칙 뿐 아니라 형사 절차에서 목적이나 결과 보다는 절차나 과정을 더 중시하는 법치주의 또한 완전히 실종되어 있었습니다.

무엇보다 마무리 수사에서는 '병원장이 월급을 받았느냐'또는 제가 '월급을 주었느냐'에 초점을 맞추는 듯 했습니다. 사실 사건병원은 결코 사무장병원이 아니었지만 그러나 사무장병원 여부에 관계 없이 병원장들은 매달 생활비에 해당하는 현금을 병원으로부터 가져가야 했을 것입니다. 그리고 공교롭게도 모두 독신인 그들은 자신의 생계를 오로지 병원에 의존해야 했을 것이기 때문에 비록 병원이 적자가 나고 있어도 생활비는 필요했던 것입니다.

그럼에도 수사관은 병원장들의 통장에 일정금액이 현금으로 입금된 계좌만으로 이를 사무장병원 혐의의 결정적 증거인양 압박하면서 병원장에게 '월급받았다'고 진술하도록 강압한 것입니다. 수사관은 진○○에게 현금이 입금된 통장 내역이 그 증거라며 '허위진술 하면 당장 구속하겠다'고 했다고 들었습니다.

그러나 진○○은 다른 수입원이 없으니 병원에서 현금을 받아 자신의 통장에 입금해서 이전에 두차례 병원 개원하면서 언니에게 진 빚을 매달 조금씩 갚고 생활비로 쓴 것이지 월급 받은 것이 아니라고 주장했다고 합니다.

진○○은 병원 사정에 맞춰 날짜도 일정치 않게 금액도 700, 720, 760 등 매달 일정치 않게 필요한 만큼 현금으로 가져가서 자신의 인터넷 통장에 입금했다고 합니다. 4대 보험이 밀렸던 어느 달에는 병원이 너무 쪼들리니 진○○은 현금을 한푼도 가져가지 못하기도 했습니다.

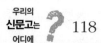

더욱이 전임 병원장 심○○은 짧은 두달 동안이었기에 개설자금을 들여놓지 못했지만, 후임 병원장 진○○은 개설 후 메디칼론, 닥터론 등으로 자기 명의의 자금을 들여왔는데 생활을 하기 위해서도 병원에서 현금을 가져가야 했던 것입니다. 그렇지 않다면 독신인 그가 어디서 수입원을 얻겠습니까?

그런데 마무리 수사때 수사관은 심○○이 변호사를 대동하지 못하게 하려는 수사 전략 때문에 스케쥴을 급히 잡았던 전임 병원장 심○○은 변호사 대동도 못한 상태에서 수사를 받았다고 합니다. 수사관은 병원장이 '두 달 동안 병원에 자금도 들여놓지 못하고 돈만 받았으니 월급을 받은 것이 아니냐'며 압박했다고 들었습니다.

심○○의 탄원서 I, II에 자세히 피력되어 있듯 심○○이 똑같은 질문을 반복하는데 견디다 못해 돈을 받기는 했으니 '월급을 받았다'고 하니까 수사관은 이를 사무장 병원의 결정적 증거가 되는 자백으로 간주하고 후에 이를 번복하지 못하게 하려는 듯 기소 전 이를 영상 찍고 또 녹취하고, 그 후에는 심○○에게 이에 대한 진술서까지 내도록 했다고 들었습니다. 심○○에 대한 마무리 수사는 헌법에 보장된 피의자의 방어권을 무시하고 변호인의 조력도 없이 진술을 강제하므로써 허위자백을 강요한 명백한 불법 수사입니다.

더욱이 심○○은 두달 반 근무했지만 병원의 자금 형편 때문에 날짜도 일정치 않게 두 번만 받았고, 더욱이 만일 심○○이 월급만 받는 병원장 의사였다면 병원 적자로 인한 환급금을 세무서를 통해 받을 수는 없었을 것입니다.

사건병원은 아무리 적자가 나고 있어도 독신인 병원장들은 생활비등
이 필요하여 거의 매달 일정금액을 병원에서 가져가 자신들의 통장에
입금했던 듯 합니다. 그러나 과연 두 병원장들이 병원에서 가져간 일정
액수의 현금이 이른바 사무장병원에서 의사를 고용하고 주는 월급으로
규정할 수 있느냐 하는 점입니다.

사건병원은 결코 사무장병원이 아니었지만 그러나 사무장병원 여부
에 관계 없이 병원장들을 매달 생활비에 해당하는 월급을 병원으로부터
가져가야 했을 것입니다. 그리고 공교롭게도 모두 독신인 그들은 오로
지 자신의 생활을 월급에 의존해야 했을 것이기 때문에 병원이 적자가
나고 있어도 생활비는 필요했던 것입니다. 그럼에도 수사관은 병원장들
의 계좌에 일정금액이 현금으로 입금된 계좌만으로 이를 사무장병원 여
부를 결정하는 증거인양 압박하여 병원장에게 '월급받았다'고 진술하도
록 강압한 것입니다.

검찰 수사 받을 때 진○○에게 수사관은 현금이 입금된 통장 내역이
그 증거라며 허위진술 하면 당장 구속하겠다고 했지만 진○○은 언니에
게 빚 갚으며 생활비로 썼다고 말했다고 합니다. 다음에 이어진 심○○
에 대한 수사에서 수사관은 심○○에게 '이미 월급 받은게 다 드러났다'
며 '월급 받았다'는 진술을 강제했던 것입니다.

그러나 과연 두 병원장들이 병원에서 가져간 일정 액수의 현금이 이
른바 사무장병원에서 의사를 고용하고 주는 월급으로 규정할 수 있느

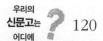

냐 하는 점입니다.

심○○은 두달 반 근무했지만 병원의 자금 형편 때문에 날짜도 일정치 않게 두 번만 받았고, 더욱이 만일 심○○이 월급만 받는 (병원장) 의사였다면 병원 적자로 인한 환급금을 세무서로부터 받을 수는 없었을 것입니다.

그리고 진○○도 병원 사정에 맞춰 날짜도 일정치 않게 금액도 700, 720, 760 등 일정치 않게 필요한 만큼 현금으로 가져가서 자신의 인터넷 통장에 입금했던 것입니다. 4대 보험이 밀렸던 어느 달에는 병원이 너무 쪼들리니 진○○은 현금을 한푼도 가져가지 못하기도 했습니다.

그리고 심○○은 짧은 두달 동안이었기에 개설자금을 들여놓지 못했지만, 진○○은 개설 후 메디칼론, 닥터론 등으로 자기 명의로 자금을 들여왔는데 생활도 하기 위해 병원에서 현금을 가져가지 않는다면 독신인 그가 어디서 수입원을 받겠습니까?

사건병원의 마무리 수사에서는 이처럼 통상 어떤 병원에서라도 병원장이 매달 가져갔을 일정 금액을 바로 '사무장병원에서의 월급'이라고 낙인을 찍으며 이를 족쇄로 하여 사건병원에 사무장병원이라는 어마어마한 혐의를 씌운 것인데 이야말로 법 왜곡 행위이자 극단적이고도 무차별적인 의료법 적용이 아닐 수 없습니다.

만일 사건병원이 수사 받을 당시 개설한지 1년 이상 경과되어 손익분기점도 지나서 수익을 내고 있는데도 병원장들이 일정금액의 현금만 가지고 가서 자신들의 통장에 입금하고 병원은 수익금을 따로 챙겼다면 이는 이른바 사무장병원에서 병원장 의사가 고용되어 월급 받은 것으로 혐의를 받을 수 있겠습니다.

그러나 사건병원의 검찰수사에서처럼 거의 일정금액이 대략 한 달에 한번 입금된 병원장들의 통장 계좌만으로 병원장 의사가 월급을 받았으니 그런 병원을 바로 의료법을 위반한 사무장병원이라고 단순 규정해 버리는 것은 무리한 형사범죄화 시도일 뿐만 아니라 엄청난 법 왜곡 행위가 아닐 수 없습니다.

더욱이 사법 과정을 다 겪고 나서 나중에 들어 알게 된 것은 일단 검찰에서 허위로라도 자백한 사항은 우리 법원에서 거의 도전받지 않는다는 현실 때문에 검찰은 더욱 수사 과정에서 증거수집 보다는 법정에서의 무죄판결을 저지하기 위한 수단으로 피의자의 자백을 받아내려는 무리수를 쓰게 된다는 것입니다.

그러면서도 사건병원의 마무리 수사는 검찰에서의 자백이 강압이나 불법한 상태에서 행하지 않은듯 합리화·정당화 하기 위해 수사하며 회유하거나 강압한 수사관의 말은 수사기록에서 모두 **빼버리고** 자백(?) 현장만을 녹취 또는 녹화하는데 중점을 두었습니다.

그러나 사건병원의 수사 과정에서 피의자이었던 전임 병원장인 심○○는 검찰이 스케쥴을 급히 잡고 다그치므로써 변호인의 도움도 받지 못하는 고립무원의 상태에서 내뱉은 허위 자백이 사무장병원 혐의의 결정적 입증자료라면 기소 이후 법정에서의 공판심리는 다만 형식적인 절차였을 따름이겠습니다.

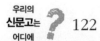

통상적으로 검찰에서 자백한 사항은 법원에서 거의 도전받지 않는 우리 사법 현실에서 검찰은 수사과정을 법정공방을 위한 증거수집 단계로 여기지 않고 수사단계에서 이미 결판이 나도록 자백 중심의 수사를 강행하기 십상이라고 하니 검찰 수사 전 과정을 녹취하도록 하는 등의 제도 보완이 필요하다고 하겠습니다.

이렇듯 사건병원의 마무리 수사에서처럼 특히 심○○에게 변호사를 대동할 시간적 여유도 주지 않고 기억이 나지 않아도 묵비권을 인정하지 않고 무리한 자백을 강요하는 수사 행태는 적법 절차에 의한 피의자 인권보호와는 거리가 멀기만 하여 지극히 반인권적이고 불법적이고도 위헌적이 아닐 수 없습니다. 더욱이 검사실에서의 자백이 재판에서 혐의의 결정적 증거가 된다면 법정에서의 공판심사는 다만 요식행위로 공판중심주의는 요원한 이상일 뿐으로 재판 판결은 수사에서 이미 끝낸 것이나 다름 없을 것입니다.

그러나 사건병원의 마무리수사에서처럼 피의자에게 월급을 받았다는 억지 자백을 받아내 죄를 덮어 씌우는 무차별적 법률 적용이야 말로 예컨대 형법의 대원칙이라는 죄형법정주의를 위반하였으며, 판결에 부정적 영향을 미칠 위법이 있었다고 하겠습니다. 뿐만 아니라 변호사 조력도 받지 못한 상태에서 자백을 강요하면서 묵비권을 쓰지 못하도록 한 것은 주권자인 국민에게 헌법이 보장한 방어권까지 무력화 한 것입니다.

그리고 이어진 마무리 수사에서 전임 병원장에게 '월급 받았다'는 진술을 받아내고는 이를 자백을 확보한 결정적 증거로 삼음으로써 검찰은 앞전의 불공정 수사를 합리화 하는 명분만 세우게 된 것입니다. 이로써 개설된지 몇 달 안된 사건병원에서 임대가 제대로 되도록 도우려고 애썼던 무고한 저는 막중한 범법자가 되고 말았던 것입니다.

(4) 불공정한 검찰수사기록

2011년 7월부터 그 해 12월까지 6개월간의 수사 과정에서 사무장병원으로 그럴듯한 그 어떤 증거라도 샅샅이 수집하기 위해서인 듯, 전임 심○○ 원장이 운영했던 두어달 그리고 후임 진○○ 원장이 인수한지 넉달정도 된 기간들간의 병원 관련 서류(거래통장, 직원명부, 근로계약서, 계좌이체 급여통장, 매달 손익계산서 등)들을 모두 제출케 했습니다. 그렇게 해서 결국 어마어마하게 방대한 검찰수사기록물이 남겨졌다고 하겠습니다.

그 검찰수사기록에는 수사 시작에서부터 전 과정을 통틀어 사실오인이나 추측성 예단으로 가득하면서도 단답형의 문답식 진술 기록으로 그 편파성 등은 거의 희석되었다고 하겠습니다.

검찰 수사기록만 보면 진정인과 이에 동조한 검찰측 증인(2~3명)등은 자신들이 마치 노인복지만을 걱정하는 정의의 사도인양 자처하며, 저는 다만 돈만 알고 영업을 위해 위법을 불사하는 사무장인듯 음해하며 이를테면 마녀 사냥식으로 각본을 짜고 있었습니다.

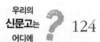

사건병원의 검찰수사 기록에는 참고인 진술을 요구받았던 그 많은 전·현직 직원들 중 진술 요구에 동조하지 않은 전·현직 직원들의 전화통화는 모두 다 빼버리고 진정인에 동조한 불과 2~3명(강○○, 손○○, 김○○)의 진술만을 신빙성 있는 결정적 증거로 해서 이미 판을 짜놓고 수사기록은 시작되고 있었습니다.

그러나 전화를 받은 수 많은 전·현직 직원중 진술 요구에 동조한 불과 2~3명의 의견만을 뽑아 사건 당사자에게 확인하는 검증 절차도 거치지 않고 사건병원에 대한 혐의를 입증하는 증거인양 기록되어 있었습니다.

그런데 이렇게 개원 초 몇 달간 과도기에 건물 임대를 안착시키려고 병원의 원무과 일을 적극적으로 도운것 만으로 제가 미리 계획을 세우고 의료법에 위반되는 사무장 병원을 했다고 단정하는 것은 매우 극단적이고도 과도한 법 적용이 아닐수 없겠습니다.

특히 검찰수사 기록에는 제가 청구직원 강○○에게 청구금을 올리도록 청구 엎코딩을 부탁하고 또 제가 임대 건물주 회사 대표 김○○씨에게 청구내용을 정기적으로 보고하게 했다고 했습니다. 이렇듯 검찰수사 기록은 너무도 사실과 다르고 그들의 진술에는 건물주 회사 대표 김○○씨까지 환수금의 구상권에 엮어 거액의 포상금을 제대로 받아보려는 저의가 분명해 보였습니다.

이렇듯 진정인과 강○○ 등은 둘 다 청구직원이었기에 병원 사정에 밝아 오로지 포상금의 가능성을 바라고 너무도 그럴듯 하게 각본을 짜니까 수사관조차 이에 동조하며 편파적 수사를 한 것입니다. 더욱이 요양병원에서는 입원비 이외에 보험공단의 청구금을 받는다는 사실조차도 모르고 병원 일을 도왔던 저로서는 엎코딩이라는 전문적인 청구용어도 전혀 몰랐습니다.

사실 저는 예기치 않게 병원 일을 돕게 되었기에 원무과 직원 채용은 병원 경력이 많은 원무부장 김○○이 도맡았습니다. 저는 나중에야 심사과장이 청구일을 한다는 것과 병원 수익금에 환자들 입원비 외에 보험공단 청구금이 포함되는 것을 알게 되었던 것입니다.

더욱이 건물 회사 대표 김○○씨는 평소 회사에서 7시에 퇴근해서 병원에 도착하면 8시가 되는데 6시에 퇴근하는 병원 직원들과 만나 정기적으로 보고 받는다는 것은 어불성설일 따름으로 그 당시 근무했던 직원이라면 그 누구라도 이에 대한 확실한 진술을 해줄수 있을 것입니다.

뿐만 아니라 수사기록에는 진○○이 메디칼론을 신청할 때 제가 ○○은행 변대리더러 "이 병원은 내가 운영하는 병원이니 잘 해 달라"고 했다고 되어 있습니다. 그런데 사무장병원이 위법인걸 잘 알고 있는 제가 어찌 은행 직원에게 실제와 동떨어진 그런 얘기를 했겠습니까? 이미 진정인에게 회유된 수사관은 사건병원이 사무장병원이라는 눈 먼 확신에서 가장 사무장병원 다운 각본을 짜고 있었습니다.

그리고 메디칼론대출 담당 변○○ 대리가 '진○○이 고용된 의사이고 이 사건병원의 실소유주는 저와 김○○로 알고 대출을 실행하였기에 연대보증인으로 세운 것'이라고 검찰수사 기록에 나와 있었습니다.

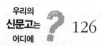

그 수사기록이 너무 터무니가 없어 변○○씨에게 직접 확인해 보니 전혀 그렇게 얘기한 적이 없다고 하여 변○○ 대리는 형사 1심때 사실확인서까지 제출한 바 있습니다.

변○○ 대리는 사건병원의 건물주 회사가 주로 거래하고 있는 은행의 직원이기에 이미 사건병원의 건물이 회사 건물인 것과 그 건물이 임대중이었다는 것과 그 후 요양병원이 되었다는 것은 알고 있었습니다. 그러나 그는 대부분의 일반인들이 그렇듯 의료법에서 의미하는 사무장 병원에 대한 뜻도 몰라 새 병원장이 임대해온 병원장인지, 또는 고용된 의사인지 조차 구분하지 못했다고 사실확인서 등에서 분명히 확언한 바 있습니다.

저는 기소된 후 제가 검찰에서 수사 받은 기록 전체를 복사본으로 보게 되었습니다. 그 내용에는 제가 "요양병원을 시작해서 남편을 살리려고 친구인 심○○를 불렀다"는 진술이 포함되어 있었습니다. 제 기억으로는 제가 그 때 건물을 임대한다니까 요양병원으로 문의해 온 의사들이 여럿 있어 이 건물이 요양병원 임대에 적합한 것을 알았고, 이왕 임대하려면 요양병원 경험도 있고 직접 해보고 싶어하는 친구가 했으면 해서 친구를 불렀다고 했습니다. 그렇게 되면 회사 건물도 좋은 임차인을 만나는 것이 되어 회사와 남편을 살리는 것이라고 생각했다고 진술했습니다.

이렇게 이미 시각을 고정시키고 나서의 짜맞추기식 수사는 매우 불가시적 전략이 되어 평생에 처음 소송을 받고 있는 무지한 일반인에게는 이렇듯 엄청난 파괴력이 되어 이렇듯 덫에 갇혀 옴짝달싹도 못하게 되는 것입니다.

그 외에도 부정확한 진술이 많았는데 예컨대 제가 혼자서 의료장비를 구입했다거나 또는 제가 의사와 간호사들 월급을 현금으로 주었다고 진술했거나, 그리고 제가 직원들을 모두 직접 채용했다는 진술을 들 수 있습니다. 제 기억이 맞다면 심○○이 대전에 있는데 개설전 의료장비를 구입해야 해서 심○○이 저에게 부탁했습니다. 저는 의료장비에 대해서 몰라서 오픈 멤버로 지원했던 물리치료 실장에게서 리스트를 받아 여러 장비업체들에게 연락해서 구입했다고 진술했습니다.

그리고 저는 개설초기라 적자 때문에 4대 보험료를 한 두달 밀리기도 했다고 설명했고, 또 의사와 간호사들 월급은 임금 거래 통장으로 보냈다고 진술했습니다. 무엇보다 요양병원에서 4대보험을 드는 것은 필수인데 4대 보험을 들고 직원들 월급을 현금으로 주었다는 것은 현실적으로 불가능합니다.

병원 개설 절차도 개설 당일 병원장이 대전에서 서울로 올라와서 컨설팅 회사 출신인 원무부장과 함께 처리했는데, 검찰수사는 대법원 판례중 병원 개설이라는 요건에 맞춰 저를 엮으려는 듯 마치 제가 개설을 주도적으로 한 듯 기록되어 있었습니다.

어떻게 그렇게 기록되었는지 또 지장을 찍으면서도 제가 왜 그걸 세세히 찾아내지 못했는지 의아하기만 합니다. 조사받을 당시 저는 그 기록이 법원에 넘어간다는 사법 시스템도 전혀 몰랐고, 또한 이른바 사무

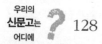

장병원을 판가름하는 잣대로 대법원 판례가 있는줄도 몰랐고, 또 수사를 대법원 판례의 항목에 맞춰 받았는지도 더더욱 알지 못했습니다. 뒤늦게서야 대법원 판례에 의하면 의료기관의 시설, 필요한 자금의 조달, 그 운영성과의 귀속, 인력의 충원과 관리를 주도적인 입장에서 처리한 것을 의료법 위반의 요소로 판단하고 있다는 것을 알았습니다.

장시간 수사를 받을 당시에는 다만 강압적인 수사를 빨리 끝낼수 있었으면 싶었고, 병원에 이 수사 기록들이 따라 간다는 생각조차 못하고 다만 법원에 가서는 이 억울한 사정을 맘껏 말과 글로 펼쳐 보이면 충분히 억울한 혐의를 벗을수 있으리라고 기대 했었습니다. 더욱이 7시간 이상 조사를 받으면 나중에는 너무 지치고 눈도 피곤한데다 돋보기도 지참하지 않은 상태에서 30페이지 분량을 읽으려면 세세히 검토하지 못하고 지장을 찍은 것 같습니다.

이렇게 검찰수사 기록에서의 제 진술을 일례로 들어보아도 진술인의 세세한 상황 설명은 다 빼고 짧은 문답식으로만 줄여버리니 결국 매우 부정확하고 전체 문맥이나 진의와는 전혀 다른 진술이 되고 말았습니다. 검찰수사기록에는 이렇듯 이런 저런 이유로 오류가 많을 수 있기에 법원 판결에서 조서 재판의 관행에 따라 검찰수사 기록만을 완전무결하고 유일한 준거로 삼는데는 무리가 있었다고 하겠습니다.

저도 검찰에서 직접 진술한 경험을 토대로 추론해 볼 수 밖에 없는데 막상 검찰수사를 받아보면 수사관은 그가 바라는 진술 또는 그가 예상하는 진술이 나올때까지 다그치며 같은 질문을 반복했던 기억이 납니다. 한번 수사를 받으면 적어도 5~6시간 이상이 기본이니 나중엔 지칠대로 지칩니다. 그럴때 진술하는 사람이 미처 생각지 않은 예컨대 '병원 운영' 등의 용어를 수사관이 먼저 구사하면 그 용어를 따라서 쓰도록 유도했습니다.

이제 와 돌이켜보면 그 용어들은 의도적으로 의료법에서 규정하고 있는 사무장 병원의 정의나 대법원 판례 조항에 해당되었음을 알 수 있습니다. 예컨대 '명의를 빌린다', '직접 병원을 운영한다', '개설신고를 주도했다' 등을 수사관이 먼저 쓰면서 진술인의 답에는 그 용어를 구사하도록 유도하는 경우가 종종 있었습니다.

이렇듯 의료법에서 사무장병원으로 규정하고 있는 개념이나 용어에 대해 일반인들은 정확히 잘 모르기에 수사관이 '실소유주', '고용된 의사', '병원 운영을 주도' 등으로 용어를 반복해서 구사하면서 유도하며 질문하면 답변으로도 자연스레 그 용어를 섞어서 따라하면서 수사관이 파놓은 함정에 빠지기 쉽습니다.

그래서인지 사건병원에 대해서는 많은 오류로 가득한 수사기록만이 검찰에 남겨지고 또 검찰수사 기록만을 추인하는 법원 판결에서는 제가 병원 건물 회사의 대표 부인으로서 영리를 위해 병원을 위법적으로 운영하려고 의사를 회유하고 또 마구 직원을 해고하는 듯 온갖 횡포를 부린 몸통 정도로만 시각을 고정시키는 듯 했습니다.

진정인이 사무장병원 혐의로 진정을 하면서 사건병원은 검찰수사를 받게 되었는데 이를 다시 정리해 보면, 임대를 위해 돈을 꿔 준 것 가지

고 수사관은 서류적으로만 임대계약서를 작성한 것인 듯 의심하고 모든 계좌를 추적해 댔습니다.

그리고 당시 전·현직 직원들이 참고인으로 불리어 갔다 와서 전언한 바로는 '이미 사건 병원은 사무장 병원임이 확실하다'며 무슨 복사본 같은 것들을 가리키며 "저기 증거서류가 저만큼 쌓여 있다"는 식의 협박성 회유나 유도 질문으로 사건 병원을 의도적으로 사무장 병원으로 몰고 갔던 정황은 너무도 많았다고 했습니다.

그러나 반면에 병원 직원들은 대부분 우선 검찰측에 불려가는 것 조차 되도록 기피하고 부득이 가게 되도 미리 예단을 하거나 과장하지 않고 자신들이 직원으로서 병원일 하며 아는 한도 내에서만 성실하고 정직하게 답변했습니다.

그런데 (2003년) 대법원 판례에 따르면 '비의료인이 의료 기관의 시설 및 인력의 충원, 관리, 개설 신고, 의료업의 시행, 필요 자금 조달, 그 운영 성과의 귀속 등을 주도적으로 관리하는 것'을 기준으로 삼는다고 되어 있었습니다.

진정인 권○○가 1,000만원을 주지 않으면 사무장병원으로 신고하겠다고 할때 권○○는 사무장병원으로 판명되면 자기가 받게 될 포상금(환수금의 20%)이 거액인데 1,000만원도 적으니 알아서 하라고 한 것과 수사관과 수사 과정에서 수사 내용을 의논하며 대법원 판례대로 진행한 것으로 미루어 볼 때 이미 그때 권○○는 포상금 액수(환수금의 20%) 뿐만 아니라 이 대법원 판례까지 낱낱이 알고 있었다고 추정됩니다.

수사관은 참고인들과의 문답식 진술에서 대법원 판례에서 제시하는 항목에 따라 사무장병원과 같은 증거를 모두 수집하여 이를 꿰맞추는 식으로 수사를 진행하였습니다. 그래서 다 사무장병원에다 갖다 붙이면 수사기록상으로는 정말 그럴듯해 보였을지도 모릅니다.

대법원 판례의 항목들에 따라 수사한 후 최종적으로 내려야 할 결론을 미리 내놓고 참고인들에게 사건 병원이 사무장병원 같은 점에 대해 진술하라니 대법원 판례의 항목들은 증거 수집의 수단으로만 극단적으로 적용되었다고 하겠습니다.

예컨대 사건병원을 굳이 대법원 판례에 적용해 보아도 그 판례 조항 가운데 사건병원은 인력의 충원, 관리에서 원무과 직원 관리를 도운 점은 어느 정도 인정할 수 있고, 개설신고는 병원장과 원무과 직원이 했으며, 의료업은 각 과목별로 의사들이 소신껏 했습니다.

필요한 자금의 조달은 심○○ 병원장이 개설자금과 함께 매달의 병원 적자도 함께 해결하겠다니까 임대를 계속 시키기 위해 병원 초기에 발생하는 매달 적자를 급한대로 메꾼것이고, 후임 병원장 진○○때는 진○○이 외상 개념인 메디칼론과 신용보증기금에서 론을 받아 메꾸었는데 병원의 사업기간이 짧고 진○○이 독신이라 보증 설 사람이 필요하다고 했습니다. 임대는 계속 되어야 하므로 저만 보증을 서주려고 하니까 제 명의의 부동산이 없다고 해서 김○○씨까지 보증을 서주게 된 것입니다. 더욱이 진○○이 신용보증기금에서 론 받을때는 이미 병원이 고강도 수사를 받을때였지만 적자로 병원 자금은 매우 부족하고 임대는 계속 되어야 해서 부득이 했던 것입니다.

운영성과의 귀속은 초기 병원이라 적자가 많이 나서 임대회사가 임대료도 제대로 못 받고 장기 임대를 위해 초기 적자까지 관리하고 있었는데 무슨 운영성과의 귀속에 해당되는지 도무지 납득이 가지 않습니다.

더욱이 사건병원에서 의사들의 진료권은 철저히 보장되어 있고, 인력의 충원과 관리는 간호사들은 수간호사가 전권적으로 인사관리 하고 있었으며, 물리치료실은 실장님이 전권을 가지고 관리했습니다.

그렇게 초기 몇 달간 과도기적 기간에 있다가 검찰수사를 받으니 자금조달도 미비하였고, 통장 계좌 등 서류적으로도 엉성하고 경영면에서도 아직 독립적으로 홀로서기가 되기 이전이었던 것입니다.

개설한지 두달 만에 병원장이 바뀐 후 겨우 4~5달 경과되어 아직 틀도 제대로 안잡힌 병원을 무슨 큰 모의를 하며 악덕을 저지른 듯 대대적으로 수사하면서 수많은 직원들을 불러대서 온갖 흠집을 내면서 장기적 전망을 보고 한 선의의 임대차계약을 형식적인 위장계약이라고만 혐의를 씌워대었던 것입니다.

그러나 사건병원은 사무장병원의 정의 가운데 건물임대를 위해 '비의료인이 병원 운영을 도와준 것'뿐이며, 대법원 판례 가운데는 건물 임대를 위해 기본 시설 및 필요한 초기 자금을 조달'하도록 돕고 또 통장관리나 직원관리 등 원무과 일을 도왔던것만 사건병원에 해당된다고 할 수 있습니다.

그러나 수사관은 사건병원이 다른 사무장병원과의 근본적 차이를 갖는 점을 전혀 인정하지 않고 무차별적으로 대법원 판례만을 조목조목 적용 하였던 것입니다. 그러다 보니 대법원 판례의 조항들은 코에 걸면 코걸이, 귀에 걸면 귀걸이식으로 사건병원에 혐의를 씌우는 수단으로만 오용되었던 것입니다.

예컨대 검찰수사 기록에서 단답식 문답식 진술 기록으로 되어 있어 수사받으며 자세한 정황 설명을 하지 못하게 하거나 그 중 몇마디만 기록하니까 결국 진술 전체의 의도와 문맥과는 전혀 동떨어지고 부정확하기만 한 기록이 되고 말았음을 알 수 있었습니다.

이렇듯 사건병원에 대한 수사 과정에서는 모든 상황을 의료법에서 운운하는 사무장 병원이라는 틀에만 짜 맞춰 넣으려고 하니 이런 식의 수사로는 애초에 노인복지나 국가재정 측면에서 사무장 병원을 단속하려는 본 취지와는 심히 괴리된다고 보여졌습니다.

(5) 편파적이고 강압적인 검찰수사와 기소의 후유증

① 무력화된 공판중심주의

형사 1심(2012 고단 131) 기간 동안 사건병원에 대한 탄원서는 물론이고 병원 관계자들의 사실확인서도 여러 차례 제출했습니다. 그리고 수사 받을 때는 물어보는 문답식에서 단답만 허용되어 말도 제대로 못했지만 법원에서는 진정성을 갖고 써 내면 실체적 진실이 드러나겠지 하

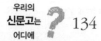

는 기대까지 했었습니다.

그런데 형사 1심 판결 3~4일 전에 공판 검사가 의견서를 제출했다기에 변호사 사무실을 통해 받아보니 심○○의 (월급을 받았다는) 자백은 입증 능력이 있으니 기소장대로 중형에 처해 달라는 내용이었습니다.

검찰에서 그렇게 고강도로 편파수사를 받았어도 법원에서만은 공정하게 판결받고 싶었는데 편파수사로 오류가 많았던 검찰수사 기록만을 기준으로 하는 공판검사의 논고는 이른바 공판중심주의를 무력화 하고 검찰수사 기록만을 고수하는 조서재판의 관행만을 부추기므로써 과연 공정하고 적법했는지 이의를 제기하게 됩니다.

형사 1심 판결 직전 저의 최후진술은 다음과 같았습니다.

지금 돌이켜보면, 애초에 건물을 병원으로 임대해온 병원장들이 개설자금을 전액 마련해 가지고 왔더라면 사무장병원으로 진정받고 고강도 검찰수사까지 받지는 않았을텐데 심○○ 원장때는 인테리어까지 해놓고 계속 한없이 건물을 놀릴수가 없어서 우선 빨리 병원을 시작하고 나서 자금을 마련하도록 서둘렀습니다.

진○○ 원장때는 심○○ 원장이 인수자를 기다리지 않고 폐업이라도 하면 환자들을 모두 퇴원시켜야 하기에 그럴수는 없어서 자금이 채 마련되지 않았어도 희망하는 적임자에게 부득이 인계시키고 차후에 닥터론이나 메디칼 론 등으로 자금을 조달하도록 했던 것입니다.

신뢰를 바탕으로 장기적인 전망을 보고 한 지인들간의 임대차계약이었는데 그 과도기적인 불과 몇 달 사이에 엄청난 검찰수사를 받고 법원에까지 가게 된 것입니다.

물론 병원이 개설된지 불과 몇 달 기간으로는 병원장이 개설자금을 융통해 올 시간적 여유가 충분하지 못해서 임대차 계약 조건을 다 충족하지 못하고 그 이행과정에 있었습니다. 따라서 서류도 미비해 보일 수 있었고, 당사자들도 갈피를 못 잡고 우왕좌왕 했을 수 있습니다.

그러나 지금도 그런 과도기적 과정에 있던 사건 병원이 그렇게 대대적으로 검찰수사를 받아야 했다는 것부터 전혀 적절치 않았다고 확신합니다. 사건 병원은 의료법에서 단속하고 있는 사무장병원에는 전혀 해당되지 않았기 때문입니다.

그런 단속 대상이 되는 사무장병원이 영업을 위해 의사명의를 빌려 병원 운영을 하고 있다면 본인이 병원을 돕게 된 동기와 과정 그리고 최장 1년 정도로 잡았던 최종목표는 오로지 병원임대를 안정적 장기적으로 하기 위한 것이었을 뿐입니다.

지인 병원장에게 부득이 병원 개설자금을 융통해 준 입장에서는 요양병원의 특성상 개설 초기에 적자운영으로 문을 닫지 않을까 우려도 되었고, 그렇지만 길게 잡아 1년 이내에는 정상운영 되리라 믿었고, 그 전이라도 병원장이 임대료만 안정적으로 낼 수 있게 되면 저는 병원 실무를 벗어나고 싶었습니다.

그러나 본의아니게 우연히 병원을 도운것이 주위의 부모님들을 비롯한 노인 환자분들에게 더욱 깊은 관심을 갖게 되는 계기가 되기도 했습니다. 그래서 예비 노년에 걸맞게 노인 환자분들과 같은 눈높이에서 소통하고 교류하는 사회봉사를 실천한다는 자긍심도 있었습니다.

그런데 외관상 본인이 병원에서 주도적으로 일하는 것처럼 보인다고 해서 사무장병원으로 진정받고 그 후 문화방송 녹취록 사건에서 보여주듯이 진정인과 수사관이 유착된 표적수사 및 짜맞추기식 강압수사를 받게 되었으나 이제 법원에서만은 그 부당하고 억울했던 정황들이 낱낱이 파헤쳐져서 의료법에서 단속 대상이 되는 사무장병원과 저희 병원의 근본적 차이를 확연히 판가름 받았으면 합니다. 그래서 당사자들이 그 무엇으로도 보상받을 길 없는 무고한 희생을 결코 치르지 않도록 판사님의 공평무사하고 공명정대하신 판결을 기다리겠습니다. 이상입니다.

법원에서의 최후 진술때는 마이크 상태가 안 좋아 기록이 잘 안되었다고 법원에서 최후진술 보충을 메일로 보내라고 연락이 와서 그때 보낸 최후진술 보충은 다음과 같습니다.

최후진술 보충

조 정 윤

제가 비의료인으로서 현행법에서 금지하고 있는 병원 운영을 의도하거나 시도할 하등의 이유가 없음에 대해서 우선 저의 약력을 간추려 보겠습니다.

저는 교직에 있다가 40 중반에 대학원에 들어가 나이 50에 미국문학

비평 이론으로 박사학위를 받았습니다. 그 후 대학에서 강의 교수직을 맡아 나이 60이 넘도록 영어 강의를 전담해 왔습니다.

그러나 2010년 사건 병원의 건물이 아직 임대중에 있을 당시 저는 백내장 수술을 받고 이어서 그 후유증으로 망막 박리수술까지 받았습니다.

저는 일정기간 정양이 필요하였는데 정년까지는 3년을 남기고 벌써 건강상 문제가 생기니 더 늦기 전에 평소 써 왔던 교육용 교재 외에 문예교양 도서(비평, 수필, 꽁트) 등을 집필 하려던 오랜 숙원을 풀고 싶어졌습니다. 그렇게 뜻한 바가 있었기에 저는 대학에 휴직계를 내려다 사직서를 쓰고 집필 구상을 하고 있었습니다.

마침 여중때 친구 심○○이 이 건물에 요양병원으로 임대해 오겠다니 지인이라 더욱 환영했습니다. 그리고 심○○이 옆에서 경영을 도와주기를 바라니까 운영이 정상화 되어 홀로서기 될때까지 몇 달만 돕는 것도 괜찮겠다 싶었습니다.

몇 달쯤 후에는 당연히 병원 일에서 손을 떼고 제 본래의 전공을 찾아 필생의 숙원을 푸는 성취를 이루고 싶었습니다.

아직도 그 꿈은 진행형입니다만 그리고 저마다에게 주어진 한평생을 다만 수행하는 과정이라는 마음 자세로 양심에 따라 순리대로 살아온 저에게 이렇게 인이 되고 만 처지는 생물학적 죽음에까지 이르지는 않았어도 제 생에 최대의 곤경이 아닐 수 없습니다.

이상의 경력과 앞으로의 삶의 과제를 안고 있는 제가 정황상으로도 이 늦은 나이에 전문성도 없을 뿐만 아니라 더욱이 위법인 병원 운영을 직접 하겠다고 꿈꿀 어떠한 이유도 또 그럴 가능성도 전무했다는 점을 분명히 밝히고 싶습니다.

의료법상 위법을 저지르고 있지 않았기에 양심의 가책이 전혀 없었고 그래서 진정인 권ㅇㅇ가 1,000만원을 안 주면 신고하겠다고 수차례 협박해 왔지만 이에 응하지 않았던 것입니다.

그런데 검찰은 진정인 권ㅇㅇ에게 합세한 전직 직원들(강ㅇㅇ, 손ㅇㅇ, 김ㅇㅇ)의 진술만으로 이미 시각을 사무장병원으로 고정시켰다고 하겠습니다. 그리고 그러기 위한 당위로서 피진정인 저를 수사의 표적으로 삼음으로써 다만 위법을 저지른 악덕 사무장으로 몰아 갔다고 하겠습니다.

적어도 저를 아는 사람들이라면 제가 그렇게 아무말이나 마구 하며 경거망동하고 돈만 알아서 불법영업을 불사하고 무자비하게 직원들을 마구 해고하는 횡포를 부렸다는 진정인의 악의에 찬 중상모략을 믿을 리가 결코 없을 것입니다. 맹세컨대 저는 이제껏 전혀 그렇게 살아오지 않았기 때문입니다.

그런데 수사 초기부터 진정인과 이에 합세한 2～명의 짜맞춘 진술내용을 그대로 믿고 수사관은 심증을 굳혔기에 당사자들에게 확인해 보는 기본절차도 전혀 거치지 않았습니다.

또 진정인 권ㅇㅇ는 진ㅇㅇ 원장이 E 주식회사와 채권 채무 서류를 만들고 병원을 시작했다고 제가 말했다는데 진원장은 회사와 어떠한 채권 채무 서류도 만들지 않았고, 앞의 심ㅇㅇ 원장의 임대차계약 내용을 인수인계 했을 뿐입니다. 이렇듯 진정인은 억지 추측을 하고는 검찰에서는 제가 직접 병원을 차렸다고 말했다는 식으로 진술함으로써 사무장병원에 적합한 각본을 짜맞추고 있었습니다. 입사 초기부터 부적응한 직원에게 그런식의 이야기를 했다는 것도 어불성설이고 더욱이 제가 병원을 직접 차리지 않았는데 어떻게 그런 경거망동을 했겠습니까?

검찰은 아무런 검증 절차도 없이 이러한 진정인과 포상금 등으로 이에 동조한 몇몇의 전직 직원들의 사실무근인 진술을 토대로 하여 5개월 동안에 수사를 진행했던 것입니다. 따라서 모든 수사는 오로지 사건병원이 사무장병원이 되기 위한 증거 수집에 편파 편집적으로 집중되므로써 사건 병원이 결코 사무장병원이라고 할 수 없는 조건과 정황에 대해서는 전혀 고려치 않았다고 하겠습니다.

문화방송 녹취록 사건(2011. 11. 11.)이 발생한 이후에도 제가 재수사해 달라는 진정을 냈음에도 검찰은 그동안 4~5개월 이상의 수사기록이 수사관과 진정인의 유착관계 하에서 이루어졌을 가능성에 대해 아무런 검증도 해보려는 시도를 보여주지 않았습니다. 빙산의 일각이 드러났으면 수면아래 빙산의 몸체가 어떻게 존재하는지를 타진해 봤어야 마땅했을 것입니다.

녹취된대로 이○○ 수사관은 진정 취하금도 그의 헨드링으로 올렸다고 했는데, 만일 성공하여 포상금까지 제대로 받아서 나누어 갖기 위해서는 4~5개월간의 수사과정에서 진정이 성공하기 위해 그의 헨드링은 절대적인 영향력을 행사했을 것이기 때문입니다.

문화방송 사건 직후 변호사님이 검찰기록을 열람하고 오신 얘기를 제가 듣고 ○○은행 대리에게 확인해 보았습니다. 대리님은 결코 제가 병원을 직접 운영하고 김○○ 사장이 돈을 대고 있는 것으로 안다고 말하지 않았다는데 그럼에도 검찰기록은 사실과 많이 다르게 각본처럼 꾸며져 있었습니다.

　그래서 제가 변호사님과 상의하여 수사기록을 무로 돌리고 재수사해달라는 진정을 내었던 것입니다. 그러나 검찰은 체면이 손상되어 빨리 덮고 넘가야 할 문화방송 사건을 제가 다시 들추어내는 진정을 내었다 해서인지 그 수사관의 5개월간에 걸친 수사기록을 모두 인정하는 것은 물론이고, 마무리 수사는 그 기록들을 증거서류인양 옆에 놓고 한층 고강도로 진행되었습니다.

　결국 심○○은 잘못 얘기하면 구속하겠다는 협박과 이미 앞의 진술인들이 다 사무장병원으로 불었다는 회유 및 제가 심원장을 짤랐다고 직원들에게 얘기했다는 유도전략에 못견디고 결국 저에게 분개하며 허위자백까지 하게 되었던 것입니다.

　첨부한 서류가 보여주듯 심○○이 병원장으로 있던 두어달 사이 적자가 많이 나서 작년 여름 환급금이 발생했는데 심원장 거주지인 대전세무서에서는 심원장에게 환급금 전액을 송금했습니다. 만일 심원장이 명의만 빌려줬다면 그 환급금을 저희 사건 병원으로 돌려주었어야 했겠지만 심원장이 그 환급금을 돌려주는 일은 결코 없었습니다. 이 또한 사건 병원이 사무장병원이 아니었음을 입증하는 일례라 하겠습니다.

　다시한번 저의 일관된 최후진술을 정리해본다면 저는 의사 명의를 빌려 사건 병원을 운영한 것이 아니라 병원장의 권유에 따라 어디까지나 장기 임대를 목표로 하고, 임대가 안정적으로 될때까지 한시적으로 병원운영을 도왔을 뿐입니다.

　통장관리나 접수수납 보고를 받는 것은 통상 병원의 원무부장들이 대행하는 업무로 적자 규모를 파악하거나 병원장의 홀로서기 시점을 앞당기기 위해 필요했던 것이었습니다. 적자로 병원문을 닫을까봐 걱정하면서 무리를 해가면서까지 급전을 끌어오느라 애쓰다가 날벼락같은 검찰수사를 받게 됐는데 이제 보험공단 ○○지사에서는 부당이득까지 취했다고 하니 너무 낙담천만이 아닐 수 없습니다.

검찰에서는 여러가지 우여곡절을 겪으면서 너무 불운하게도 제가 의료법을 어긴 사무장이라는 혐의를 뒤집어쓰게 되었지만 법원에서만은 엄정하고도 명쾌한 판결로 억울한 희생이 없도록 해 주시기를 바랄 따름입니다.

그러나 형사 1심(2012 고단 131) 판결에서 심○○의 탄원서는 전혀 고려되지 않았습니다. 강압수사를 받았다는 명백한 증거를 제시하지 못하는 한 법정에서의 자백 번복은 다만 변명으로만 치부되고, 형사 1심 재판은 다만 그 검찰기록문의 추인 과정일 따름으로 보여졌습니다.

그때까지는 검찰에서 기소된 사건의 대부분이 형사 1심에서 유죄판결을 받게 된다는 사법 현실을 몰랐던터라 수사 받으며 단답만 허용되어 참았던 이야기들을 법원에서 탄원서 등으로 한껏 풀어내면 사건의 실체적 진실은 꼭 밝혀지리라 무척 기대했었습니다.

그러나 사건병원에 대한 검찰수사기록이 사실오인의 오류 투성이이고 또 억지 자백이라도 피의자의 자백(?)까지 있었다면 법원에 수사권이 없는 한 법정에서 이를 뒤집기는 하늘에 별 따기 만큼 매우 힘들다는 사법 현실을 알게 되었습니다. 그런 상황에서 형사재판은 피고인에게 유죄를 선고하기 위한 의식에 다름 없었으며, 판결은 사실상 검사가 결정한 공소사실과 구형량에 종속될 따름이었습니다.

형사 1심 판결서에서는 대법원 판례를 수차례 인용하고 있는데 아무리 그 판례를 살펴 보아도 그 중 사건 병원에 해당하는 조항은 원무과 인력의 충원 관리인데 주말이나 저녁시간에 구직자가 이력서를 가져오면 이를 받아놓고 후에 병원장과 의논하므로써 도운 점은 어느 정도 인정할 수 있고, 개설신고는 병원장과 원무과 직원이 했습니다.

의료업은 각 과목별로 의사들이 진료권을 갖고 소신껏 했고, 필요한 자금의 조달은 개설 초기라 병원장이 아직 자금을 마련하지 못해 발생 적자를 급한대로 메꾼것 뿐입니다.

그 운영성과의 귀속은 개설 초기 병원이라 임대료도 제대로 낼 형편이 못되어 세달 임대료를 유예하고 시작했는데, 그리고 회사대표는 병원 문닫게 생겼다고 걱정하니 지인의 자금으로 적자만 겨우 조달해 왔는데 무슨 운영성과의 귀속에 해당되는지 도무지 납득이 가지 않습니다.

이토록 사건 병원은 대법원 판례의 요건을 모두 채우지 못해 사무장병원의 필요·충분 요건이 결코 충족되지 않는데도 검찰수사 기록만을 기준으로 사무장병원이라는 혐의가 성립한다고 단정하는 것은 법 해석과 적용에 있어 근간으로 해야 할 이른바 죄형법정주의에도 위배될 뿐만 아니라 무리한 일반화의 오류이자 명백한 사실오인에 해당되겠습니다.

예컨대 의료법에서 위법시하는 사무장병원과 사건 병원은 개원 동기와 과정 및 차후계획에서도 '병원 운영'이 아닌 '병원 임대'라는 점에서 근본적인 차이를 갖습니다. 그런데 그런 근본적 차이를 인정받지 못하고 사건병원이 무차별적으로 사무장병원으로 오인 받고 진정받아 무리하게 대대적인 대대적인 검찰수사를 받은 것만으로도 이미 엄청난 희생을 치뤘습니다. 더욱이 개설 초기 병원을 무리하고 과잉되게 수사했기에 그 근본적인 차이점이 확연하게 드러나지 못했다고 하겠습니다.

그런데 형사 1심 판결문 소결론에서 '의료기관은 공익적인 성격도 갖는데 영리만을 목적으로 병원을 개설한다면 그 폐해는 국민 건강상의 위험으로 이어질 수 있기 때문에 이를 엄격하게 규제해야 한다고 했습니다. 또 이러한 운영 방식의 병원들이 다수 관찰되는데 이렇게 만연된다면 그 피해가 고스란히 국민에게 귀속될 가능성이 있어 그 예방적 차원에서 엄중한 처벌을 할 필요성이 있다'며 저를 법정 구속까지 시켰습니다.

물론 법은 엄정하고 공정하게 제정되었겠지만 그리고 법률해석과 그 적용의 실제에 있어서는 다양한 시각차가 있을 수 있겠습니다. 그러나 사건 병원이 영리만을 목적으로 하고 있다는 단정은 너무도 편향적으로 의료법을 과도하고도 극단적으로 적용한 억측으로 또 이러한 운영 방식의 병원들에 사건 병원도 같은 범주로 한데 묶여야 하는지부터 공개적으로 이의를 제기합니다.

저는 여태껏 상식적으로 법이란 정의수호를 위해 억울한 사정을 풀어

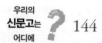

주기 위해 필요한 것인줄 알았는데 법이라는 명분으로 외관상만 그럴듯해 보이지 실제로는 차이가 나는 상황까지도 무차별적으로 통으로 한데 엮으므로써 이토록 억울한 사법 피해자들을 양산할 수도 있는 맹점, 허점을 뼈저리게 절감합니다.

결국 형사 1심 판결은 검찰이 제출한 공소장의 추인 과정일 뿐이었습니다. 처음부터 수사와 기소의 공정성이 확보되지 않은 상태에서의 재판은 결국 건물 임대라는 민생의 문제를 의료법 위반이라는 형법의 문제로 치환하고 전도시키는 오류를 범하게 된 것입니다.

이어진 형사 2심에서도 검찰수사기록이 워낙 불리하게 되어 있어 형사 1심처럼 공판중심주의가 무력화되는 상황을 우려해서였는지 위임 변호사는 판결 직전 어떤 판결이 나올지 예상할수 없으니 일단 구금이 연장되지 않기 위해 양형부당만을 주장하자고 저를 설득하였습니다. 하는수 없이 저는 변호사님의 권유와 가족들의 간청에 따라 그동안 일관되게 무혐의만을 주장하던 태도를 바꾸어 판결 직전 심리일, 판사님에게 '사실오인 보다는 양형부당을 주장하겠다'고 번복 진술했던 것입니다.

판사님은 저의 번복진술에 매우 놀라시는 기색이었습니다. 저는 구금되었던 형사 2심(3달) 동안 쉬지 않고 매일 자필로 탄원서를 써서 며칠에 한번씩 한데 모아 우송을 의뢰해 판사님께 보내던 터였기 때문인 듯 싶었습니다.

저는 해금 직후 대법원에 상고하였으나 형사 2심때 사실오인에 대한 변론이 미흡했다 하여 기각되었습니다. 대법원은 형사 2심과는 별개로 새로운 장이 펼쳐지리라고 제가 기대했던 것부터가 사법체제에 대해 너무 무지한 탓이 아니었을까 싶습니다.

대법원의 상고이유에 대해서는 다음과 같습니다.

> 기록에 의하면, 인은 제1심 판결에 대하여 항소하면서 그 항소이유로 사실오인과 양형부당을 함께 주장하였다가 원심 제1회 공판기일에서 사실오인 주장을 철회하였음을 알 수 있다. 이러한 경우 원심판결에 사실오인의 위법이 있다는 취지의 주장은 적법한 상고이유가 되지 못한다.
>
> 따라서 위와 같은 사유만을 기재한 서면은 적법한 상고이유서라고 볼 수 없으므로 형사소송법 제380조 본문에 따라 상고를 기각하기로 하여 관여 대법관의 일치된 의견으로 주문과 같이 결정한다.

결국 이렇게 해서 2011년 6월 발생한 진정사건으로 수사 받고 의료법위반 혐의로 기소되어 형사 1, 2, 3심을 끝내게 되었습니다. 소송의 소용돌이에 휘말렸던 그 시간들은 그 어떤 말로도 형언할 수 없는 아픈 슬픔이었고 절망의 극한이었습니다. 더욱이 3심을 끝내고도 끝내 무혐의 판결을 받지 못한 억울함은 그 무엇에도 비길바가 없었습니다. 그제서야 저는 실제로 위법이나 범법을 하지 않았어도 금전적 이해관계에 따른 모함에다 수사관의 눈먼 확신까지 가세되면 사건의 실체적 진실을 끝내 파헤치지 못하고 사법 피해자가 되고 마는 사례가 얼마든지 있을 수 있음을 능히 가늠해 볼 수 있었습니다.

② 민사 1심때부터 오락가락 했던 병원장들의 진술서

사실 겪어보니 의료법상 요양병원의 병원장이라는 자리는 명의만 빼면 병원은 폐업되어 당장 병원문 닫게 하고 환자를 내보낼수도 있고, 또 환수금을 적게 내려고 허위자백이라도 편의대로 멀쩡한 병원을 사무장 병원으로 둔갑시킬수도 있는 특권적이고도 우월적 자리에 있다고 하겠습니다.

수사 초기부터 진정인이 저를 피진정인으로 지목해서인지 또는 검찰 수사기록상 진정인과 이에 동조한 검찰측 증인들이 저를 악덕 사무장처럼 각본을 짜서인지 검찰에서나 법원 판결에서 모두 마치 제가 주도적으로 먼저 의사를 회유해서 병원을 운영하려고 했을거라고만 시각을 고정시키는 듯 했습니다.

그런 고정된 시각에서 진행된 수사는 사건의 본질에서 완전히 벗어났을 뿐만 아니라 판결 결과에서도 의료인과 비의료인 사이에 엄청난 불평등을 발생시키고 있다고 하겠습니다. 무엇보다도 임대해온 병원장이 계약조건이 좋으니 특혜 받으며 임대계약에 적극적으로 응하며 병원장의 특권을 한껏 행사했을 가능성은 전혀 고려하지 않았습니다.

이제와 돌아보면 이미 진○○은 요양병원을 4년간이나 근무하고 있었던 중 2011.1. 인터넷에 '병원장 인수 가능'이라며 이력서를 올렸던 것인데 이는 진○○이 이미 요양병원의 병원장으로서의 특권적 입지를 파악하고 소지한 자금은 별로 없으면서도 론을 얻어서라도 이를 최대한 이용하려고 했던 것이 아닌가 하는 의혹도 듭니다.

두 병원장 모두 요양병원에 근무했었으니 요양병원에 대해 비의료인인 저보다 훨씬 잘 알고 있었을 것도 자명합니다. 예컨대, 전임, 후임 병원장들은 요양병원 초기 1년은 적자가 난다는 것을 이미 알고 있었겠지만 부득이 개설자금 마련을 도와준 비의료인인 저는 건물 임대에 관심을 두고 있었기에 그런 점까지 미리 예측하지 못했습니다.

더욱이 병원장들은 사건병원이 형사 1심에 패소하고 제가 구금까지 되자 소송으로는 전혀 가망이 없다고 낙담하며 패소했으니 거액의 환수금을 저와 함께 내야하는 상황에서 극도의 압박감을 느꼈던 듯 합니다.

그리고 마침 형사 1심 끝날 무렵인 2012년 8월부터 발효된 의료법 제66조의 시행령은 '병원장 의사가 자백하면 사무장병원의 혐의로 인한 환수금을 경감시켜 줄 수 있다'는 내용입니다.

이를 인용해 보면,

제66조(자격정지 등) ① 보건복지부장관은 의료인이 다음 각 호의 어느 하나에 해당하면 1년의 범위에서 면허자격을 정지시킬 수 있다. 이 경우 의료기술과 관련한 판단이 필요한 사항에 관하여는 관계 전문가의 의견을 들어 결정할 수 있다.
2. 의료기관 개설자가 될 수 없는 자에게 고용되어 의료행위를 한 때

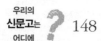

⑤ 제1항 제2호를 위반한 의료인이 자진하여 그 사실을 신고한 경우에는 제1항에도 불구하고 보건복지부령으로 정하는 바에 따라 그 처분을 감경하거나 면제할 수 있다.

그러나 이 의료법 66조 시행령은 명의를 걸고 있는 병원장 의사가 폐업권이라는 비장의 카드와 사무장병원 여부를 가름하는 자백(?)권을 쥐고 목전의 이해관계에 따라 아전인수식으로 진술할수도 있는 빌미가 될수도 있는 것입니다. 이렇듯 의료법 66조 시행령은 사건병원의 사례에서처럼 의료인과 비의료인 사이에 엄청난 불평등이 발생할수도 있어 위헌 소지도 있다고 하겠습니다.

사건병원이 민사 1심에 패소하고 제가 법정 구속자 그때 마침 시작된 민사 1심때부터 두 병원장은 원고인 보험공단 ○○지사의 고소 취지에 따르며 진술 번복을 했습니다. 그런데 그 진술번복을 한 이면에는 아래와 같은 이해관계가 작용하고 있다고 주장하지 않을 수 없습니다. 즉 심○○와 진○○은 의료법 위반으로 기소되어 형사재판을 통해 유죄가 확정되었으므로, 그동안 사건병원이 지급받은 보험급여를 부당이득으로 반환하여야 할 의무가 있으나, 2012. 2. 1. 개정되어 2012. 8. 2.부터 시행된 의료법 제66조 제5항(신설)에 의하면 속칭 사무장 병원에 고용된 의사가 그 사실을 신고한 경우 면허자격 정지처분이나 환수금을 경감 또는 면제 받을 수 있게 된 것입니다.

전·후임 병원장 심○○와 진○○은 의료법 위반으로 기소되어 형사 1심에서 패소하고 민사 1심과 동시적으로 진행됐던 형사 2심 재판을 받던 중 의료법 66조 시행령이 위와 같이 개정된 사실을 알고, 이미 형사1심에서 패소했으니 무죄를 다투어도 혐의를 벗기 어렵다고 판단하고 진술을 번복해서라도 의료인이 자진 신고한 경우를 적용받아 의료법이 정한 처분을 감경 또는 면제 받으려는 의도였던 것으로 추정됩니다.

더욱이 진○○은 검찰에 기소되고 소송까지 받으니 더 이상 병원 운영에 자신이 없다며 계속 인수할 병원장을 찾았습니다. 그런데 막상 자부가 들어올 예정이던 2012. 3. 1.부터 병원이 기소받고 소송까지 받아 피해를 너무 보았기에 병원장을 그대로 내줄수 없다면서 진○○은 병원에 근무도 안하고 전화만 걸어 오면서 병원이 폐업하든지 말든지, 깔린 외상은 책임지지 않고 그냥 종적을 감추고 소식을 끊겠다'고 했습니다.

당시 진○○은 사건병원에서 청구금 지급보류가 되었으니 빨리 병원장이 바뀌지 않으면 자금줄이 끊겨 임대에 차질을 빚을 것이고 이를 인테리어까지 한 건물주 회사나 회사 대표가 가장 우려하고 있음을 너무도 잘 알고 있었음은 물론입니다.

사건병원이 빚만 안고 폐업될 위기에 처하니 자부는 조교수직에 미련이 많았지만 부득이 2월 말로 조교수직을 그만 두고 왔는데 진○○의 무리한 요구 때문에 사건병원을 인수하기 위해 17일 동안 기다려야 했습니다.

그런 상황에서 하도 답답해서 법무사 사무실에 찾아가 이럴때 임대

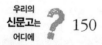

차 계약은 어떻게 되는지 알아보았습니다. 새 병원장이 들어오려면 폐업 절차를 거쳐야 하는데 전임 병원장이 폐업에도 응하지 않으면 밀린 외상은 물론이고 폐업도 불가능하고 다른 병원장으로 인수·인계도 불가능할 뿐만 아니라 병원장의 소재를 모르기에 병원 운영조차 불가능하다고 했습니다.

만일 그렇게 되면 병원 건물은 임대는 물론이고, 아무 용도로 쓸 수 없어 건물주 회사로서는 건물을 팔지도 임대하지도 못하게 되는 최악의 사태를 맞게 된다는 것입니다. 그러니 건물주 회사와 회사 대표는 그런 상황에서 얼마나 당황하며 최악의 사태만은 막으려 했었겠습니까? 당시 병원 직원(이○○팀장, 노○○실장 등)들도 매일 병원에 나오지도 않고, 전화도 받지 않는 진○○원장 아파트를 찾아갔지만 인기척도 없어 하루 종일 기다리다 돌아오기만 계속 했습니다.

그때 마침 회사 대표 김○○씨는 해외출장을 가게 됐는데 그 사이에라도 진○○에게 연락 올 것에 대비해 위임장을 써주며 자신은 병원 수익과는 아무 상관 없으니까 공단 청구금에 대한 환수금을 책임지라는 조건만 아니라면 합의서를 써주라고 방계회사 조대표에게 지시하고 출장을 갔습니다.

마침 그 다음날 진○○에게 연락이 와서 위임장을 받은 조○○가 저와 함께 진○○을 만났습니다. 커피숍에서 합의서를 작성하는 동안 진○○은 합의 조항을 계속 추가하면서 조항을 추가할 때마다 요양병원 선배라는 사람에게 계속 전화해서 코치를 받느라 커피숍 안을 수없이 왔다 갔다 했습니다. 그러다 조대표가 조항에 난색을 보이면 당장 나가 버리겠다고 일어서기를 수차례 했습니다. 그러나 풍전등화에 놓인 듯이 위급한 병원만은 살려야겠다는 생각에서 조대표는 진○○의 무리하기만 한 요구를 속수무책으로 모두 수납할 수밖에 없었습니다. 합의서가 마무리 되자 진○○이 당장 공증해야 한다고 해서 그 즉시 변호사 사무실을 찾아가 공증까지 한 것입니다.

이러한 우여곡절 끝에 합의서를 써 주게 되므로써 결국 자부는 진○○때 받은 메디칼 론이나 신용보증기금 및 일체의 외상대금까지 포괄적 양도 양수로 병원이 모두 떠안고 병원장 자리를 인수하게 된 것입니다. 그런데 진○○은 그 합의서를 보험공단○○지사가 원고로 되어 있는 민사 1심 및 민사 2심 소송에 계속 제출하며 환수금의 경감 재량권을 갖고 있는 보험공단에 적극 협조하고 있습니다.

그리고 진○○은 민사 1심(2012.6.~2012.9.)부터 제출한 진술서에서 서울로 온날 임대차계약서를 작성하기 위해 김○○씨를 처음 만났으면서도 환수금 구상권을 회사 대표와 회사에게까지 넓히려는 원고인 보험공단 ○○지사에 협조하기 위해 마치 김○○씨가 사건병원의 인사에 관여라도 한 듯 김○○씨에게 면접을 보았다고 음해하는 진술을 했습니다.

그러나 만일, 요양병원 경력이 4년 반이나 되어 요양병원 시스템을 이미 잘 알고 있었을 진○○가 임대계약시 김○○씨와 처음 만나 임대계약서를 작성하고 도장을 찍었으면서도 엉뚱하게 면접을 보았다고 생

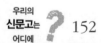

각했다면 자신이 먼저 인터넷에 '병원장 인수 가능하다'고 이력서 띄우고 또 제가 전화를 하니 은행론으로 개설자금 등을 모두 충당하겠다고 했지만 전화로만 상담했기에 별로 기대도 하지 않았는데 20일 만에 울산에서 사건 병원에 직접 찾아왔던 저의를 의심하지 않을 수 없습니다. 개인 재산이 전혀 없던 진○○은 처음부터 병원장 특혜나 누리면서 병원 자금 마련을 위해 은행론이나 들여오고 실제로 병원 운영은 편법적으로 할 속셈이었는지 묻고 싶습니다.

더욱이 민사 1심때 제출한 진술서에서부터 진○○가 돌변하여 김○○씨에게 면접을 보았고, 임대계약시 개설자금을 들이기 위해 책임지고 하겠다던 은행 대출도 마치 메디칼론의 내용을 잘 모르고 했다고 발뺌 하는 것은 당시 발효된 의료법 66조 환수금 감면 혜택을 받기 위해 환수금 경감 재량권을 갖고 있는 보험공단의 환심을 사려고 그리고 그뿐만 아니라 사건병원이 기소되어 공단 청구금이 끊기었을 때(2012.1.) 병원장을 내주는 댓가로 거액을 요구하던 자신의 벼랑 끝 협박에 대해 합리화 할 명분을 세우기 위한 것이 아니었나 싶습니다.

사실 패소하면 보험공단의 환수금 총액이 수십억이 되는데 결국 소송에 패소하자 불과 몇 달 병원을 운영하다 17억 상당의 환수금을 내야 하는 상황에서 멘붕에 빠진 병원장 의사가 의료법 66조 시행령을 염두에 두고 환수금 경감 재량권을 갖는 보험공단에 협조해서 그 대가로 환수금을 감면 받으려고 이를 빌미로 허위자백이라도 하면 결코 위법을 하지 않고 장기적이고도 안정적인 임대만을 목표로 하던 비의료인은 병원장이 운영하다 남기고 간 채무만 떠안고 거기다 위법 사무장이라고 중형까지 받게 되니 이렇게 해서 발생하는 막심한 피해와 불평등의 근본 원인은 어디에서 찾아야 하겠습니까. 그러나 이렇듯 법 앞의 평등을 무시하는 법의 잣대는 합리성, 공평성을 추구하는 법의 이념에도 위배되는 것이어서 위헌의 소지가 있다고 하겠습니다.

그리고 심○○와 진○○은 병원에서 매월 같은 날 같은 금액으로 고정 급여를 받은 것이 아니라, 자신들의 필요에 따라 금액도 일정치 않게 돈을 가져갔을 뿐입니다. 설사 그 금액들이 매월 비슷했다 하더라도 그것만으로 고용의사로 판단하는 것은 잘못된 것은 사실오인일 따름입니다.

무엇보다 병원장들이 거액의 환수금을 내야 하는 위기상황에 처해 환수금의 구상권을 넓히려고 전방위적으로 공권력을 행사했던 보험공단 ○○지사의 환심을 사기 위해 금전적 이해타산에 따라 오락가락한 진술을 했다고 해서 오로지 건물 임대 때문이었던 사건의 실체적 진실이 덮여지거나 왜곡되어서는 안될 것입니다.

3. 진정 취지

2011년 6월 진정사건이 발단이 되면서 진정인은 환수금으로 인한 거액의 포상금을 받으려고 진정을 하고 패소하게 되니 병원장은 자백하면 환수금이 경감된다는 의료법 66조 시행령을 저울질 하며 허위자백을 하고 또 보험공단은 환수금을 전액 징수하기 위해 무리수를 쓰면서까지 구상권을 넓히려고 하는 이 마녀 사냥식 악순환의 고리는 시작되었다고 하겠습니다.

환수금을 둘러싼 이 막장 드라마에서 의료법을 명분으로 내세우며 돈잔치를 벌이기 위해서는 그 판돈을 댈 만한 희생양이 필요했기에 진정인이 주축이 되어 많은 무리수들이 자행되었다고 하겠습니다. 이런 막장 드라마에서는 이해당사자들의 모략에 따라 까딱하다가는 물심양면으로 엄청난 사법피해만 입고 결국 아니면 말고식의 애꿎은 돌에 맞아 횡사하는 개구리 신세가 될수도 있음을 절감합니다.

이른바 황금만능주의가 팽배한 사회에서 사건(2012 고단 131)이 포상금이나 환수금, 성과급 등과 밀접하게 연관되고 또 환수금의 감면 재량권과 징수 집행권을 갖는 국민건강보험공단 ○○지사가 거대 공권력을 전방위적으로 행사하면 사건 병원을 희생양삼으며 환수금 또는 포상금을 놓고 밀고 당기는 드라마는 막장으로 치닫게 되었다고 하겠습니다.

작금에도 편법으로 운영되는 요양병원들이 난립하고 있어 국가 재정에도 막심한 폐해를 끼치고 있다고 합니다. 따라서 검찰에서도 이런 사무장병원들을 하나라도 더 많이 색출해 내겠다는 공익적 의지는 높이 살 만하고 충분히 이해가 가능합니다.

그러나 되도록 많은 수의 사무장병원을 잡아내기 위해 초기 자금 수급이 불안정하여 법을 적용하기조차 애매한 개설한지 수개월 된 초창기 병원에도 마구 법을 적용하여 무리하게 형사 범죄화 하려는 일벌백계의 의지는 정의라는 허울을 쓴 또 다른 위법이나 폭력이 아닐 수 없습니다.

여기서 잠시 의료법에 명시된 이른바 사무장병원이 단속되어야 하는 그 근본취지는 무엇이며 또 어떤 병원이 그 대상이 되어야 하는지 짚어보겠습니다.

사실 아무나 손쉽게 건물을 임대해서 의사 명의를 내세워 병원을 열고 영리행위만을 일삼는다면 상습적이고 악덕한 사무장 병원들이 난립하게 될 터이고 그러면 전문성을 갖는 의사의 고유영역을 침해하게 될 뿐만 아니라 효율적인 환자 진료에도 차질을 빚을 수 있고 또 국가 재정 면에서도 노인복지기금이 많이 고갈될 수 있어 그 폐해는 엄청날 수 있습니다.

그러나 사건 병원은 믿을만한 지인에게 건물을 장기 임대하려고 초기 임대시 오픈 자금을 일부 차용해 주거나 임대료를 몇 달 유예하는 특혜를 주었던 것 뿐입니다. 특히 사건병원에서처럼 문화방송녹취록사건(2011. 11. 15.)에서 예시하듯 편파적이고 무리한 검찰수사로 검찰 수사 기록에 사실오인의 오류가 많다면 법정에서도 검찰수사 기록만을 고

수하는 공판검사의 논고에 좌우되기 쉬워 결국 오심을 받고 사법 피해를 입기 십상이라는 것입니다.

모두들 익히 알고 있듯 심사평가원조차도 개설한지 1년이 안되는 병원실사는 하지 않는다고 하는데 만일 사건병원에 대한 검찰수사가 몇 달만 늦게 재개되어 병원이 개원한지 1년 정도만 되었더라면 제가 병원 적자를 관리할 수 밖에 없어 병원의 원무과 일을 옆에서 도운 것이며, 이는 건물 임대가 안착되어 결국 병원의 홀로서기 시점을 앞당기려는 고육책이었음이 충분히 드러날 수 있었을 것입니다.

더욱이 옛 친구 병원장에게 부득이 병원 개설자금을 융통해 준 입장에서는 개설 초기에 적자운영으로 병원 문을 닫지 않을까 우려도 되었고, 되도록 빠른 시일 안에 빚을 돌려 받고 싶었고 또 인테리어를 회사가 임대료만은 안정적으로 낼 수 있게 되었으면 하고 바랐던 것뿐입니다.

무엇보다 최근에(2013) 사무장병원 혐의로 수사받거나 기소됐다는 보라매 성모병원 강동 성모병원, 필립 요양병원, 송파 나눔병원 등은 사건병원과 분명히 변별적인 차이를 갖고 있었다고 하겠습니다.

그들 병원들은 사건병원과는 달리 개설한지 꽤 시간이 경과되어 이미 적자를 자금수급에 틀이 잡혀 있었고, 더욱이 그들 병원의 수사과정에서 혐의의 결정적 증거인 사무장과 병원장과의 이면계약서까지 드러났으니 그들 병원들의 본래 목적이 운영에 있었지 임대료를 제대로 받기 위한 건물임대는 아니었던 것입니다.

더욱이 그들 병원이 수사받을 때 사건병원처럼 중립을 지켜야 할 수사관이 진정인(내부 고발자)과 깊이 유착되어 문화방송 녹취록 사건이 발생할 만큼 진정인에게 수사 내용을 알려주고 함께 수사 방향까지 의논하는 그런 과잉되고 편향된 수사를 받았을리 만무하겠습니다.

아무리 법을 바로 세우기 위해 검찰수사도 필요하고 또 정의사회 구현이라는 공익적 명분도 좋지만 아직 과도기적으로 자금 수급의 불안정을 겪고 있던 사건 병원이 그렇게 과잉되고 강압적으로 수사 받은 것부터 법(판례) 적용의 형평성에도 크게 어긋난다고 하지 않을 수 없습니다.

사건병원은 진정인의 교활한 회유에 따라 수사관이 미리 유죄의 심증을 굳히고 진행한 편파적 수사의 전형이라고 하겠습니다. 따라서 사건병원에 대한 수사는 엄청난 오류를 겪으므로써 수사에서 배제되거나 가려진 이면과 총체적 정황 등이 전혀 감안되지 않았음을 보여주는 극명한 사례라고 하겠습니다.

일례로 병원장이 병원에서 한달에 한번 정도 돈을 받아 간 것만으로는 이른바 의료법 위반이라는 범죄 요건이 충족되지 않는데도 범죄가 성립되는 듯 낙인찍어 사무장 병원 혐의의 결정적 증거로 간주했다는 것은 범죄 요건을 충족하지 못하면 범죄가 성립하지 않는다는 이른바 죄형 법정주의에도 위배되는 것입니다.

그리고 제가 초기 사건병원을 수개월 도운 것이 궁극적으로 장기 임대만이 목적이었지 직접 병원 운영을 하려는 것이 결코 아니었기에 영업을 목적으로 의사를 고용한 다른 사무장병원과는 근본적 차이를 갖는데도 수사관은 처음부터 무차별적으로 사무장병원 여부를 가름하는 대법

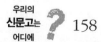

원 판례만을 조목조목 적용 하였던 것입니다. 그러다 보니 대법원 판례의 조항들을 사무장병원이라는 혐의 적용에 종합적으로 판단되기 보다 사건병원에 혐의를 씌우는 수단으로만 오용되었던 것입니다.

사건병원의 진상을 단적으로 요약하면, 진정인은 환수금으로 인한 거액의 포상금을 받으려고 진정을 하고, 병원장은 형사 1심에서 패소하니 환수금을 덜 내려고 의료법 66조 시행령을 저울질 하며 오락가락하는 진술을 했습니다. 이에 보험공단은 환수금을 되도록 많이 징수하기 위해 환수금의 구상권을 넓히려고 공권력을 전방위적으로 무리하게 행사했던 것입니다.

사실, 대한민국 국민들 모두 알고 있듯 대한민국 검찰은 수사권, 기소권, 공소유지권 그리고 법 집행권이라는 막강한 공권력을 갖고 있는 이른바 대한민국 공익의 대표입니다. 이렇듯 정의와 인권을 바로 세우는 막중한 사명을 부여받고 있는 검찰이 이른바 무죄 추정의 원칙을 무시하고 수사 초기부터 확신의 함정에 빠져 과잉되게 무리한 형사범죄화 시도를 하며, 검찰의 공소권을 오남용하게 한다면 무고한 사법 피해자가 억울하게도 혐의를 벗지 못하는 피해사례가 무수히 양산될 수 있을 것입니다.

더욱이 제가 양심에 따라 일관되게 주장해 온 사건의 실체적 진실이 현실적으로 불가능함이 합리적 의심이 없을 정도로 증명된다면 당연히 그동안의 검찰 수사와 기소가 공정한 것이 되겠습니다. 그러나 그렇지 않다면 사법정의 나아가 사회정의를 위해서도 이제라도 이 사건에 대해 불공정했던 검찰 수사 기록은 꼭 바로잡아져야 합니다.

만일 이런 식의 수사 관행이 계속 이어진다면 항간에서 '검찰이 마음만 먹으면 평범한 시민도 먼지 털어(복잡한 법조문으로 엮어) 죄인 만들기는 여반장'이라는 검찰에 대한 비판은 계속 될 수 밖에 없을 것입니다.

그러나 대한민국이 진정 법치사회를 지향하고 법이 국민의 기본적 인권을 존중하고 또 사회 정의를 실현하는 것을 목표로 하고 있다면 동서고금 어떠한 상황에서도 꼭 세워야 할 사법정의는 사법피해를 받고 억울한 사람들의 권익을 보호하고 구조하는 것이 아니겠습니까?

아무리 검찰공화국이라고 일컬어지기까지 하는 대한민국이지만 그리고 이른바 검사동일체 원칙에 철저한 검찰이라고 해도 수사 과정에서 피상적으로 애매해 보이는 상황에서는 그 누구라도 공무를 수행하다가 눈 먼 확신의 함정에 빠질수도 있으니 검찰은 이제라도 일반 시민의 눈높이에서 엄청난 사법피해로 항변하는 일개 시민의 목소리에도 귀 기울였으면 합니다.

60 중반에 이르도록 단 한번도 사소한 법 조차 여겨본적 없이 살다가 마른 하늘에 날벼락 맞듯 겪게 된 검찰수사와 기소는 제게는 역사의 시계바늘을 마녀재판의 시대로 되돌리듯한 것이었으며, 법의 과잉된 단죄와 형벌의 적용일 뿐이었습니다. 따라서 신문고를 두드리는 심정으로 사건병원에 대해 불공정 했던 검찰수사와 기소로 인해 이어지는 엄청난 후폭풍의 사법피해에 대해 널리 이의를 제기하기 위해 공개진정을 하는 바입니다.

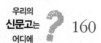

III.
재심 청원서

III. 재심 청원서

1. 청원 경위

일반 민간인으로서 저는 검찰이나 법원은 머나먼 나라로서 감히 가까이 할 수도 없는 성역이라고 인식하고 그렇게 살아 왔습니다. 평생에 이제껏 사소한 법조차 어겨본 적이 없기에 저는 이 엄청난 사건을 겪기까지 민사와 형사 그리고 진정과 고소, 고발의 뜻도 잘 모르고 알 필요도 없이 살았습니다. 그러다 보니 저는 세상의 복잡한 법과는 무관한 학교라는 울타리 안에서 근심 걱정 없던 우물 안 개구리나 다름 없었습니다.

이른바 사법이 한 나라의 정의 시스템이라고 한다면 사법피해자로서 재심청원서 같은 의견서를 내는 것은 모든 국민에게 헌법에 보장된 최소한의 방어권을 행사하는 것이 아닐까 합니다.

더욱이 재심이 현행법상 오심을 바로잡을 수 있는 유일한 구제수단이라고 하니 재심제도야말로 무고하지만 혐의를 벗지 못하고 있는 사법피해자들을 위해 울려줄 이 시대의 유일한 신문고에 다름없겠습니다.

작금의 황금만능주의 사회에서 사건(2012 고단 131)이 포상금이나 환수금, 성과급 등과 밀접하게 연관되니까 사건병원을 희생양 삼으며 환수금 또는 포상금을 놓고 밀고 당기는 막장 드라마는 시작되었다 하겠습니다.

환수금을 둘러싼 이 막장 드라마에서 의료법을 명분으로 내세우며 돈잔치를 벌이기 위해서는 그 판돈을 댈 만한 희생양이 필요했기에 그 이면에서는 마녀사냥식 편집증적 무리수들이 자행되었다고 하겠습니다. 이런 막장 드라마에서는 이해당사자들의 모략에 따라 까딱하다가는 물심양면으로 엄청난 사법피해만 입고 결국 애꿎은 돌에 맞아 횡사하는 개구리 신세가 될수도 있음을 절감합니다.

사실 그동안 저는 다만 교직에만 있었기에 비즈니스 경력도 전무할 뿐 아니라 그 흔한 계 조차 한 적이 없고 더욱이 누구에게 빚도 져 본적 없고 굳이 분수에 넘는 욕심도 낼 필요 없이 그렇게 자족하며 살아 왔습니다.

거기다 60 중반을 바라보는 이 나이에 언감생심 전혀 생소하기만 한 병원 운영을 시도하려고 할 가능성은 전혀 없었습니다. 사건병원의 건물이 임대중일 당시 저는 망막박리 수술에 이어 백내장 수술을 받으므로써 절대 휴식이 필요하기에 학교를 쉬고 있던 중이었습니다.

특히 교직에 있을 때는 학생 교재만 주로 써 왔으나 예비 노년에 이른 이제는 큰 수술을 하게 된 눈의 건강만 허락된다면 전공인 문학에 전념해 온 제 생을 결산하는 의미에서라도 사회에 유익이 되는 문예교양서적을 쓰는데 전념하고 싶었습니다.

더욱이 사건병원의 건물이 임대되기 전까지는 '사무장병원'에 대한 개념조차 몰랐지만 2010년 사건병원의 건물임대에 관여하면서 건물임대 희망자들을 통해 비의료인이 병원을 운영하는 사무장병원이 위법인 것을 알게 되었습니다. 그런데 굳이 제가 위법을 불사하면서 병원 운영과 같은 무모한 비즈니스를 계획할 어떠한 이유도 또 그럴 가능성도 전무했던 것입니다.

그러나 대부분의 민간인들이나 직원들은 사무장 병원에 대한 정확한 개념조차 모르고 건물주 회사 대표 부인이 병원 운영을 돕고 있다고 하니 임대해온 병원장이 엄연히 직접 운영하고 있어도 얼핏 오너라는 개념에서 혼동을 가졌을 수 있었겠습니다. 사건병원은 바로 그 착시의 함정에 빠졌고, 수사관 또한 진정인의 교활한 회유로 인해 더욱 눈 먼 확신의 함정에 빠졌다고 밖에 볼 수 없습니다.

2011년 6월 진정사건이 발단이 되면서 진정인은 환수금으로 인한 거액의 포상금을 받으려고 진정을 하고 병원장은 자백하면 환수금이 경감된다는 의료법 66조 시행령을 저울질 하며 허위자백을 하고 또 보험공단은 환수금을 전액 징수하기 위해 무리수를 쓰면서까지 구상권을 넓히려고 하는 이 마녀 사냥식 악순환의 고리는 시작되었다고 하겠습니다.

최근 언론매체에서 사무장병원에 대한 수사가 대대적으로 이루어졌다는 보도가 있기 전까지 일반인들에게는 사무장병원이라는 개념조차 낯설 수 있습니다. 그런데 제가 '비의료인으로서 병원을 운영하고 있다'는 바로 그 사무장병원 혐의로 날벼락 같은 수사를 받게 되었던 것입니다. 전임 병원장이 진술을 오락가락 하므로써 꿈에조차 상상할수 없게도 기소되고 형사 1심(사건번호 2012 고단 131)에서 법정 구속되고 형사 2심에서 양형부당으로 집행유예 받고 해금되었습니다.

특히 민사 1심과 형사 2심 일정이 거의 같았는데 민사 1심(2012. 6.)에서 사건병원이 수사받고 기소될 때도 다만 참고인 진술만 하였을 뿐인 건물주 회사 대표 김○○씨와 회사까지 환수금을 나누어 내라는 원고(보험공단○○지사)측 주장을 듣고 회사 대표와 회사에 대한 너무 큰 죄책감 때문에 보석 신청조차 포기하였습니다.

제가 건물주인 회사에 신뢰할수 없는 임차인을 소개하고 또 병원장이 마련해 오겠다는 개설자금이 늦어지자 김○○씨에게 무리하게 개설자금을 융통하도록 간청했던 책임이 너무 막중했다고 여겨졌기 때문입니다.

그때까지 사무장병원 혐의로 구속된 예가 없었다고 하며 변호사는 보석신청을 계속 권유했지만 민사 1심에서 피해를 입을지도 모르는 김○○씨와 회사를 어떻게 해서든 온몸으로 막아보고 싶었습니다. 그래서 무지하지만 절박한 죄책감 때문에 보석신청조차 몸이나 편해보려는 사치처럼 여겨졌었습니다.

그러나 막상 구금되고 형사 2심이 시작되어 형사 2심 판결이 다가오니 검찰수사 기록이 너무 불리하게 되어 있다고 걱정을 많이 했던 위임 변호사는 혹시라도 구금이 연장될까봐 우려 하였습니다. 그래서 변호사님은 제게 형사 2심에서는 사실오인보다는 양형부당으로 변론을 받고 법률심은 대법원에 가서 받으라고 권유하였습니다.

더욱이 하루도 빠짐 없이 매일 면회왔던 가족들도 3개월에서 더 이상 연장된다면 이제는 인내의 한계가 왔다며 어서 나와서 대법원(3심) 준비를 해야 하지 않느냐고 간곡하게 권유했습니다. 결국 대법원에서는 철저한 법률심을 받을수 있으리라는 기대로 가족들의 간곡한 청을 듣기로 했습니다. 그래서 저는 새장 안에서 형사 2심 내내 무혐의를 주장하는 탄원서들을 여러차례 냈음에도 판결 직전 심리날 판사에게 양형부당 때문에 항소했다고 진술하지 않을수 없었습니다.

그러나 후에 돌이켜 보니 만일 법정 구속되었을 때 제가 변호사의 권유대로 보석신청을 하고 해금된 상태에서 재판을 받았다면 변호사와 가족들이 구금이 연장될까봐 그렇게 우려하면서 제게 영향부당만 주장하라는 그런 무리한 권유를 하지는 않았을 것입니다.

저는 지금도 그때 제가 증거인멸이나 도주의 우려가 있는 현행범이 아니었으니 보석신청을 하였다면 분명히 석방되었을 것이라고 믿어 의심치 않습니다. 그러나 저는 회사에 임차인을 잘못 소개하고 또 권고사직으로 진정사건이 발생케 하여 회사와 회사 대표에게까지 피해를 끼치고 있다는 무거운 자책감을 견딜수 없어서 스스로 자진하여 새장속 생활이라도 감수하여 제 스스로에게 벌을 부과하고 싶었습니다.

그러나 막상 형사 2심의 3개월 동안 구금되고 보니 3심 법률심 준비는 해금된 상태라야 제대로 할수 있겠다 싶어 가족들이나 변호사의 간곡한 권유에 따르지 않을수 없었습니다. 이 또한 제가 사법 시스템을 모르고 법을 어기려고 의도하지 않았던 순수한 제 양심만 믿었던 시행착오에 해당하겠습니다.

그리고 민사 1심(2012. 9. 24.)에서는 회사 대표 김ㅇㅇ씨와 회사는 이 사건과 관련 없다는 승소 판결을 받았습니다. 형사 2심 판결(2012. 9. 28.)에서는 양형부당으로 해금되어 곧바로 대법원에 상고하였습니다. 그러나 실망스럽게도 대법원에서는 형사 2심때 양형부당만 주장했기 때문에 사실오인에 대한 변론이 미흡했다고 하여 상고 기각을 하였습니다. 그래서 그동안 억울함과 부당함을 참으면서도 대법원에서는 새로운 장이 펼쳐져 철저한 법률심을 꼭 거치려고 했던 기대는 좌절되었습니다.

대법원에 재상고가 안된다기에 하는수 없이 헌법재판소에 헌법소원까지 알아보았으나 이 사안은 법조문의 위헌을 문제시 하는 것이 아니라 해당되지 않는다는 소견을 받았을 뿐입니다.

사건병원에 대한 법원에서의 재판과정을 돌아보면 특히 검찰수사 기록만 추인하는 형사 1심에서는 일관되게 사건의 진실을 주장하는 제 탄원서는 반성을 하지 않기에 실형에 처한다는 법정구속의 명분이 될 뿐이었습니다.

되돌아 보니 수사권이 검찰에만 있어 법정에서의 공판 중심주의는 매우 어려운 우리 사법 현실에서 이미 사건병원의 수사기록이 너무 나빴기에 법정 판결에서 무혐의 판정을 받지 못했던 것은 불가피했음을 뒤늦게 알았습니다.

형사 1심(사건번호 2012 고단 131)때 위임받은 변호사도 친분이 있는 사람의 부탁이라 위임을 받았으나 나중에 검찰수사 기록 전문을 받아보니 피의자들에게 너무 불리하게 되어 있어 처음부터 매우 걱정이라며 무척 난감해 하셨습니다.

사건병원이 수사받는 중에 발생한 문화방송 녹취록 사건(2011. 11. 11.)이 방증해 주듯 수사관과 진정인의 유착으로 인해 사건병원에 대한 수사기록은 환수금이라는 과실을 염두에 둔 수많은 이해타산식 음모로 가득찼습니다. 또 마무리 수사에서 병원장의 허위자백도 추가 되었으니 그 검찰 기록만 읽어보면 그 누구라도 우선은 의혹을 느끼지 않을 수 없을 것입니다.

예컨대, 의료법에서 단속 대상이 되는 사무장병원이 '영업을 목적으로 의사명의를 빌려 병원 운영을 하는 병원'이라면 제가 사건병원에서 병원을 돕게 된 동기와 그 과도기적 과정 및 궁극적인 목표는 오로지 회사 건물에서의 병원임대를 안정적이 되도록 돕기 위한 것이었을 뿐입니다.

들리는 바로는 개설하는 병원장 의사의 자금 사정이 충분치 못할 때가 많아 편법적으로 외부 자본이 유입되어 지분이 나뉘어지는 병원이 난립할 수 있다고 합니다. 그러나 제가 주장하는 사건병원의 과도기적 정황은 그런 지분과도 관련이 없고 또 현실적인 개연성 측면에서 비근한 것이 아니기에 그 확률은 낮을 수 있습니다.

그러나 그러한 정황이 사건병원에서처럼 현실적으로 충분히 가능할 수 있는데도 처음부터 표적수사를 편파적으로 받았기에 혐의를 벗지 못하고 기소되었다는 것은 '애매할때는 피해자의 이익으로'라는 형사소송법 원칙에도 심히 위배될 뿐만 아니라 이와 유사한 사법 피해가 얼마든지 양산될 수 있음을 방증하는 것이기도 합니다.

막상 강압적 검찰수사를 받게 되어 수사관이 병원의 임대계약이 위장된 계약인 듯 마구 다그쳐대니 진○○ 후임 병원장이 인수인계 할 때 작성만 했지 별다른 용도도 없이 다만 보관만 하고 있던 차용증이라도 사무장 병원 혐의를 벗는데 도움이 되지 않을까 싶어 제출을 했습니다. 그러나 그 차용증은 도리어 제가 심○○이 두고 간 도장으로 심○○이 간후에 조작한 듯 의혹만 부풀렸다고 하겠습니다.

그런데 그 차용증은 분명히 진○○과 임대계약(2011. 2. 10.) 하며 미리 작성하여 다음날 심○○에게 주려고 했던 것입니다. 더욱이 심○○이 간 이후에 그 도장은 전혀 필요가 없어 사용한 적이 단 한번도 없습니다. 그런데 수사기록에는 제가 마치 그 도장으로 무슨 서류라도 조작하려고 심○○이 떠날 때 되돌려 주지 않고 또 차용증도 그 도장으로 사후에 조작한 듯 되어 있었습니다.

후에 심○○은 그 도장으로 개설했던 통장의 도장을 바꾸어 병원 적자 때문에 세무서에서 받게 되는 환급금 5,900만원을 받았다고 들었습니다. 그러하기에 심○○에게도 이미 그 도장이 전혀 필요없었을 뿐만 아니라 저 또한 그런 엄청난 수사를 받으리라고 전혀 예상치 않았는데 무슨 서류를 조작하려고 그 도장을 일부러 돌려주지 않았겠습니까. 그러나 검찰수사는 처음부터 계속 이렇게 저를 사무장병원을 한 사람으로 표적 삼으며 계속 사무장병원 여부를 판가름 한다는 대법원 판례에 엮어 댔습니다.

그런데 검찰수사를 받는 과정에서 수사관은 처음부터 심증을 굳힌듯 병원의 실질적 임대차계약을 위장된 임대차계약으로만 의심하며 병원과 관련된 모든 서류들을 제출케 하니 변호사를 비롯하여 주위의 모든 사람들이 한결같이 아무리 병원이 적자가 나도 임대료만이라도 제대로 받는 계좌를 만들라고 하였습니다.

위법을 저질렀다고 전혀 생각지 않으면서도 하도 수사관이 이미 결론이 다 나왔다는 듯 그렇게 혹독하게 강압수사를 하니까 사건 당사자로서는 우왕좌왕 하지 않을수 없었습니다. 그러다보니 의심을 받지 않으려는 고육책으로(당시 적자 때문에 임대료도 아직 제대로 나오지 않는데도) 황망해 하며 인위적 거래계좌까지 만들었습니다. 그러나 이런 인위적 거래계좌까지 수사과정에서 다 드러나니 수사관과 검사는 더욱 가장된 임대계약이라는 의혹을 부풀렸을 것입니다.

통상적으로 가족이나 지인들 사이에 통장 명의를 종종 빌리기도 하지만 막상 검찰수사가 시작되고 수사관이 이미 심증을 굳힌듯 강압수사를 해 대니 임○○ 명의로 된 통장의 돈이 김○○씨 소유이든, 임○○씨 소유이든 또는 제3자에게 차용한 것이든 별 차이는 없겠으나 지레 걱정 이 되어 김○○씨는 임○○씨가 진술하러 가기 전 임○○에게 돈을 대 여한 것으로 하라고 부탁했다고 합니다.

김○○씨는 임○○가 회사 주주이다 보니 사건병원이 개설되기 전 (2010. 5.) 편의상 만들어 두었던 임○○ 명의의 통장을 사용하게 되었 지만, 막상 검찰수사를 고강도로 받으며 형식상의 임대계약인듯 의심을 해대니 무고한 의심을 받지 않기 위한 노파심에서였다고 합니다.

수사관은 임○○씨에게 '이미 전모는 다 밝혀졌는데 지금 허위진술 하면 당장 구속하겠다'며 으름장을 놓으며 신변안전에 대해 극도의 공 포 분위기를 조성했다고 합니다. 평소 검찰에 가본적도 없는 일반인 으로서는 그런 협박성 회유에 너무 당황하여 수사관에게 임○○은 김 ○○씨가 통장에 대한 언급한 얘기까지 전하며 우왕좌왕 했을 것은 당 연했습니다.

사실 전혀 검찰에 간적도 없는 일반인들이 검사실에서 수갑찬 피의자 들이 왔다 갔다 하며 함께 수사받기까지 하는 그런 삼엄한 분위기에서 강압수사를 받게 되면 얼마나 극도의 멘탈붕괴에 이르게 되는지 겪어본 적이 없는 사람들은 모를 것입니다. 막상 겪어보니 종종 수사를 받다가 자살을 기도하는 사람들의 심정을 충분히 이해할 수 있을 듯 했습니다.

사건병원은 개설된지 불과 수개월 경과된 초기였기에 자금면에서 과도기적 불안정을 심히 겪고 있었던 중이었는데 그러나 만일 검찰수사가 병원 개설하고 적어도 1년 정도 경과한 후에 재개됐다면 사건병원은 임차인 병원장을 바꾸는 한이 있더라도 곧 자금수급에 안정을 되찾고 병원장이 책임지고 안정적으로 운영을 도맡을 수 있었을 것입니다.

그런데 무엇보다도 장기적인 전망을 보고 한 임대차계약을 무슨 악덕 중죄인들의 모의나 되는 듯 이런 민간끼리의 선의의 임대계약서와 병원의 모든 은행 계좌에다 미세 현미경만을 들이대었습니다.

더욱이 병원 오픈시 개설자금을 자기 돈만으로 충당하는 의사가 몇이나 있을지 또 옛 친구 지인인 의사에게 개설자금을 몇 달 먼저 빌리도록 도와주고 병원 운영을 옆에서 도우려던 것이 그렇게 큰 죄가 되는지 도무지 갈피를 잡을 수 없었습니다.

수사 초기부터 수사관은 진정인의 짜 맞추어 놓은 그럴듯한 각본만 믿고 오로지 제가 의사를 고용해 불법적으로 병원을 운영한 악덕 사무장이라는 눈 먼 확신에만 빠져 있었다고 하겠습니다. 그러다보니 개설 초기의 사건병원이 수사받는 과정에서 의료법에서 위반시하는 사무장병원이 결코 아니고 저도 그런 병원을 운영하는 사무장은 도저히 될수 없는 많은 정황들과 조건들은 다 걸려져 버리고 말았던 것입니다.

이렇게 수사관이 저를 사건의 몸통으로 시각을 고정시키고 나무 밑둥만 들이 파면서 오로지 혐의를 입증시키기 위해서 사무장병원 여부를 판가름 하는 대법원 판례 조항에다 엮어대기만 하니 시선을 돌려 주위의 전체 숲은 전혀 살피지 못했고, 그러므로써 밝혀지지 않은 사건병원

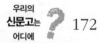

의 실체적 진실과 미처 드러내 보지도 못한 여러 정황 등은 전혀 참작되지 않았던 것입니다.

그렇게 진정받고 날벼락 맞듯 수사가 시작되어 밀어붙이기식 수사가 두어 달 이상 진행되는 것을 지켜보면서 극심한 소모에 시달리다 저희와 같이 사무장 병원으로 신고 받은 다른 요양병원은 어떻게 수사를 받았는지 알아보기로 했습니다.

과문한 탓이었는지 모르지만 그 당시에는 서울에는 별로 그런 병원이 없다기에 지방에 그렇게 수사를 받은 병원들을 직접 알아보았습니다. 그런데 그런 대다수 병원들도 대부분 수사를 받았을 때는 이미 1년 이상 경과되었을 뿐만 아니라 수사를 받았다 해도 병원장이 직접 임대해 운영하고 있다는 병원장의 진술과 임대 계약서 또는 차용증 등을 갖추고 실제 임대료를 내고 있으면 수사는 대부분 마무리 되었다고 들었습니다.

그에 비하면 진정인이 얼마나 교활하게 수사관을 회유했던지 개설한지 불과 몇 달 안된 사건병원에 대한 수사 범위는 전방위적이었다고 하겠습니다. 전 직원과 현 직원들에게 수사관과 진정인이 교대로 전화해서는 '사건병원이 사무장병원 같은 점에 대해 참고인 진술을 해 달라'고 했습니다.

이렇게 개설초기의 사건병원에 대한 수사는 진정인과 수사관이 유착되서인듯 처음부터 무슨 꼬투리 하나라도 더 잡아내기 위해서인 듯 무한대인양 싶었습니다. 이는 법률의 해석과 적용 면에서도 사무장병원 혐의로 수사 받거나 조사받은 여타 병원에 비해 형평성에서도 매우 어긋

나는 과잉되고도 무리한 수사였다고 하겠습니다.

이런 고정된 시각에서는 요양병원에 대해 예비지식이 전혀 없이 건물 임대를 도우려고 애썼던 저는 병원 영리에만 급급해 의사를 회유한 가해자이고, 병원장 의사는 저의 온갖 감언이설에 회유되어 내용도 잘 모르고 마지못해 응한 피해자가 되고 맙니다.

그런데 그런 시각에서 진행된 수사는 이미 수사의 핵심에서 완전히 벗어났을 뿐만 아니라 판결 결과에서도 요양병원에 대해 아무런 예비 지식도 없이 임대를 도우려고 했던 일반인인 저만 법정 구속까지 되었습니다. 이는 사법적 판단에 있어 엄청난 사실오인으로 이로 인해 의료인과 비의료인 사이에 극단적인 불평등을 발생시키고 있다고 하겠습니다.

무엇보다도 병원 개원 경험도 있고 요양병원에 근무한 경력이 있어 요양병원 시스템을 잘 알고 임대해온 병원장이 임대계약에 적극적으로 응하면서 여러 특혜까지 받았을 가능성은 전혀 고려하지 않았습니다.

사건병원은 개설한지 불과 몇 달 안된 초창기 병원이었지만 요양병원의 여러 규정에 맞추다보니 당시 직원은 50여명이 넘었는데 간호 인력은 수간호사가 그리고 물리치료사는 물리치료 실장님이 인력 관리 했습니다. 그리고 사건병원에서 간호사들과 물리치료사들을 권고사직시킨 예는 전혀 없었습니다.

다만, 검찰측 증인이었던 손○○ 수간호사는 심○○ 전임 병원장과 향정 오더로 마찰을 많이 빚다가 심○○이 그만 둔 후 수간호사의 독재가 너무 심하다고 간호사들이 같이 일할수 없다고 단체 행동을 계속 하므로써 스스로 그만둔 것입니다. 오픈멤버 강○○는 부정맥이라는 지병 때문에 스스로 퇴사해서 계속 무직으로 있다고 했습니다.

그러나 후임 병원장 진○○은 사건병원이 진○○이 인수하고 수사받을때까지 불과 4~5개월 사이에 자신을 보조하는 한방 간호사 4명 이상을 무단 해고 시킬만큼 병원장으로서의 인사권을 냉혹하게 행사했습니다. 병원의 취업 규칙에는 입사하고 3개월 이내에는 수습기간이기에 해고가 가능했습니다.

한편 자격증이 따로 필요 없는 원무과 직원은 인원 셋팅 과정에서는 요양병원 근무했다는 이력서만 믿고 입사시켰다가 자질에 문제가 있거나 처음 기대와는 전혀 달리 부적응하는 사람(김○○, 최○○ 등 2명)들은 부득이 정리할 수 밖에 없을때도 있었습니다. 그러는 과정에서 원무과 직원들 2~3명 정리된건데 그들은 권고사직 됐다고 해서 감정을 갖고 있다가 결국 권○○의 강력한 설득에 적극 협조하게 됐다고 하겠습니다.

그런데 수사 과정에서 참고인 진술에 응했던 그 많은 전직, 현직 직원들 중 대부분은 사건병원이 사무장병원 같은 점에 대해 당연히 잘 모르겠다고 대답했다고 합니다. 다만 진정인의 회유에 적극 응한 불과 3~4명(강○○, 손○○, 김○○, 최○○)은 입을 모아 제가 병원을 주도한 듯 진술하고 후에 검찰측 증인으로 채택되었습니다.

예컨대 소위 사무장병원을 찾아내 처벌하기 위해서는 내부 고발자의 역할이 필요해 이런 내부 고발자들에게 거액의 포상금(환수금의 20%)

을 주는 것이라고들 합니다. 그러나 이런 정책이 내부 고발자들을 부추겨서 과장되고 거짓되게 자신이 근무하던 병원에 대해 아니면 말고식 음해를 일삼게 할수도 있습니다. 이렇게 되면 잘못하다가는 인간 세계의 영시대적 가치관인 권선징악을 권장하는 것이 아니라 권악징선을 조장하는 심각한 부작용과 역기능을 초래할수도 있겠습니다.

처음에 수사를 받을때는 제 스스로 위법을 하지 않았다는 믿음에서 성의있게 조사에 응하면 잘 마무리 되리라 믿었다가 검찰수사가 하도 고강도로 진행되니 뒤늦게 변호사를 위임했습니다. 그런데 수사관이 수차례 위임 변호사에게 빨리 마무리 되려면 진정취하금이 필요하다고 얘기했다며 변호사님도 강권하기에 결국 2011년 10월 진정인에게 진정취하금을 건네게 된 것입니다.

이미 진정인이 취하를 하였고, 변호사님은 무고로 올리셨다고 하면서 11월 말쯤이면 결론이 나올 것이라고 하셨기에 진인사대천명하는 심정으로 11월말을 기다리고 있었습니다.

그러다가 진정인과 진정취하금의 몫을 많이 달라고 협상하는 이○○ 수사관의 육성이 공개되는 이른바 문화방송 녹취록 사건(2011. 11. 11.)이 터진 것입니다. 9시 뉴스에 방영된 그 방송을 보고서야 수사관이 진정한 권○○의 회유에 따라 수사를 짜 맞추기 식으로 편파적으로 핸들링 했다는 것과 취하금을 받고도 내부적으로는 포상금을 노리고 수사가 계속되게 하려는 그들 두 사람의 사전 음모를 알게 되었습니다.

위임 변호사님도 만일 취하금을 주고도 수사가 계속 될 것을 알았다

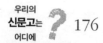

면 결코 취하금을 주라고 강력히 권유하지 않았을 것입니다. 더욱이 만일 수사가 계속 된다면 굳이 진정 취하금을 줄 필요가 전혀 없었는데 이렇듯 수사관은 잘 마무리 하려면 취하금이 필요하다고 위임변호사를 속이고 그리고 진정인은 저에게 비싼 변호사 비용 쓰지 말고 취하 하라며 저를 교활하게 속여서 부당이득을 취한 것입니다.

진정인은 수사관을 교활하게 회유해서 과잉수사를 하도록 했으면서도 막상 진정취하금을 받게 되니 수사관에게 취하금을 적게 주려고 그리고 더 나아가서는 차후에라도 사건병원이 패소하면 받게 될 거액의 환수금을 나누어 주지 않으려고 아예 그 싹을 자르기 위해 취하금 협상을 하는 수사관의 육성을 고의로 녹취해 이를 문화방송에 터뜨렸다고 하겠습니다.

당시 진정인 권ㅇㅇ는 문화방송에 녹취록을 방영시키기 위해 주ㅇㅇ 국회의원 사무실의 비서관에게 찾아가 사건병원이 사무장병원인 것은 확실하니 그 병원도 함께 취재해서 방영 해 달라고 청했다고 합니다. 그리고 자기가 무슨 공익을 위해 큰 일을 해내고 있는듯 수사 진행상황을 비서관에게 몇차례 보고했다고 합니다. 이는 문화방송 녹취록이 방영된 후에 문화방송 기자들에게 들은 내용입니다.

진정인 권ㅇㅇ는 불과 1달 사건병원에 근무했고, 더욱이 병원에 근무하는 직원으로서 병원장과 건물 임대 주체와의 임대계약 내용을 구체적으로 전혀 모르기에 그의 진술을 어디까지나 피상적인 추측성 음해일 수밖에 없어 신빙성을 갖기에 한계가 있습니다.

그렇게 권○○가 사건병원에 겨우 1달 근무했으면서 사건병원이 수사 받고 있을 때 사건 병원이 사무장병원이라는 확신을 갖고 있다고 국회의원 비서관에게 이야기 했다면 이는 권○○가 수사관과 깊이 유착됨으로서 불리하게 엮여지는 수사 진행 상황을 낱낱이 알고 있었다는 증거가 아닐 수 없습니다.

녹취록에서 이○○ 수사관은 "자신이 핸들링을 잘해서 진정 취하금이 3천만원으로 올라갔으니 자신에게 더 많이 주어야 한다"고 했고, 권○○은 "강○○에게도 진정 취하금을 나누어 주어야 하니 그렇게 많이는 줄수 없고 또 취하금은 받았어도 수사는 계속 되어야 한다"고 말하고 있었습니다. 이는 권○○가 진정취하금 말고도 후에 포상금도 나오면 나누어 주겠다고 하며 강○○ 등을 적극 회유했을 가능성을 보이는 대목입니다.

그리고 만일, 문화방송 뉴스에 방영된 녹취록 사건이 터지지 않았다면 어찌 이○○ 수사관이 권○○와 미리 유착되므로써 사건병원에 대해 편파적 수사를 하게 된 부당함을 감지라도 할 수 있었겠습니까. 사실, 그 녹취록 사건은 그동안 수사 초기부터 진행과정 내내 진정인 권○○와 수사관이 깊이 유착되어 왔음을 빙산의 일각으로 보여주고 있음이 자명했습니다.

문화방송 녹취록 사건이 발생한 후 변호사님은 검찰에 가셔서 수사기록을 열람하시고 일부 복사해 오셨는데 기록 내용은 너무 실제와 달랐습니다. 그래서 저는 너무 황망하여 변호사님과 상의해서 그동안 진정

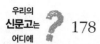

인의 사주에 의해 사건병원을 사무장 병원으로 짜맞추기식으로 몰아가
며 진행된 수사 기록 일체를 무로 돌려달라고 재수사를 청원하는 진정
을 내지 않을 수 없었습니다.

문화방송 녹취록 사건이 발생해서 제가 편파적 수사의 가능성이 높으
니 재수사를 해 달라고 진정을 냈을 때 검찰은 수사관에 대한 진정인의
유착여부 뿐 아니라 5달 동안에 걸치며 편향되었던 수사를 처음부터 다
시 재검토 했어야 했습니다.

당시 녹취록 사건이 발생한 후 위임 변호사를 통해 들은 얘기로는 검
찰 내부에서 진정인 권○○와 이○○ 수사관이 검찰 내에서 만났던 것
이 자주 목격되었던 적이 있었다거나 또는 '수사관이 파면됐는데 수사
까지 잘못 됐다면 검찰 체면이 뭐가 되느냐'는 말들이 들려왔다고 합
니다. 그리고는 결국 저의 진정은 유야무야 없던 것으로 치부되었습니
다. 그로부터 한 달 간의 마무리 수사로 수사는 종결되고 사건은 기소
(2012. 1.) 처리 되었던 것입니다.

그러나 사건병원이 이렇듯 막심한 사법피해를 입게 된 결정적 원인
은 무엇보다 전적으로 6개월에 걸친 검찰 수사기록의 공정성에 문제가
있었기 때문이라고 하겠습니다. 특히 문화방송 녹취록 사건은 진정인과
수사관이 유착되어 4~5개월간 대대적으로 편향된 수사를 해 온 방증이
라 하겠습니다.

그 후 검찰에서는 제가 낸 진정에 대해서는 아무런 답변도 없이 이 사
건을 위임하고 있던 변호사에게 지금까지 수사 결과로는 아직 혐의를

벗은 것은 아니니 약식 벌금형(심ㅇㅇ 100만원, 진ㅇㅇ 200만원, 조정윤 300만원) 등으로 끝내자고 제의해 왔었습니다. 그러나 다른 사안이면 몰라도 소위 사무장 병원이라는 혐의만큼은 병원을 위해서도 그리고 환수금을 내야 하는 처벌조항까지 있어 완전히 벗어야 하기에 이에 응할 수 없었습니다.

그 후 물의를 일으킨 수사관이 바뀌고 나서 마무리 수사가 1달 이상 강행됐습니다. 마무리 수사때 참고인 진술을 한 사람들이 모두 입을 모으듯 수사는 한층 고강도로 삼엄한 분위기에서 진행되었습니다. 그리고 진술 예약 시간을 보통 3∼5시간 넘기게 되어 참고인들은 12월 한겨울에 난방도 없는 대기실에서 장시간 동안 추위에 떨며 기다려야 했습니다.

이런 삼엄한 분위기를 전해들은 (검사장을 역임하셨던) 위임 변호사는 이러니 '검찰이 하지 말아야 할 수사는 열심히 하고, 해야 할 수사는 하지 않고 자기 식구 감싸기에만 열심'이라는 비판을 듣는 것이라며 개탄하셨습니다. 그리고 변호사님은 이미 저의 진정은 받아들여지기 어렵겠으니 굳이 검찰 심기를 건드리지 말고 취하하라고 해서 공연히 검찰에 괘씸죄라도 받을까봐 저는 진정취하를 했습니다.

특히, 심ㅇㅇ 전임 병원장에 대한 마무리 수사는 저녁 늦게까지 계속 되었고, 수사관이 시간 스케줄을 급히 잡고 빨리 오라고 하므로써 심ㅇㅇ은 위임되었던 변호사도 대동하지 못했습니다. 그리고 심ㅇㅇ은 1년 전이라 기억이 안난다고 해도 묵비권을 인정받지 못하면서 5∼6시

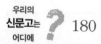
180

간 동안 반복되는 질문만을 계속 받았다고 합니다.

이렇듯 수사관은 원하는 진술(즉 심○○이 자금도 들여오지 않은 월급받은 의사였다는)을 장기간 반복적으로 강제함으로써 심○○은 계속 오락가락 하다가 적반하장식 진술(허위자백)까지 하게 됐다고 합니다. 심○○은 형사 1심때 제출한 탄원서에서 이렇게 밝히고 있는데 심○○의 탄원서는 저의 책「우리의 신문고는 어디에」에도 수록되어 있습니다.

더욱이 심○○의 자백에서처럼 수사 과정에서의 자백이 언제나 진실한 것은 아닐터입니다. 예컨대 이해타산에 따른 허위자백이거나 강요된 자백일수 있으며, 또는 앞전의 죄과를 은폐하기 위한 위장된 자백일수도 있습니다.

사실 심○○이 사건병원에 와서 제대로 임대해서 운영해 보려다가 여의치 않으니 1달만에 폐업하겠다고 하다가 겨우 두달만에 몸만 빠져나가듯 그만 둔 것인데 불과 2달간의 과도기적인 상황을 엄청나게 부풀려 사전에 무슨 대단한 범죄 모의나 한듯 강압하여 허위자백을 받아낸 것입니다.

뿐만 아니라 수사관은 심○○에게 병원은 '이미 사무장병원으로 판정났다.' '앞에 진술한 참고인들이 다 그렇다고 말했다.' '병원장이 기저귀 비용도 안 가져 왔으니 사무장병원이 아니냐' '왜 특혜받고 병원을 임대했느냐'그리고 '허위진술 하면 당장 구속될수 있다'고 압박했다고 합니다.

수사기록에는 그런 수사관의 고강도 회유는 다 빠지고 심○○이 단답식 문답에 자발적으로 순응하며 진술한 듯 기록되어 있었습니다. 그리고 이를 사건병원의 혐의에 대한 확실한 증거로 만들기 위해 녹취까지 하고 후에 심○○에게 이에 대한 진술서까지 받았다고 합니다.

더욱이 마무리 수사때는 심○○이 그만 둔 후 한번도 찾지 않았던 도장까지 무슨 단서나 되는듯 캐면서 제가 무슨 날조를 하고 조작을 했는지 하면서 심○○에게 온갖 유도 질문을 한 것입니다. 수사관이 그렇게 편향되게 수사를 하니까 심○○은 그 도장으로 임대 계약서에 도장 찍고 개설시 그 임대계약서를 보건소에 제출했으면서 오락가락하는 진술을 거듭 하다가 수사기록에는 그 계약서를 본적도 없고 작성하지도 않았다고 진술한 것으로 되어 있습니다.

이는 말도 안되는 어불성설이자 자가당착으로서 이 또한 심○○이 마무리 수사에서 진술을 강제 당한 정황적 증거라 하겠습니다. 그런데 형사 1심 판결에서는 이러한 심○○의 진술에 대해 신빙성과 임의성만을 인정하므로써 사건병원에 대한 혐의를 입증하는 결정적 증거로 제시되었는데 이는 재심을 통해 꼭 바로 잡아야 할 사실오인이라 하겠습니다.

마무리 수사때 진술하러 간 저에게 검사는 여러번 '참 운이 없는 경우인데'를 반복했는데 이는 다시 말해 그들도 신뢰도 되지 않는 점이 많은 그때까지의 수사기록만을 바탕으로 마무리 수사를 해야 하는 상황에 문제점을 느끼기는 했다는 뜻으로 해석되어졌습니다. 그러면서도 재수사

해서 4~5개월간의 수사기록 전체를 무로 돌릴 수는 없고 또 검찰로서는 불미스러운 문화방송 녹취록 사건도 있었으니 빨리 수사를 종결해야 하는 상황이 아니었나 싶습니다.

특히 마무리 수사때 후임 수사관이 자기 식구 감싸기 식으로 '앞의 수사관이 수사는 잘 했고 또 문화방송 녹취록 사건과 이 사건에 대한 수사는 별개'라고만 강변했습니다. 더욱이 사건 당사자들에게 운이 나빠서라고만 하며 물의를 일으킨 수사관의 수사기록은 전혀 문제삼지 않고 그 수사기록을 금과 옥조인양 옆에 놓고 마무리 수사를 했습니다.

이렇듯 마무리 수사는 훨씬 강압적이어서 더 이상 수사를 더 받을 수 없어 이렇게 수사를 받느니 차라리 법원으로 이관시켜 달라고 자청하기에 이르렀고, 결국 검찰은 이 사건을 2012년 1월 11일자로 법원에 기소하게 되었던 것입니다.

더욱이 마무리 수사때 심○○이 허위자백한 녹취록 때문인지 저는 문화방송 녹취록 사건 직후 300만원 벌금형을 제의받고 그조차 거부하였는데 기소될때는 징역 2년형을 구형받기까지 했습니다.

특히, 마무리 수사때 심○○의 녹취록은 제가 법원에서 재판을 받는 과정 내내 저승사자의 역할을 단단히 한 것은 사실입니다. 심○○의 녹취록을 혐의의 결정적 증거로 채택한 법원에서 제가 아무리 탄원서나 호소문을 내봐야 도리어 제가 반성하지 않고 개전의 정이 없는 것이 되어 법정 구속의 명분이 될 뿐이었습니다.

이제 와 아무리 되돌아 보아도 사건병원은 믿을만한 옛친구 지인에게 건물을 장기 임대하려고 초기 임대시 오픈 자금을 일부 차용해 주거나 임대료를 몇 달 유예하는 특혜를 주었던 것 뿐입니다.

전임 병원장 심○○이 두달 남짓 운영하다 갔고, 후임 병원장 진○○이 시작한지 넉달째 되는 6월에 권○○의 진정을 받고 7월부터 검찰수사를 대대적으로 받았으니 그 사이 병원장이 개설자금을 융통해 올 충분한 시간적 여유도 없었습니다. 이렇게 사건병원은 자금면에서 임대차 계약 조건을 다 충족시키지 못하고 있다는 이유만으로 과잉되고 편향된 검찰수사만 받다가 결국 법정에까지 가게 된 것입니다.

이는 공정성과 형평성이 크게 훼손된 무리한 검찰 수사와 기소의 전형으로 이렇게 해서 무고하고 억울하게 혐의를 뒤집어 쓴 사법 피해자에게는 불운의 극치일 뿐만 아니라 너무도 반인권적 폭거가 아닐수 없습니다.

수사 받을 당시 날벼락 같은 수사를 받느라 혼비백산하여 병원은 개점휴업 상태나 다름없었는데 당시 진○○은 매우 당황하며 인수할 다른 병원장을 알아봐 달라고 했습니다. 그러나 이미 수사 받는다는 소문이 나니 인수할 병원장을 찾기가 더욱 쉽지 않았습니다.

그런데 진○○은 수사받을때나 형사 1심때는 스스로 병원을 운영했다고 제대로 주장하다가 형사 1심에 패소(2012. 6.)하고 또한 제가 법정구속 된 후 곧 이어서 의사가 자백하면 환수금이 경감된다는 의료법 66조 시행령까지 발효(2012. 8.)된 민사 1심때 부터 진○○은 금전적 이해타산에 따른듯 돌변했습니다.

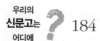

진○○은 사건병원이 기소되자 요양병원에 근무하고 있다는 고향 선배라는 사람을 데리고 와서는 제가 진정인을 권고사직시키려다 진정을 받게 됐으니 사건발생의 책임이 있다며 저에게 거액을 요구했습니다. 그런데 저의 재산이 회사 주식 뿐인 것을 듣고는 사건병원이 패소해서 환수금이라도 내게 되면 병원장이 모두 책임지게 된다며 건물주 회사 대표에게까지 거액을 요구했습니다.

나중에 들으니 그 고향 선배가 이른바 '진○○의 요구사항'이라는 문건을 써 주었다는데 요구 내용이 하도 엄청나서였는지 진○○은 그 문건을 자기 설합에 넣어 두었다고 합니다. 원무과 직원 이○○이 산재환자 신청 서류에 병원장의 인감증명서가 급히 필요해서 진○○ 병원장이 평소 넣어두던 설합을 열어보다 이 낱장의 문건을 발견하고 제게 보여주었던 것입니다.

그래서 제가 한 장 복사하고 그냥 넣어두라고 했던 것인데 형사 1심 때 원무과 직원이었다가 권고 사직되자 사건병원의 소방시설이 미비하다고 신고하는 등 아니면 알고 식 온갖 음해성 신고를 일삼던 최○○에 의해 이 서류는 제출되었습니다. 그러자 이 또한 사무장병원 혐의를 입증하는 중요 문건인듯 형사 1심 판결 직전 공판 검사가 제출한 의견서에서 이 낱장의 서류가 입증서류로 거론되었으며, 형사 1심 판결문에도 이 서류가 입증서류로 거론되었습니다.

일단 사건병원에 대한 수사기록이 워낙 사무장병원 그 자체인듯 편파적으로 짜맞추어지고 보니 진○○의 고향 선배가 섣부른 해결사를 자처하며 과잉 친절에서 작성해서 보낸 해프닝과도 같은 낱장으로 된 종이 한 장이 법정에서 그렇게 큰 괴력을 발휘하여 사실오인을 가중시킬줄은 어찌 예상이라도 했겠습니까? 세상사가 시리즈로 온다고는 하지만 이렇게 한번 잘못 엮여지니 계속 시리즈로 엮여졌다고 하겠습니다.

그리고 진〇〇은 검찰에 기소되고 소송까지 받으니 더 이상 병원 운영에 자신이 없다며 계속 인수할 병원장을 찾았습니다. 그런데 막상 자부가 들어올 예정이던 2012. 3. 1.부터 병원이 기소받고 소송까지 받아 피해를 너무 보았기에 병원장을 그대로 내줄수 없다면서 진〇〇은 병원에 근무도 안하고 전화만 걸어 오면서 병원이 폐업하든지 말든지, 깔린 외상은 책임지지 않고 그냥 종적을 감추고 소식을 끊겠다'고 했습니다.

자부는 조교수직에 미련이 많았지만 사건병원이 빚만 안고 폐업될 위기에 처하니 부득이 2월 말로 조교수직을 그만 두고 왔는데 진〇〇의 무리한 요구 때문에 사건병원을 인수하기 위해 17일 동안 기다려야 했습니다.

그런 상황에서 하도 답답해서 법무사 사무실에 찾아가 이럴때 임대차 계약은 어떻게 되는지 알아보았습니다. 새 병원장이 들어오려면 폐업 절차를 거쳐야 하는데 전임 병원장이 폐업에도 응하지 않으면 밀린 외상은 물론이고 폐업도 불가능하고 다른 병원장으로 인수·인계도 불가능할 뿐만 아니라 병원장의 소재를 모르기에 병원 운영조차 불가능하다고 했습니다.

만일 그렇게 되면 병원 건물은 임대는 물론이고, 아무 용도로 쓸수 없

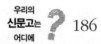

어 건물주 회사로서는 건물을 팔지도 임대하지도 못하게 되는 최악의 사태를 맞게 된다는 것입니다. 그러니 건물주 회사와 회사 대표는 그런 상황에서 얼마나 당황하며 최악의 사태만은 막으려 했었겠습니까?

그때 마침 회사 대표 김○○씨는 해외출장을 가게 됐는데 그 사이에라도 진○○에게 연락 올 것에 대비해 위임장을 써주며 자신은 병원 수익과는 아무 상관 없으니까 공단 청구금에 대한 환수금을 책임지라는 조건만 아니라면 합의서를 써주라고 지시하고 출장을 갔습니다.

마침 그 다음날 진○○에게 연락이 왔습니다. 그래서 위임장을 받은 조○○이 만나 병원을 살리기 위해 진○○에게 합의서를 써 주게 된 것입니다. 그런데 진○○은 그 합의서를 보험공단○○지사가 원고로 되어 있는 민사 1심 소송에 제출하며 환수금의 경감 재량권을 갖고 있는 보험공단에 적극 협조하려고 했습니다.

사건병원이 형사 2심 판결(2012. 9. 28.)을 4일 앞두고 보험공단○○지사가 소송을 제기한 민사 1심에서 김○○씨와 회사가 이 사건 병원의 혐의와는 무관하다는 판결(2012. 9. 24.)을 받았습니다.

민사 1심 판결은 "피고 회사가 임대차 계약을 체결할 때 임차인을 피고 심○○, 진○○ 명의로 작성하였다고 하더라도 실제로 임대차 계약에 따라 임대차 목적물인 건물이 이 사건 병원으로 사용되고 있어 명의를 달리 기재한 것만으로는 원고에 대한 불법 행위가 된다고 보기 어려운 점 등에 비추어 볼 때 원고가 주장하는 사유만으로는 피고 김○○가 피고 심○○, 진○○, 조정윤과 공동으로 불법행위를 하였다고 보기에는 어렵고, 따라서 피고 회사 역시 민법 제35조의 불법행위 책임을 진다고 보기 어려우며, 달리 이를 인정할 증거가 없으므로, 원고의 피고 김○○, 피고 회사에 대한 청구는 더 나아가 살펴볼 필요 없이 모두 이유 없다"라고 되어 있습니다.(2012 가합 100577 손해배상(기) 7쪽)

이렇게 민사 1심 판결에서는 진○○이 제출한 합의서나 진정서를 전혀 인정하지 않고 회사 대표 김○○씨와 회사는 그 사건(2012 고단 131)과 무관하다는 판결을 받았습니다.

사실 제가 사건을 겪은 전말에 대한 기록을 정리할 때 까지만 해도 사법피해를 입었으면서도 앞으로 어떻게 해 보겠다는 방향 감각조차 없이 다만 사건의 증언록이라도 남기고 싶었습니다. 기본 동기는 덧 씌어진 무고한 혐의에 대해 누를길 없는 분노와 주체할 길 없는 슬픔이었습니다. 더욱이 법에 대해 문외한이기 때문에 아무리 억울해도 사법피해를 끼친 그 누구를 진정하거나 고소할 엄두조차 내지 못했습니다.

그러다 답답한 마음에 검찰의 옴브즈맨 담당자와 상담을 한 후 그리고 재수사를 원하면 사법피해를 끼친 사건 관련자들에 대한 고소나 진정을 해보라는 친절한 검사님의 조언을 듣고 용기를 내게 되었습니다. 그래서 결국 저는 해당지검에 재수사 청원을 내면서 제 평생에는 상상도 못했을 일이지만 사건 관계자에 대한 고소 2건과 진정 2건도 함께 제출했습니다.(2013. 8.) 그 내용은

① 권○○에 대한 고소장 :

권○○는 포상금의 과실을 얻으려고 온갖 사실무근의 각본으로 수사관을 회유하여 그릇된 확신을 하게 하여 과잉, 편향 수사를 유도하여 공권력을 남용케 했습니다. 나아가 수사관과 공모하여 제게 진정취하금을 주면 곧 진정을 취하하고 수사가 마무리 될 듯 기만하므로써 진정 취하금이라는 부당이득까지 취했다는 내용

② 진○○에 대한 고소장 :

진○○은 시급히 병원장 인수인계가 필요했던 사건병원에 임대해 와서 3개월 임대료를 1년 후로 유예하는 등의 여러 특혜를 받다가 사건병원이 기소되고 형사 1심에 패소하고 제가 구금되고 또 의료법 66조 시행령을 저울질하여 환수금의 구상권을 회사 대표 김○○씨에게까지 넓히려는 보험공단에 협조해 민사 1심에(거액을 요구한) 진술서까지 제출했으나(민사 1심에서는 받아들여지지 않았고) 이런 진○○의 진술서는 전혀 신빙성이 없다는 내용

③ 보험공단○○지사에 대한 진정서 :

전술했듯 의사가 자백하면 환수금을 경감할수 있다는 의료법 66조 시행령 발효된 이후 진○○은 민사 1심 판결 직전 허위진술서를 내며 보험공단에 협조 했습니다. 그런데 사건병원이 기소되면서 지급보류(2012. 1.) 되었던 청구금 일부(1억7천만원 상당)가 1년 후 2013. 2.

지급된 것입니다. 그렇다면 사건(2012 고단 131)을 기소하도록 강압적인 마무리 수사를 하고 또 보험공단이 회사 대표 김○○씨를 청구금의 구상권에 엮으려고 무차별적 고소를 했으나 김○○씨가 무혐의 판정을 받자 공단이 무고죄로 고소 받지 않도록 공단에게 이를 미리 알려준 수사관이나 또는 민사 소송에 협조한 진○○에게 부적절하게 지급된 것은 아닌지 통장계좌로 청구금이 지급된 경위와 내역을 확인해 달라는 내용

④ 심○○에 대한 진정서 :

심○○이 형사 1심때 탄원서에서 마무리 검찰수사에서 허위 자백한 경위를 분명히 밝히다가 사건병원이 형사 1심에서 패소하자 항소까지 포기했습니다. 그리고 심○○은 의료법 66조 시행령이 발효(2012. 8.)되자 환수금이라도 경감 받을 의도에서였는지 민사 1심에서는 보험공단의 민사 1심 소송장대로 진술을 번복하였으니 그 경위를 밝혀 달라는 내용

이렇듯 제가 사건 관계자들을 진정하거나 고소하려고 했던 것은 막심한 사법 피해를 받고 있는 제가 사건(사건번호 2012 고단 131)에 대해 재수사를 받아 오류투성이인 수사기록을 정정한 후에 재심을 받기 위해서였습니다.

그러나 재수사 청원서를 내고 고소장과 진정서를 제출(2013. 8.)한

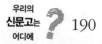

지 수개월이 지나도록 해당지검에서는 모 검사가 이를 맡고 있다는 통지문만 보냈을 뿐 재수사에 대해서는 전혀 진전이 없었습니다. 그러다 2014. 2. 수사관실에서 들르라고 연락이 와서 갔습니다.

수사관은 진정인 권○○와 후임 병원장 진○○에 대한 고소(2건) 사건을 맡았다고 했습니다. 그리고 수사를 다 할 수는 없고 진정인 권○○이 실제로 1,000만원을 주지 않으면 검찰에 신고한다고 했는지 여부만 다루겠다고 했습니다. 그리고 당시 진정에 성공했다며 승리감에 도취된 권○○과 저를 대질시키기 까지 했습니다. 그 현장에 대한 녹취록이 없는 이상 교활하기만 한 진정인이 그때 당시 돈을 달라고 여러차례 협박했다고 실토할리 만무했습니다.

이런 정도의 느슨한 축소 수사로는 제가 재수사 청원을 한 본래 취지와 전혀 동떨어져서 위임 변호사에게 자문을 구해보니 현행법에는 3심이 끝난 사안에 대해 재심이라는 구제절차는 있어도 재수사하는 절차가 공식적으로 규정된 것이 없으니 검찰이 재수사를 꼭 해야 할 의무는 없다고 했습니다.

더욱이 제가 재수사 청원에서 제기한 문제들이 대부분 사건병원에 대한 수사와 기소의 공정성을 문제 삼기에 검찰 공화국이라고 불리울만큼 거대권력화된 검찰로서는 매우 민감한 사안일수 있다고 하였습니다.

사실 평범한 일반 시민이 성역화된 검찰에 대해 이미 끝낸 수사와 기소의 근본적인 공정성을 문제 삼으며 구체적으로 법리 논쟁을 벌일 능력도 의도도 없겠습니다. 다만 저의 관심은 어디까지나 사법피해를 막아내는데 있지 무슨 실익이 있겠다고 악연으로 만난 진정인 등을 처벌 받게 하는데 있겠습니까?

결국 고심을 거듭하다 검찰수사에서의 억울함을 검찰에 호소해 해결하려는 것부터 사법 시스템에 대해 너무 무지하고 무모했다는 결론에 이르게 되어 저는 재수사 청원을 위해 제출했던 고소 및 진정을 취하(2014. 2.) 했습니다.

무엇보다 저는 법치주의가 바로서야 개개인의 자유와 권리가 보장되고 사회정의와 공적질서도 제대로 확립될수 있다고 믿고 살아왔습니다. 때문에 건전한 의식과 합리적인 판단을 가진 일개 시민에게 있어 검찰은 수사권과 공소권을 갖는 행정기관이기에 국가공권력으로서 충분히 존중받아야 마땅하다고 생각합니다.

그러나 아무리 막강한 거대권력으로 성역화된 검찰이지만 검찰이 진정 민주 검찰을 지향한다면 검찰이 내린 판단이 언제나 명명백백하게 옳고 그러하기에 어떤 상황에서도 절대 수정할 수 없다고 한다면 이는 지나치게 폐쇄적인 도그마일 수 있습니다.

검사 동일체 원칙에 철저한 검찰이라도 그 누구나 공무를 수행하다가 애매한 상황에서는 확신의 함정에 빠질수도 있으니 열린자세로 사법피해로 항변하는 일개 시민의 진정한 목소리에도 귀 기울였으면 합니다.

예컨대 사법검찰의 막강하고도 드높은 권위는 법 위반을 단죄할 수 있기 때문만이 아니라 분명히 충분한 사유가 있다면 고정되었던 시각을 돌려 인식을 전환하여 수정할 수 있는 재량권에도 있다고 믿기 때문

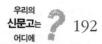

입니다.

무엇보다 사건병원이 수사받을 때부터 3심을 끝낸 지금까지 2년이 넘도록 청원인이 일관되게 주장하는 이 사건(2012 고단 131)의 진상과 진실이 상업주의와 금전만능주의가 팽배한 현실에서는 분명 확률적으로 그 개연성이 낮을 수 있습니다.

그러나 사건병원에서의 사례처럼 현실적으로 충분히 가능한데도 개연성에서 희소성을 갖는다고 끝내 혐의를 벗지 못하고 사법피해를 받는다면 이는 전문적인 법 논리를 떠나서도 소박한 상식과 건전한 판단력을 가진 시민의 원초적 법 감정에도 극히 배치되지 않을 수 없습니다. 무엇보다 상식과 도덕, 윤리의 바탕 위에 법도 있겠기 때문입니다.

사건병원은 진정인의 교활한 회유에 따라 수사관이 잘못된 선입견 속에서 미리 유죄의 심증을 굳히고 진행한 편파적 수사의 전형이라고 하겠습니다. 따라서 사건병원에 대한 수사는 엄청난 오류를 겪으므로써 수사에서 배제되거나 가려진 이면과 총체적 정황 등이 전혀 감안되지 않았음을 보여주는 사례라고 하겠습니다.

그러나 이런 식의 수사 관행이 이어진다면 항간에서 '검찰이 마음만 먹으면 평범한 시민도 먼지 털어(복잡한 법조문으로 엮어) 죄인 만들기는 여반장'이라는 검찰에 대한 비판은 계속 될 수 밖에 없을 것입니다. 따라서 공익을 명분으로 내세우는 이러한 일벌백계의 무리한 의지는 무고한 사법피해를 무수히 양산할 수 있는 엄청난 부정의가 될수도 있겠습니다.

예컨대 사건병원에 대한 검찰의 수사와 기소에서처럼 사무장병원으로 운영되는 요양병원의 난립과 유사범죄를 예방한다는 공익적 명분으로 되도록 많은 수의 범법자를 잡아내기 위해서 무리한 과잉수사로 애매한 사람이 억울하게 사법피해를 받아도 좋다면 이는 '애매할 때는 피해자의 이익으로'라는 헌법에 명시된 무죄추정의 원칙 뿐 아니라 헌법에서 보장하고 있는 기본적 인권 조차 실종된 야만의 극한이 아닐수 없습니다.

　　이제껏 제가 우물안 개구리로 세상물정 모르고 살다가 60 중반에 이르러 마른 하늘에 날벼락 맞듯 겪게 된 이 사법피해는 역사의 시계바늘을 마녀재판의 시대로 되돌리는 것일 뿐만 아니라 법의 과잉된 단죄와 형벌의 적용일 뿐이기에 꼭 재심의 기회를 허락받고 싶어 재심청원을 하게 되었습니다.

　　청원인은 재심을 통해 환수금 그리고 포상금 등을 둘러 싼 밀고 당기는 이 마녀 사냥식 막장 드라마는 꼭 대단원의 막을 내릴수 있었으면 합니다. 그래서 청원인은 꼭 3심의 관문을 통과한 후 우물 속과 같이 아무런 근심, 걱정 모르고 살았던 나라로 되돌아갈수 있기만을 바랄 따름입니다.

　　이어지는 제2 사실관계의 장에서는 검찰에서 사건병원을 수사하면서 오인되었던 사실들이나 도외시했거나 간과하였던 정황들에 해당된다고 하겠습니다.

　　따라서 제가 청원하는 재심사유는 형사소송법 420조에서 제시하고

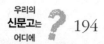

있는 재심사유 가운데 제5항 "원판결이 인정된 죄보다 경한 죄를 인정할 증거가 새로 발견된 때"에 해당된다고 생각합니다.

다만 사건(2012 고단 131)의 성격상 청원인이 무혐의를 입증하고자 하는 증거자료가 3심 판결 후 새로 드러난 결정적인 물증에 있다기 보다는 사건(2012 고단 131)이 발생하면서 불공정하게 수사 받고 기소되던 전 과정을 총체적으로 아우르고 있습니다. 그렇기 때문에 제2 사실관계의 장은 간단명료하기 보다는 세부적이거나 장황할 수 있습니다. 그러나 사건에 대한 수사기록이 오류와 사실오인으로 집대성되어 있기 때문에 이에 대한 해명을 위해서는 세세한 부연설명은 불가피했음을 감안하시기 바랍니다.

2. 사실관계

(1) 건물 임대

사건병원이 소위 위법인 사무장병원과 근본적으로 차별화 되는 점은 병원 운영이 아니라 건물 임대 때문이었다는 점입니다. 따라서 사건병원에 대한 무혐의를 밝히기 위해서는 사건병원 건물의 임대 경위를 자세히 밝히는데서 출발해야 할듯 합니다.

돌이켜 보면, 2010년 사건병원의 건물주 수출회사가 건평 900여평의 9층 새 건물(지은지 1년 된)을 매입해서 전층을 임대하려고 하니 요양병원이나 요양원, 오피스텔 등으로 전층 임대 문의가 수없이 많았었습니다. 특히 요양병원 임대 문의에서는 장기임대와 높은 임대료를 조건으로 내세우며 인테리어비를 부담해 달라는 제안도 여러차례 받았습니다.

그때 홍보물 제작을 삼진프린트(도서출판 삼진)에 의뢰했었기에 도서출판 삼진은 그때 저의 목표가 오로지 임대에만 있었다는 사실은 너무도 잘 알고 있습니다.

회사가 수출회사이다 보니 공항 가까운 강서구에 위치해 있어 강동구에 있는 건물의 임대를 전담하는 직원을 배치 근무시키기가 용이치 않았습니다. 마침 그때 안과 대수술을 받고 학교를 쉬고 있던 저로서는 자연스레 건물의 임대문의에 대한 상담전화를 돕게 되었던 것입니다.

당시 주차관리는 배○○ 주임, 건물관리는 김○○ 소장님이 맡으셨습니다. 그러다보니 건물 임대를 위한 홍보물 제작도 제가 맡아서 했습니다.

저는 사건병원의 건물 임대를 10여개월간 도우면서 9층 건물 중 3층 한의원과 지하1층 PC방 임대 계약을 주선했습니다. 그리고 이 건물에 요양병원으로 임대해 올 병원장을 사건병원의 건물주 회사 대표 김○○ 씨에게 소개시키고 추천하기까지 했었습니다.

따라서 저는 사건병원에 전·후임 병원장들이 임대계약하게 된 경위와 임대과정 그리고 진정사건이 발단이 되어 사건병원이 검찰 수사 받고 기소(2012 고단 131) 되었던 전 과정을 직접 지켜보며 온 몸으로 겪었습니다.

돌이켜 보면 전임 병원장 심○○과는 실로 50년 만에 만나게 되었습니다. 마침 여중 동창 심○○이 동창회로 연락을 해서 50년만에 심○○과 만나 서로의 근황을 얘기하다, 마침 심○○이 요양병원에 근무하고 있다는 사실을 알게 됐고, 그래서 저는 마침 당시 임대중인 사건병원의 건물도 요양병원으로 상담문의가 많다고 전했습니다.

심○○은 그동안 결혼도 하지 않고 의사생활 38년동안 돈만 벌었다고 했습니다. 그러나 나이가 들면서 때때로 서울생활을 해보고 싶을 때가 많다고 했습니다. 그렇게 몇 번 만나다 보니 심○○은 임대중이라는 회사 건물을 한번 보고 싶다고 해서 건물을 보여 주었던 것입니다.

심○○은 그 건물을 보고 '새 건물이라 요양병원 하기는 너무 아깝다.

그렇지만 요양병원하면 시설도 좋고 교통도 좋아 잘 될 것 같다'라고 하며, '유리 건물이 참 마음에 든다'고 했습니다.

저는 그때 당시 요양병원으로 임대문의 했던 의사들 중에는 ○○교회 앞 '○○○요양병원'의 병원장이 가장 적극적으로 상담해 오고 있다는 얘기를 했습니다. 그리고 그 병원장은 건물의 인테리어 비용 약 5억만 부담해 주면 10년 이상 장기임대하며 매달 임대료를 5,000만원 이상을 보장하고 매년 물가 상승률만큼 임대료를 올리겠다고 했던 얘기도 전해 주었습니다.

정신과 전문의라는 그 병원장은 자신이 운영하고 있는 요양병원이 두세달 안에 곧 임대기간이 끝날 예정이라 빨리 임대할 건물을 찾아야 하는 입장이라고 했습니다. 그리고 그 병원을 임대할 때 너무 인테리어 비용이 많이 들어서 새로 임대하는 요양병원은 이미 요양병원을 하고 있던 병원이나 아니면 인테리어 비용을 부담해 주는 건물로 임대할 생각이라는 얘기도 했습니다. 몇 차례 건물을 찾아왔던 그 병원장은 나중에는 자신이 운영하는 요양병원까지 초대했는데 마침 집에서 그 병원이 가까워서 한번 들른적도 있습니다.

심○○도 그런 사정 얘기를 듣고는 자기도 요양병원 경험도 있고, 건물도 새 건물이라 마음에 드니까 만일 자기가 그 건물에서 요양병원을 하게 되면 평소 생각 해 왔던 자기 포부대로 한번 제대로 해 볼 수 있을 것 같다고 했습니다.

그래서 저는 건물주 회사 대표 김○○씨에게 이 사실을 알리며, 이왕

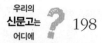

이면 전혀 모르는 의사에게 인테리어비 5억씩이나 부담하고 건물을 임대할 바에야 오랜만에 만난 옛 친구에게 건물임대를 맡기자고 강력 추천하게 되었던 것입니다.

심○○이 일반의로서 정신병원 개업도 오래 했고 그동안 돈만 벌었다니 가족도 없는 심○○에게 개업자금 몇 억 쯤은 문제 없으리라 믿었습니다. 그래서 2010년 8월 말 저는 심○○과 만나고 있었던 자리에 건물주 회사 대표 김○○씨를 합석시켜 건물의 임대계약 초안을 잡았습니다. 그 초안을 근거로 회사 이사회에서는 인테리어는 건물을 장기임대 하기 위한 부가가치라고 결론을 내리고 인테리어를 하기로 결정했던 것입니다.

그리고 심○○은 2010. 8. 건물주 회사 대표와 임대계약 초안에 합의할 때 자신은 대전에서 마무리 근무를 하고 개원 직전에야 올라오겠으니 그 사이 재활장비나 간호장비 업자들과 구입 계약을 하려면 자신의 도장이 필요할 테니 필요할 때 쓰라고 하며 저에게 도장을 주었습니다.

9월 초부터 인테리어가 시작됐는데 심○○은 매주 주말마다 서울로 올라와 명일동 조카집에 머물며 인테리어 현장에 들렀습니다. 그리고 심○○은 당시 자신이 근무하고 있는 요양병원 시설과 비교하며 업자들에게 여러 가지를 주문했습니다. 예컨대 심○○은 배수시설에서 파는 홈의 크기나 병원장실이나 진료실의 크기 등 세세하게 주문하며 매우 열성을 보였습니다.

그 해(2010년) 늦여름(9월) 홍수가 나서 갑자기 순식간에 건물 바닥까지 물이 들어와 저와 심○○ 그리고 관리소장님, 배차 주임님들이 함께 물을 퍼내기도 했습니다. 당시 건물 임대때 부터 건물관리를 맡으셨던 관리소장님, 건물의 주차시설을 맡았던 배○○ 주임님, 물리치료실 설비 때문에 인테리어 현장에 자주 들렀던 노○○ 물리치료 실장님, 건물 인테리어를 돕다가 후에 원무과 일을 맡게 된 오○○ 실장 등은 심○○이 건물의 인테리어 때 당시 현장에서 얼마나 열심히 병원 건물의 인테리어에 공을 들이며 의욕을 보였는지 잘 알고 있습니다. 이렇듯 처음부터 건물주 회사는 임대해 올 사람을 심○○으로 정하고 인테리어를 했던 것입니다.

건물 인테리어가 순조로이 진척되어 저는 심○○에게 10월 중순이면 인테리어가 끝날 예정이라고 알려주니까 심○○은 10월 말쯤 개원하면 되겠다고 했습니다. 그래서 저는 당연히 인테리어 기간 중에 심○○이 개설자금을 준비하고 있으려니 믿었습니다. 그런데 10월 중순이 되어 막상 인테리어가 끝나고 물리치료 실장님이 써 준 리스트대로 재활장비까지 다 들여왔는데 심○○은 앞전의 병원 일을 마무리 짓는데 시간이 걸린다며 개설자금은 물론이고 개설날짜를 자꾸 미루었습니다.

한편, 재활장비 업자들은 직접 장비를 생산하는 업체가 아니라 대부분 중간 도매상이라 장비를 들여놓음과 동시에 장비대금을 받아 장비 수입업자나 제작업자에게 전해 주어야 한다고 매일 외상대금을 재촉해 왔습니다.

회사도 인테리어 비용을 4억 이상 부담했으니 건물이 빨리 임대 되기

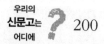

를 기다리고 있었습니다. 그래서 심○○이 개설자금을 빨리 가지고 와서 하루 속히 개설하는 것이 급선무였습니다. 뿐만 아니라 많은 요양병원들과 거래를 하는 재활장비 업자들의 얘기로는 통상 요양병원은 개설날에 대비해 각 파트별(간호과, 물리치료실, 주방 등)로 기본 인력을 미리 세팅해야 한다고 했습니다.

그런데 10월 말이 지나고 11월 초가 되어도 심○○에게서는 언제쯤 오겠다는 확답이 없었습니다. 제가 답답해서 전화하면 앞전 병원의 마무리가 예정보다 늦어진다는 심○○의 답변만 돌아왔습니다. 이미 11월이 되어 겨울도 닥쳐오는데 마침 인근 송파구의 한미사랑 요양병원이 문을 닫게 되어 그 병원 환자들이 사방으로 흩어져 여러 병원에 입원하고 있다고 했습니다.

사건병원도 그때 예정대로 개원했더라면 그 퇴원하고 있는 환자들을 일부라도 입원시킬 수 있었을 것입니다. 사정이 그러한데다 겨울이 닥쳐오니 언제까지나 건물 임대를 한없이 기다리자니 답답하여 저는 심○○에게 이런 사정을 알리며 어서 빨리 오라고 재촉하지 않을 수 없었습니다.

심○○은 정 사정이 그러면 겨울도 다가오니까 우선 개설부터 하고 자금을 마련해야겠다고 했습니다. 그래서 제가 개설자금 중에서도 임대보증금 보다 더 급한게 재활장비대금 독촉이라며 매일 외상대금을 독촉해 와 견딜수 없다니까 심○○은 저더러 그러면 자신도 자금을 마련해보고 있지만 급한대로 자금을 돌려보라고 했습니다. 어렵사리 친구가 임대하게 된 우여곡절을 누구보다 잘 아는 저로선 더욱이 친구가 건물을 임대해올 예정이었기에 저절로 열성을 내지 않을수 없었습니다.

어렵사리 친구가 임대하게 된 그동안 건물 임대를 위한 우여곡절을 누구보다 잘 아는 저로선 더욱이 친구가 임대해 올 예정이었기에 저절로 열성을 내지 않을 수 없었습니다.

그런데 돈을 급하게 돌려본다는 것이 저로서는 너무 막연하고 힘들게 느껴졌습니다. 그때까지 저는 누구에게 돈을 꿔 본적도 또 누구와 계를 해 본 적도 전혀 없었기 때문이었습니다. 그래서 건물주 회사 대표 김○○씨에게 이런 사정을 털어놓으며 미리 자금을 빌릴데가 없는지 물어 보았습니다. 김○○씨는 회사에 올인하고 있어 여유자금이 없다고 하면서 사정이 그러면 친지나 지인들에게 여유자금 있는지 알아보겠다고 했습니다.

급하게 자금을 융통하려고 해서인지 김○○씨는 2~3일 동안 여기저기 알아봤지만 급하게 구하기는 쉽지 않다고 했습니다. 세상물정 모르는 저는 당연히 쉽게 자금을 구해올줄 알았는데 실망했습니다. 그래서 제가 갖고 있는 회사 주식 3만주(6억원 상당)를 김○○씨에게 내 놓으며 이걸 맡기고라도 두 세달 안에 갚는 조건으로 좀 더 알아봐 달라고 했습니다.

김○○씨는 혹시 건물관리를 맡고 계시는 김○○ 소장님이 여유자금을 갖고 있는 전주들을 알고 계실지도 모르겠다며 김소장님께 연락해 보겠다고 했습니다. 그렇게 해서 김○○씨가 김○○ 소장님께 연락

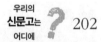

을 했다고 들었습니다.

병원이 곧 개설될 예정인 것을 알고 계신 김소장님은 사정얘기를 들으시고, 마침 땅을 판 돈이 은행에 예금된 것이 있다고 하셨다고 합니다. 그리고 소장님은 두 세달 안에 갚을 것이면 잘 알지 못하는 병원장에게 빌려주기 보다 같은 회사에 근무한 적도 있고 서로 잘 아는 김○○씨를 보고 꿔 주시겠다고 하셨다고 들었습니다. 그래서 김○○씨는 제 주식 3만주(6억원 상당)를 맡기겠다고 하고 결국 김○○ 소장님으로부터 자금 6억원을 차용하게 된 것입니다.

그때 당시 저는 이런 사정얘기를 심○○에게 자세히 알리며, 개설하고 나서 자금이 들어오는대로 소장님 빚을 갚으면 된다고 했습니다. 그리고 저는 급히 자금을 구하기가 힘들어 제가 갖고 있던 주식 3만주(6억 상당)를 맡기기까지 한 얘기도 덧붙였습니다.

심○○은 우선 자금을 마련하게 돼서 다행이라며 자금은 마련됐으니 곧 개설신고를 하겠다고 하며 2~3일 후엔가 서울로 올라왔습니다. 심○○은 그렇게 해서 2010년 11월 17일 보건소에 임대계약서를 제출하고 개설신고를 한 것입니다.

임대계약서는 회사 건물에 대한 임대이니까 이미 인테리어 공사 전 구두로 합의(2010. 8. 31.)를 본 내용을 김○○씨가 회사 직원에게 시켜 워드로 작성케 하였고, 이를 개설하는 날 심○○이 원무과 직원과 함께 보건소와 세무서에 제출했던 것입니다.

그런데 병원개설 이후 심○○와는 매일 발생하는 적자 문제로 여러

번 의견충돌이 있었고, 그 외에도 심○○이 정신병원에서 하던 식으로 향정(마약의 일종) 오더를 많이 내서 간호사들과 의견대립이 심해 물의를 빚곤 했습니다.

수간호사를 비롯하여 다른 요양병원에 근무한 적이 있는 간호사들은 심○○ 병원장이 다른 요양병원에 비해 향정 오더를 3~4배 많이 내서 환자들이 받을 부작용이 걱정된다며 마구 항의를 해댔습니다. 제가 보다 못해 심○○에게 향정오더를 좀 줄이는게 어떠냐고 하면 제가 병원장의 고유 진료권을 침해한다며 심○○은 막무가내로 화를 냈었습니다. 사정이 그러했기에 이런 저런 일로 심○○와는 의견대립이 많이 있었고, 그럴때마다 심○○은 '내일 당장 폐업 신고하겠다'며 마구 화를 냈습니다.

당시 저는 개설자금은 2~3달 후에 들여와 소장님 빚을 갚는다 해도 계속 매일 발생하는 적자라도 병원장이 메꾸라고 재촉했습니다. 그러나 심○○은 개설자금 들여올 때 매일 발생하는 적자도 함께 정산하겠다고만 했습니다.

저는 건물 임대를 위해 인테리어까지 한 회사 입장을 너무 잘 알고 있었기에 매일 계속 발생하는 적자 때문에 병원 임대에 차질이 생길까봐 우려되었습니다. 그러다 보니까 저는 김소장님께 차용한 돈으로 그때그때 임대료를 포함한 병원 적자까지 메꾸게 되었습니다. 이제 돌이켜보면 이때부터 저는 이미 한발짝 수렁-즉, 후에 사무장병원을 한다는 의혹을 받을 수 있는-에 빠져들기 시작했다고 할 수 있습니다.

병원이 개설된지 1달쯤 지난 후부터 심ㅇㅇ은 자기 뜻대로 병원이 되지 않는다며 계속 하고 싶지 않다고 당장 폐업하겠다고 했습니다. 그래서 제가 심ㅇㅇ에게 병원 때문에 소장님께 진 빚은 어떻게 하느냐고 하니까 그 빚도 이 병원 때문에 얻었고 자기가 직접 돈을 빌린 것도 아니고 그 빚진 돈도 모두 이 병원에 씌여졌으니 그만두는 마당에 자신은 그냥 모두 다 놓고 몸만 떠나겠다고 했습니다.

그리고 심ㅇㅇ은 고정적 생활비 외에 자기가 병원에서 개인적으로 가져다 쓴 돈도 이 병원에 밤낮을 가리지 않고 근무하면서 병원장으로 쓴 돈이니 갚을게 전혀 없다고 했습니다. 개설초기 병원이라 환자가 너무 적어 병원은 당직의사를 따로 주지 않고, 병원장이 저녁에도 병원에 들르며 당직을 겸했었습니다.

그러나 심ㅇㅇ이 장기 임대를 하리라 믿고 관리소장님께 빚을 얻어가면서까지 개설자금을 빌려온 제 입장에서는 심ㅇㅇ이 몸만 빠져 나가겠다니 결국 그 빚을 그냥 모두 떠안으라는 뜻이어서 너무 배신감이 들고 참 당황스러웠습니다.

예컨대 심ㅇㅇ이 병원이 자기 뜻대로 되지 않는다며 당장 폐업하겠다고 했는데 그렇다면 제가 개설자금과 매일 발생하는 적자를 독촉하지도 않고 계속 제가 병원 적자를 책임지고 메꾸어내는 것이 심ㅇㅇ이 구상했던 병원이었는지 알수 없습니다.

이제 겨우 병원 임대가 시작됐는데 심ㅇㅇ이 폐업을 하겠다니 너무 당황한 저는 폐업하면 어떻게 되는 것인지 병원 임대업자들에게 알아

보았습니다. 그들의 얘기로는 병원이 당장 폐업하면 그동안 입원한 50
여명의 환자들을 그날로 모두 퇴원시키고 병원 문도 닫아야 한다는 것
이었습니다.

　그래서 저는 심○○에게 건물 임대를 오래 할줄 믿고 자금까지 빌리
도록 도와줬는데 그렇게 무책임할 수 있냐고 따졌지만 도무지 너무 고
집이 세고 막무가내여서 하는수 없이 며칠만 말미를 주고 기다려 달라
고 몇 차례 통사정을 했던 것입니다. 그리고 계속 그러다가는 정말 폐
업사태가 생길 것 같아 급히 수소문 하면서 가까운 지인들 뿐만 아니라
병원 임대를 주로 하는 부동산 소개업자들에게도 여기저기 연락을 했
던 것입니다.

　그러나 심○○이 간호사들과 마찰을 빚을때마다 당장 폐업하겠다고
막무가내로 압박해 오지만 않았다면 자금준비도 채 안된 진○○에게 아
무리 멀리서 20일만에 찾아왔다고 그렇게 급히 병원 임대를 인수시키지
는 않았을 것입니다.

　사실 그때 만일 전임 병원장 심○○이 조금만 시간적 여유를 주었더
라면 당장 자금 마련이 안되서 개설 후 론을 얻어야 했고 또 매사에 소
극적인 후임 병원장에게 그렇게 서둘러 임대차 계약을 인계 되지는 않
았을 것입니다.

　심○○이 병원장의 권력으로 선전포고 하듯 폐업하겠다니 급히 사방
으로 인수할 임차인을 알아보았는데 건물의 임대보증금 외에 심○○이
남긴 빚 6억원을 시설비와 재활장비 대금으로 갚아줄 임차인 희망자들

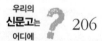

도 몇 있었습니다. 그러나 그들은 모두 인수인계 하려면 적어도 한달 반 내지는 두 달 이상 시간을 달라고 했습니다. 그런데 인터넷 구직란으로 연결된 진○○은전화 통화로 인수인계 시점은 20일 이내에 가능하다며 일단 병원을 시작하고 나서 개설자금을 닥터론 등으로 곧 마련하겠다고 했습니다. 당시는 그렇게 다급하게 전화상으로 진○○와 임대계약을 협상했던 것입니다.

그렇게 전화 통화로만 지방 요양병원에 근무하고 있다는 진○○와 저는 수차례에 걸쳐 임대계약 내용을 협의했습니다. 전화 통화로 진○○이 20일만에 온다고 했을 때 반신반의 했었습니다. 그런데 약속한 날 진○○에게서 차로 오고 있다는 연락이 왔습니다. 그래서 진○○이 서울로 오게 된 날 건물주 회사 대표 김○○씨에게도 급히 연락을 했습니다. 김○○씨는 제가 진○○와 전화로 협의한 대로 회사 직원에게 워드를 찍게 하고 그 계약서를 가지고 병원에 왔습니다.

임대계약서에 도장을 찍으며 진○○은임대계약 조건이 좋아서 병원 임대를 인수하겠지만 한의원 몇 번 개원했었으나 쉽지 않았다며, 적자가 많이 나고 있다니 경영 정상화때까지는 도와주기를 바랐습니다. 그리고 "한의원 개업을 두 번 해 봐서 운영이 쉽지 않은걸 잘 아니까 만일 그래도 운영이 잘 안되면 다음 병원장에게 인수인계 할수도 있다"고 구두로 단서를 달았습니다.

그때 옆에 배석했던 제가 '그동안 한방의사가 없었는데 병원장이 한방의사이니 환자들이 침을 맞게 되어 매우 좋아하시겠다'고 얘기했던 기억은 납니다. 그리고 그때 저는 전임 병원장이 급히 인계하는 경위와 병원이 적자를 많이 내고 있다고 자세히 설명하니 진○○은 론을 얻어서 자금마련이 될 때 매일 발생되는 병원 적자도 함께 정산하겠다고 했습니다.

그날 건물주 회사 대표 김○○씨는 어디까지나 진○○를 임대인 자격으로 만났으며, 그때 김○○씨는 적자가 많이 난다는 병원을 빨리 정상 운영시켜서 임대료를 잘 내달라고 부탁을 했습니다. 김○○씨는 그 자리에서 '그동안 사정 얘기를 들어보니 초기 병원이라 적자가 많이 난다고 하니 임대료 3개월분을 몇 달간 유예해 줄수 있다'고 했습니다. 그리고 그 후 초기 임대료 3개월분을 1년 후 유예해 주는 합의서를 작성해서 임대인과 임차인이 함께 싸인했습니다.

다급하게 병원을 인수인계 시키는 입장에서 그만한 적임자도 급히 구하기 힘든 상황이었으니 임대주 회사 대표로서 김○○씨는 다행스럽게 생각하며 병원이 적자를 면할 때까지 임대료 지불 조건 등에서 최대한 편의를 봐주겠다고 말했던 기억은 납니다. 통상적으로 요양병원은 장기임대로 갈 수밖에 없으니 초기에 편의를 봐주는 것은 부득이하기도 했습니다.

그리고 병원의 통장관리는 미수자 명단을 확인하기 위해 흔히 병원의 원무부장들이 대행하는 업무로 심○○ 원장때부터 매일 발생하는 적자를 통장으로 관리해 왔었기에 급히 인수한 진○○이 개설자금을 들여올때 까지 계속 관리할 필요가 있었습니다.

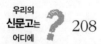

평생을 학생들을 가르치며 책 읽고 쓰는 일만 해 왔던 저로서는 지금도 지상에서의 삶에서 읽고 싶은 책을 마음껏 읽고 또 쓰고 싶은 책을 쓰는 이상의 자족감의 극치를 전혀 알지 못합니다. 그런 저에게 뜻하지도 않았던 병원 업무는 생소하고 버거워서 어서 빨리 병원장에게 모두 넘기고 그동안 심○○ 때문에 소장님께 진 빚이나 갚을수 있었으면 그리고 회사도 인테리어까지 해 주었으니 임대료만은 장기적으로 제대로 받을수 있었으면 하고 간절히 바랐습니다.

진○○도 처음엔 개설자금을 들여오지 못한채로 시작했지만 임대시 약속대로 론등을 얻어 개설자금이나 병원자금을 메꾸려고 했습니다. 그런데 진○○이 여러 은행에 알아보니 병원의 사업기간도 짧아 자기 담보로는 론을 2억 얻기도 쉽지 않다기에 저는 이왕이면 김○○씨가 고객이 되어 있는 거래은행을 소개한 것입니다.

그리고 저와 김○○씨가 연대보증을 서준 것은 병원장 진○○에게 자기 명의의 재산이 별로 없고 그 당시 병원도 적자를 면치 못하니 은행에서 론을 대출받기 위해서는 연대보증이 필요하다고 해서 장기적 병원 임대를 위해 부득이 했던 것입니다. 그래서 진○○은메디칼 론(2억 5천만원)이나 신용보증기금(1억 9천만원)에서 대출받을 수 있었던 것입니다.

그런데 진○○은 독신으로 겉보기에 통 말이 없고 병원에 관한 일도 저하고만 의논할 뿐 겉보기에 매사에 소극적으로 보였는데 그래서 더욱 병원 직원들이 보기에는 병원일을 제가 주도한듯 보여 그런 오해를 받았다고 하겠습니다.

그러나 병원장으로서 진○○은 2011년 2월에 개설하고 2011년 7월에 검찰 수사 받을 때까지 옆에서 자신을 보조하는 한방 간호사를 4명이나 권고사직 시킬만큼 병원장으로서 인사권은 철저하게 행사 했습니다.

그런데 진○○에게 제가 매일 발생하는 병원 적자에 관해 자세히 설명하면 론을 얻었으니 손익분기점까지는 알아서 하라는 듯 너무 소극적이었습니다. 저 또한 진○○이 이렇게 소극적으로 한다면 계속 병원을 운영할 수 있을지 걱정도 했었습니다.

더욱이 당시 병원에서 발생하는 적자 규모가 너무 크고 3층 한의원까지 내보내면서 진○○ 병원장이 받은 메디칼론만으로 개설자금까지 다 충당하기가 어려웠습니다. 그런 사정을 보다 못해 저는 건물주 회사와 의논해서 부득이 계약시 4억원으로 책정했던 개설자금은 1년 후부터 분할 납부 하도록 차용증을 받도록 하였습니다.

당시는 이렇게 너무 비사교적이고 소극적인 진○○이 메디칼론을 받았지만 장기임대를 잘해 낼수 있을지 하며 의구심을 갖으면서 잘못하다가는 임대 병원장이 또 바뀌는게 아닌지 매우 걱정하던 중이었습니다. 그러다가 진○○이 인수한지 불과 4~5달 되던 시점에서 진정 받고 검찰수사를 받게 된 것입니다.

검찰수사를 받게 되자 사건병원은 쑥대밭처럼 뒤숭숭 해지면서 병원 사정이 더 어려워졌고 또 진○○도 임차인을 바꾸기를 원하는 바이기

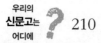

에 인수할 다른 임차인을 사방에서 찾아보았습니다. 그러나 이미 병원이 소송을 받고 있다는 소문이 난 이후라서 쉽지 않았습니다.

무엇보다 수사과정에서 사건병원에서 드러난 이러한 자금 수급에서의 미비함은 흔히 초창기 병원들이 겪은 과도기적 불안정성이었을 따름이겠습니다. 사건병원은 이제 겨우 건물 임대가 시작되고 병원은 엄청난 초기 적자를 견디며 힘든 고비를 넘기려는 중이었습니다. 그런데 진정인의 교활한 회유에 수사관은 눈 먼 확신에 사로잡혀 무리한 과잉 편파 수사를 했으며, 더욱이 진정 취하금을 진정인과 수사관이 나누려고 협상하는 문화방송 사건은 이러한 무리수를 방증해 주고 있었던 것입니다.

무엇보다 사건(2012 고단 131)이 진정을 받게 된 원인은 제가 병원장이 근무하지 않는 주말에 찾아온 진정인 권○○의 이력서를 받고 마침 청구직원이 필요하다기에 곧 근무하라고 했다가 진정인이 요양병원 청구를 너무 몰라서 외부에서 원격으로 도와주는 알바 직원들을 계속 부르게 되면서 결국 진정인을 권고 사직시킨데서 발단은 되었겠습니다.

그러나 더 근본적인 이유는 건물임대 하겠다는 심○○를 믿고 인테리어 하고, 오랫동안 병원 운영을 할줄 알고 자금까지 빌려주었는데 개설한지 한달 조금 넘어서부터 병원이 마음대로 안된다고 당장 그만 두겠다는 말을 수차례 선전포고 하듯 했기 때문입니다.

그렇게 다급한 상황이었기에 또 미처 개설자금을 마련하지 못한 후임 병원장을 20일만에 인터넷을 통한 전화통화로 급히 구하게 되면서 사건

병원의 개설 초기자금 수급이 매우 불안정하고 미비했습니다.

당시 사건병원은 개설된지 불과 몇 달 안되었고, 또 병원장이 개설과 동시에 개설자금을 투입하지 못하고 론을 받고 있던 중이어서 자금수급면에서 매우 불안정하고 미비했던 시점이었습니다. 바로 그런 시점에 진정인의 사무장병원처럼 짜맞춘 진술과 이에 동조한 검찰측 증인 두 세명의 진술(당사자에게 이에 대해 사실확인조차 전혀 하지 않았음)만으로 수사관은 이미 심증을 굳히고 각본의 틀을 짰다고 하겠습니다. 그리고 고강도의 강압 수사를 하니 평소 검찰에 가본적도 없는 일반인들은 무척 당황하면서 갈피를 못잡고 우왕좌왕 했습니다.

검찰수사를 받는 과정에서 처음부터 병원의 실질적 임대차계약을 위장된 임대차계약으로만 심하며 수사를 하면서 병원과 관련된 모든 서류들을 제출케 하니 변호사들을 비롯하여 주위의 모든 사람들이 한결같이 임대료만이라도 제대로 받는 계좌를 만들라고 하였습니다. 의심을 받지 않으려는 고육책으로 당시 적자 때문에 임대료도 아직 제대로 나오지 않는데도 이런 인위적 거래계좌까지 만들기도 했으나 수사 받으며 이런 거래계좌까지 다 드러나니 이로써 검찰은 더욱 의혹을 부풀렸을 것입니다. 따라서 검찰수사 받을 때 그런 자금수급상의 과도기적 불안정성이 결국 애매성이라는 취약점이 되어 사무장병원 혐의를 벗지 못했다고 생각합니다.

진정인과 수사관이 진정 취하금을 나누려고 협상하는 대화가 녹취된 녹취록이 문화방송 저녁 9시 뉴스에 방영된 이른바 문화방송 녹취록 사

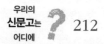

건 후 이어서 마무리 수사 받고 사건병원은 기소 되면서 (2012년 1월) 보험공단 청구금이 끊겨 급히 병원장이 바뀌지 않으면 계속 청구금이 나오지 않아 병원 문을 닫을 수밖에 없는 상황이 되었습니다.

사건병원의 기소로 공단 청구금이 지급보류 되니 급히 병원장을 바꾸어야 해서 임대를 해 올 희망자를 황급히 찾았지만 임대보증금과는 별도로 심○○이 병원장때 남기고 간 빚 6억원 그리고 진○○때 매달 누적되어온 적자와 외상 등을 임대 권리금으로 갚아줄 임차인을 급히 구하기가 더욱 쉽지 않았습니다.

그래서 하는 수 없이 저는 그때까지는 걱정들 할까봐 가족들에게조차 재판 얘기를 안했지만 급박한 상황에서 하는수 없이 대학병원에 있는 자부에게 병원 사정을 알렸던 것입니다. 사정을 알게 된 자부는 병원이 폐업되어 임대가 끊기는 것만은 막으려고 2012년 2월 말로 학기를 마치게 되었습니다.

그런데 그동안 임차인을 구하던 진○○이 2월 말로 자부가 학교를 그만두고 올 예정이라는 사실을 알고 부터는 갑자기 병원장을 내주는 댓가를 요구하는 바람에 결국 건물주 회사 대표 김○○씨는 합의서를 써주도록 위임하고 또 자부는 진○○때 받은 대출금 및 일체의 외상대금까지 포괄적 양도 양수로 병원이 모두 떠안고 병원장 자리를 인수하게 된 것입니다.

그런데 2012년 8월부터 발효된 의료법 제66조의 시행령은 병원장 의사가 자백하면 사무장병원의 혐의로 인한 환수금을 경감시켜 줄 수 있다는 내용입니다. 그러나 이 시행령을 명의를 걸고 있는 병원장 의사가 아전인수 식으로 악용하면 폐업권이라는 비장의 카드와 사무장병원 여부를 가름하는 자백권을 쥐고 목전의 이해관계에 따라 적반하장식으로 사실무근하게 진술할수도 있는 빌미가 될수도 있는 것입니다.

그러나 이상과 같은 사건병원의 임대차 경위에서 보여주고 있듯 사건병원이 패소하면서 병원장들이 엄청난 거액의 환수금을 떠안아야 하는 위기 상황에 처해 금전적 피해를 줄이려고 민사 1심부터 환수금의 경감 재량권을 갖고 있는 보험공단에게 환심을 사려고 오락가락 하는 진술서를 냈다고 하겠습니다. 그러나 그렇다고 해서 제가 건물 임대를 안정적으로 안착시키려고 지인으로부터 자금을 융통해 주고 적자에 허덕이는 개설 초기 병원을 몇 달 도왔을 뿐 결국 사건병원의 사무장병원 혐의와는 무관하다는 사건의 실체적 진실이 덮어지거나 왜곡되어서는 안될 것입니다.

(2) 개설의 심○○ 병원장

임대계약서는 회사건물에 대한 임대이니까 이미 인테리어 공사전 구두로 합의된 내용을 회사 대표 김○○씨가 회사 직원에게 워드로 작성하게 하였던 것입니다. 개설 전날 심○○이 회사대표 김○○씨를 만나 회사에서 직원이 작성한 임대계약서에 도장을 찍고 심○○은 그 임대계약서를 다음날(2010. 11. 17.) 보건소와 세무서 등에 직접 제출했던 것입니다.

그런데 병원개설 이후 심○○와는 김○○ 관리소장님께 차용한 빚의 이자 뿐만 아니라 병원에서 매일 발생하는 적자를 메꾸는 문제로 처음부터 자주 의견충돌이 있었습니다. 그리고 그 외에도 수간호사 손○○를 비롯해 요양병원에 근무한 바 있는 여러 간호사들은 심○○이 정신병원을 오래 운영하면서 오더를 내던 식으로 향정(마약의 일종) 오더를 많이 낸다며 집단적으로 이의를 제기하기도 했습니다. 저 또한 입원되어 있는 환자들이 걱정되어 간호사들의 항의가 일리가 있다고 보았기에 심○○에게 여러번 간호사들의 의견을 따르는게 낫지 않겠느냐고 건의를 했었습니다.

검찰수사 받으며 심○○은 제가 병원을 독단적으로 주도하려고 해서 병원을 그만 두게 되었다고 진술한 기록을 보니 제가 향정 때문에 여러 차례 이의를 제기한 것을 심○○은 제가 독단적으로 병원을 주도한다고 생각하고 불만했던 듯 합니다.

이러한 이의제기들에 대해 심○○은 의사의 진료권 침해라며 매우 불쾌해 했고, 저 또한 그럴때마다 혹시 환자들이 무리한 오더 때문에 진료상 피해를 입을까봐 걱정되었습니다. 거기다 심○○이 계속 매일 발생하는 적자까지 개설자금을 들여올때 한꺼번에 정리 하겠다니 저 또한 심○○를 많이 원망하게 되었습니다.

어렵사리 시작된 임대계약을 바꿀수는 없겠기에 저는 매일 수시로 발생하는 병원 적자를 김○○씨에게 사정하며 메꾸지 않을 수 없었습니다. 그러다 보니 개설 첫달부터 심○○와 매우 불화하게 되었습니다. 개설자금과 적자를 메꾸는 통장은 건물이 임대되기 이전부터(2010. 5.) 개설되어 있던 김○○씨의 친구 임○○씨 통장으로 통일해서 사용했습니다. 통장을 통일해야 제가 소장님께 차용한 금액을 전체적으로 확인할 수 있겠기 때문이었습니다.

그리고 김○○씨가 임○○ 명의의 통장을 개설한 시점은 2010년 5월 31일자로 말하자면 2011년 7월부터 사건 병원이 검찰수사를 받은 것과는 전혀 무관하며 그 통장은 결코 검찰수사 대비용이 아니었음을 알 수 있습니다.

그렇게 자금 문제로 심○○와 불화가 심해지자 초기 병원의 틀을 잡느라 당직도 겸하며 그렇게 열성을 보이던 심○○이 개설한지 불과 한 달 쯤 지난 후부터 수차례에 걸쳐 '내일 폐업 신고하겠으니 당장 짐을 정리하겠다'고 했습니다. 심○○은 이상적인 요양병원을 해보려던 원래의 자기 포부대로 병원이 되지 않는다며 당장 폐업한다고 했던 것입니다.

평생에 그 흔한 계 한번 한적 없고 누구에게 빚 도 져 본적 없이 비즈니스에 대해서는 전혀 모르는 제가 옛 친구를 믿고 병원 때문에 빚까지 지게 됐는데 당장 폐업하겠다니 무척 당황하고 다급한 상황이었습니다.

후에 심○○은 그의 탄원서 I, II에서 마무리 수사를 받으며 겪었던 불가항력적 정황을 자세히 설명했고, 그렇게 진정성을 갖고 탄원서를 썼

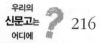

는데도 형사 1심에서 패소하고, 저는 법정구속까지 되니 2심을 해 보아야 가망이 전혀 없다고 판단했던지 항소까지 포기했던듯 합니다.

그리고 이어진 민사 1심에서 피의자의 진술서를 내라고하니까 이미 형사소송 1심에서 패소했고, 저는 법정 구속된 상태에서 심○○도 함께 환수금을 내야 하는 입장이었습니다. 마침 의료법 66조 시행령도 발효됐으니 우선 금전적 피해를 최소화하기 위해 심○○은 환수금 협상력을 갖고 있는 보험공단의 민사소송 공소장 내용을 따르지 않았나 싶습니다.

더욱이 심○○은 병원을 그만 두고 나서 자신이 병원장일 때 난 적자로 인해 발생한 환급금 5,900만원을 관할지 대전 세무서를 통해 계좌송금 받았는데 직접 운영하는 병원장이 아니었다면 그 환급금을 받을 수 없었을 것입니다.

(3) 후임 진○○ 병원장

심○○이 병원 시작한지 한달 쯤 되면서 그만 두겠다고 하니 폐업이라도 돼서 환자들을 다 내보내게 될까봐 시급히 병원 인수자를 찾게 되었습니다. 주로 임대 병원장을 전문으로 소개하는 부동산 중개업소에 의뢰했는데 그러다가 인수할 희망자를 인터넷으로도 알아봤습니다. 진○○은 그 구직 사이트에 현재 요양병원에 근무하는 한의사인데 병원장 인수가 가능하다며 약력을 올려 놓았었습니다.

그래서 혹시나 하여 전화해 봤더니 그때 진○○은 지방에 근무하고 있다며 병원장 인수하는 임대 조건에 대해 물어봤습니다. 진○○은 자신은 한의원 개원 경험도 두 번 있고 임대 조건이 좋은것 같으니 한번 해볼 의향이 있다고 했습니다.

그리고 한의원 개원에 두차례 실패해서 수중에 당장 인수자금을 갖고 있지는 않았지만 병원장 인수 후 닥터론 등을 얻어 개설자금을 마련하겠다고 했습니다. 그래서 그 후에도 저는 여러차례 진○○와 통화하며 심○○의 임대차계약조건을 알려 주었습니다. 전화상으로 진○○은 그 임대 조건을 그대로 인수키로 하고 개설자금은 심○○와의 차용증으로 대체키로 합의를 봤습니다.

그 당시 부동산 중개업소를 통해 연락된 다른 임차인 희망자들도 몇 있었지만 그들은 모두 인수인계 하려면 적어도 통상 두 달 이상 기간을 달라고 했습니다. 그런데 진○○은 일단 시작하고 나서 개설자금을 닥터론 등으로 마련하겠으며 인수인계 시점은 20일 이내에 가능하다고 했습니다. 진○○와는 그렇게 다만 전화로만 임대계약을 협상했던 것입니다.

더욱이 앞전에도 요양병원에 근무했고 개업까지 두차례 했었으니 진○○은 요양병원에서 병원장이 직접 운영하지 않고 명의만 빌려주는 사무장병원은 위법이라는 것과   병원장은 건물주와 임대계약을 하고 병원 운영을 책임지고 도맡는다는 것 그리고 개설시 병원장이 직접 임대계약서를 보건소와 세무서에 제출하는 기본절차는 잘 알고 있을것이 자

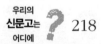

명하겠습니다.

그러나 저는 진○○와는 사전에 전혀 알지도 못했고 또 진○○와는 전화통화로만 임대계약 협의를 해서 반신반의 했습니다. 그런데 진○○은 오겠다고 예정된 날 전화를 걸어와 지금 차로 오고 있으니 저녁에 병원에 도착할수 있다고 했습니다. 그래서 급히 건물주 회사 대표 김○○씨에게 연락해 심○○ 때와 같은 내용의 임대계약서를 직원에게 워드 찍게 해서 저녁에 병원으로 가지고 오도록 했습니다.

임대계약서에 도장을 찍으며 진○○은 계약조건이 좋아서 병원 임대를 인수하겠지만 한의원 몇 번 개원했었으나 실패했다며, 경영 정상화 때까지는 도와주기를 바랐습니다. 그리고 "한의원 개업을 두 번 해 봐서 운영이 쉽지 않은걸 잘 아니까 만일 운영이 잘 안되면 다음 병원장에게 인수인계 할수도 있다"고 구두로 단서를 달았습니다.

다급하게 병원을 인수인계 시키는 입장에서 그만한 적임자도 급히 구하기 힘든 상황이었으니 임대주 회사 대표로서 김○○씨는 다행스럽게 생각했을 것입니다. 김○○씨는 병원이 적자가 많이 나고 있는 것으로 알고 있다며 병원이 적자를 면할 때까지 임대료 지불 조건 등에서 최대한 편의를 봐주겠다고 말했던 기억은 납니다. 통상적으로 요양병원은 장기임대로 갈 수밖에 없으니 적자가 많이 나는 개설 초기에 최대한 편의를 봐주는 것은 부득이하기도 했습니다.

진○○이 저녁 늦게 서울로 온 날 진○○은 임대계약서에 도장 찍었고, 전임 병원장 심○○에게 줄 차용증도 함께 미리 작성했습니다. 바로 다음날 심○○에게 인수자가 왔다고 알렸더니 급히 심○○이 병원에 왔습니다. 그때 진○○와 차용증으로 인수인계 하려니까 심○○은 자신이 병원장으로 있던 두달 동안 미처 자금도 들여놓지도 못했는데 그만두는 마당에 차용증조차 필요 없다고 했습니다.

심○○은 옛 친구를 믿고 제가 평생 처음으로 빚까지 졌는데 개설 초기 병원에서 난 적자는 병원을 틀 잡는데 씌었으니 자기는 진○○에게 차용증을 받고 후에 빚을 김○○ 관리소장님에게 정산하는 번거로움도 전혀 원치 않으니 그냥 떠나면 된다고 하였습니다.

더욱이 진○○이 인수하면서 진○○와는 닥터론 등으로 개설자금이나 병원 운영자금을 마련하기로 이미 합의를 보았기에 심○○이 굳이 차용증 받기를 원치 않는다면 개설신고하기 전날(2011. 2. 16.) 건물주 회사와 진○○은 임대계약서를 작성하였으니 그 차용증은 실제로 큰 의미는 없었습니다.

그리고 진○○은 임대 계약시 개설자금은 론 등으로 구해오겠다고 했고 인수인계 후에 실행한 메디칼론이나 신용보증기금 대출건은 그 약속을 이행한 것일 따름입니다. 그렇지 않다면 결코 인수 인계시 개설자금이 마련되지 못한 진○○와 임대계약을 할 수는 없었을 것입니다.

그리고 만일 그렇게 심○○이 폐업하겠다고 재촉하지 않았다면 또 진○○이 인터넷에 병원장을 인수하겠다며 약력만 올리지 않았다면 굳이 진○○에게 전화통화를 해서 병원의 임대차 계약을 협의했을 리가 없었을 것입니다.

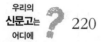

그런데 진○○이 병원장을 인수한 후에도 매일 계속해서 발생하는 적자 문제 때문에 계속 통장관리를 하던 제가 병원의 수입·지출 현황을 수시로 자세히 설명 해도 수동적으로 듣기만 할 뿐 매사에 너무 소극적이었습니다. 그리고 임대계약시 약속대로 당연히 해야 할 은행 대출도 진○○은 제가 재촉하니 마지 못해 하는 듯 했습니다. 연대보증인도 자신은 독신이라 같이 서줄 사람이 없다고 하니 건물임대를 계속하기 위해 하는 수 없이 서 주게 된 것입니다.

평소 진○○의 이런 소극적 태도에 매우 실망을 느낀 저는 건물주 회사에 임차인을 소개시킨 입장에서 이렇게 매사에 소극적인 진○○이 계속 병원을 잘 운영해 낼수 있을까 하며 걱정도 많았습니다. 계속 그러다가는 건물주 회사가 임차인을 다시 바꾸어야 될지도 모르겠다며 우려하고 있던 중 그러니까 진○○이 인수한지 불과 4개월 되던 시점에 사건 병원이 진정받고 검찰수사를 받게 된 것입니다.

더욱이 어렵사리 건물 임대가 인수인계 되었기에 저로선 병원이 정상 운영되어 빨리 관리소장님께 진 빚을 돌려 갚을수 있도록 최선을 다해 도와주려고 애썼습니다. 무엇보다 평생에 흔한 계 한번 한적 없고 누구에게 빚도 져 본적 없는데 예기치 않다가 병원 임대 때문에 큰 빚을 지게 됐으니 마음이 매우 초조하고 불안했던 것입니다.

(4) 진정인 권○○

이 모든 사건의 전말의 발단이 되는 진정인 권○○는 급성기 병원에서 청구직원으로 오래 근무했으나 요양병원 경험이 없어 입사 첫날부터 원격보조하는 임시 직원을 써야 하는 등 부대비용이 발생했습니다. 더욱이 권○○는 요양병원에 부적응 하기도 하여 입사(2013. 5.) 초기부터 권고사직 의사를 알렸습니다. 입사 3개월 내에는 수습기간으로 규정되어 있어 권고사직할 수 있는 병원 취업 매뉴얼에 따랐던 것입니다.

무엇보다 검찰수사기록에 남겨진 진정인 권○○의 진술을 보면, 거의 전부가 저를 악덕 사무장으로 오인하게끔 하는 억측과 조작으로 일관되어 있습니다. 30여년간 급성기 병원에서 청구직을 한 지식과 경험을 바탕으로 권○○의 진술은 너무나 교활하고도 박식하게 짜맞춰져 있었는데 결국 그가 진정한 진술만을 토대로 사건 병원이 검찰수사를 받았으니 사건 당사자들에게는 불리하기만 한 수사기록이 남겨졌다고 하겠습니다.

그 단적인 예로, 권○○는 후임병원장 진○○이 회사로부터 자금을 빌린 것처럼 허위로 채권 채무 서류를 꾸며 놓았다고 제가 말했다고 진술했지만 설령 진○○이 회사와 채권 채무 서류를 만들었다 해도 제가 그렇게 말했을지 만무하고, 실제로 진○○은 회사와 채권 채무 서류를 만들지 않고 임대차 계약서에 합의했을 뿐입니다. 이렇듯 권○○는 자기 추측대로 각본을 짜고는 마치 제가 그렇게 말한 것처럼 조작하여 진술 하였습니다.

그리고 진정인 권○○는 제가 '남편이 사업을 해서 병원을 차렸고, 의료장비나 인테리어 비용도 회사자금으로 조달하였다'고 말했다는데, 입사 초기부터 권고사직 시키려고 하고 겨우 1달 근무한 직원에게 제가 그렇게 터무니 없이 사실과 다른 얘기를 했을리 만무합니다. 더욱이 의료장비대금은 병원장이 차용하도록 주선했고, I 회사 이사회를 거쳐 인테리어 비용만 장기임대를 위한 건물의 부가가치라는 결론에서 회사자금으로 조달하도록 하였습니다.

그러나 형사 1심 판결문에서는 검찰수사기록만 그대로 추인하며 이토록 사실무근이고 억지 추측인 진정인의 진술만 입증자료로 채택하고 있었습니다.

사건병원이 수사 받을 때 권○○가 그 수사 진행을 수사관을 통해 세세히 파악하고 수사 방향까지 모의했다는 또 다른 증거로 권○○는 사건병원이 수사 받을 때 그 수사 진행 상황을 주승룡 국회의원 사무실까지 찾아가 낱낱이 보고했다는 점입니다. 그런 연고로 하여 국회의원 보좌관의 협조로 권○○ 은 문화방송 녹취록 사건을 일으킬 수 있었던 것입니다.

더욱이 진정인 권○○의 권유에 동조한 검찰측 증인 수간호사 손○○와 강○○는 병원 개설시 함께 오픈멤버였는데 이들 오픈멤버 두 사람이 사건병원의 사무장병원 혐의에 대해 동조함으로써 권○○는 대법원 판례 중 누가 개설 주도를 했는지 하는 조항에 제가 엮여진다고 보고 더욱 포상금을 받을수 있겠다는 확신에 차 있었던 듯 합니다.

무엇보다 전임 심○○ 병원장은 개설 전날에야 병원에 왔고, 그전에는 주말에만 병원에 들렀으니 피상적으로 볼 때 개원 1달 전부터 근무하며 간호장비 세팅을 도왔던 오픈 멤버인 강○○와 손○○에게는 인테리어를 비롯하여 병원 개설작업을 제가 주도하고 있는 듯 오인할수도 있습니다.

진정인 권○○는 제가 병원장이 근무하지 않는 주말에 찾아온 자신의 이력서를 받았고, 병원 통장을 관리했고, 또 권○○가 요양병원에 부적격하다고 제가 건의해서 권고사직시켰다고 생각해서 제가 모든 인력관리를 전담한다고 보고 더욱 사건 병원에 대해 사무장병원이라는 의혹을 가졌던 듯 합니다.

문화방송 녹취록 사건에서 보여주듯 교활하고 극악한 진정인은 자신의 사리사욕을 위해 수사관을 회유하여 성공을 그릇되게 확신시킴으로서 수사 공권력을 남용토록 시켰습니다. 그러면서도 권○○는 취하금을 나누어 주지 않으려고 취하금을 협상하는 녹취록까지 방송에 공개하여 수사관을 파면케 하고 나아가 무고했던 사건 병원과 당사자들에게 돌이킬수 없을만큼 엄청난 피해를 끼치고 말았습니다.

그런데 이런 진정인 권○○의 짜맞추기식 각본을 사전 점검해 보지도 않고 그 각본으로 틀을 잡고 수사를 시작하였기에 사건병원에 대한 검찰수사기록에는 수사 시작에서부터 전 과정을 통틀어 사실오인이나 추측성 예단으로 인해 편향되었던 오류들로 가득하면서도 문답식 진술

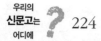

기록으로 그 편파성 등은 거의 희석되었다고 하겠습니다.

이미 오도된 심증을 가지고 진행된 편파적인 수사기록으로는 아무리 법원에 가서 3심을 거쳐봐야 승소 가능성은 거의 없다는걸 겪어보고 나서야 비로소 알게 되었습니다. 따라서 검찰수사 초기부터 수사의 틀을 공정하게 짜지 못하도록 모략한 이들의 혐의야말로 막중하다 하겠습니다.

(5) 과잉된 표적 수사

검찰수사를 다시 정리해 보면, 임대를 위해 돈을 꿔 준 것 가지고 수사관은 서류적으로 임대계약서를 작성한 것인 듯 의심하고 모든 계좌를 추적해 댔습니다.

그리고 당시 전·현직 직원들이 참고인으로 불리어 갔다 와서 전언한 바로는 '이미 사건 병원은 사무장 병원임이 확실하다'며 무슨 복사본 같은 것들을 가리키며 "저기 증거서류가 저만큼 쌓여 있다"는 식의 협박성 회유나 유도 질문으로 사건 병원을 의도적으로 사무장 병원으로 몰고 갔던 정황은 너무도 많았다고 했습니다.

성공하면 환수금 전액에서 10%~20%에 상당하는 포상금이라는 과실 때문인지 진정인에게 동조한 검찰측 증인들(2~명)은 검찰수사뿐 아니라 1심 법정에서까지 모두 미리 모의했는지 입을 모아 저만을 겨냥하면 된다는 듯 모두 제가 병원 운영을 주도한 사무장으로 몰아갔습니다.

그러나 반면에 병원 직원들은 대부분 우선 검찰측에 불려가는 것 조차 되도록 기피하고 부득이 가게 되도 미리 예단을 하거나 과장하지 않고 자신들이 직원으로서 병원일 하며 아는 한도 내에서만 성실하고 정직하게 답변했습니다.

사실 법원으로 이관되고 나서야 검찰 수사기록 전문을 변호사 사무실을 통해 건네 받았습니다. 그런데 그 가운데 2003년 대법원 판례에 대한 복사본이 있었습니다. 그 전까지는 대법원 판례에 대해 전혀 몰랐는데 내용을 읽어보니, 사실 엄밀한 의미에서 의료법에서 지적하고 있는 사무장 병원에 대해 명확한 법적 근거가 별로 없어서 이 대법원 판례에 따른다고 했습니다.

그런데 (2003년) 대법원 판례에 따르면 '비의료인이 의료 기관의 시설 및 인력의 충원, 관리, 개설 신고, 의료업의 시행, 필요 자금 조달, 그 운영 성과의 귀속 등을 주도적으로 관리하는 것'을 기준으로 삼는다고 되어 있었습니다.

진정인 권○○가 1,000만원을 주지 않으면 사무장병원으로 신고하겠다고 할때 권○○는 사무장병원으로 판명되면 자기가 받게 될 포상금(환수금의 20%)이 거액인데 1,000만원도 적으니 알아서 하라고 한 것과 수사관과 수사 과정에서 수사 내용을 의논하며 대법원 판례대로 진행한 것으로 미루어 볼 때 이미 그때 권○○는 포상금 액수(환수금의 20%) 뿐만 아니라 이 대법원 판례까지 낱낱이 알고 있었다고 추정됩니다.

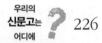

저는 그런 대법원 판례가 있는줄도 몰랐었지만, 그제서야 그 판례의 틀에 맞춰 혐의를 찾아내 엮기 위해 수사관이 그렇게 반복해서 누가 면접을 보았으며, 누가 개설신고를 했는지 또 근로 계약서 및 통장을 누가 관리했는지를 진술하러 온 직원들에게 일일이 물어봤는지를 알 수 있었습니다.

수사관은 참고인들과의 문답식 진술에서 대법원 판례에서 제시하는 항목에 따라 사무장병원과 같은 증거를 모두 수집하여 이를 꿰맞추는 식으로 수사를 진행하였습니다. 그래서 다 사무장병원에다 갖다 붙이면 수사기록상으로는 정말 그럴듯해 보였을지도 모릅니다.

대법원 판례의 항목들에 따라 수사한 후 최종적으로 내려야 할 결론을 미리 내놓고 참고인들에게 사건 병원이 사무장병원 같은 점에 대해 진술하라니 대법원 판례의 항목들은 증거 수집의 수단으로만 극단적으로 적용되었다고 하겠습니다.

이렇듯 사건병원에 대한 수사 과정에서는 모든 상황을 의료법에서 운운하는 사무장 병원이라는 틀에만 짜 맞춰 넣으려고 하니 이런 식의 수사로는 애초에 노인복지나 국가재정 측면에서 사무장 병원을 단속하려는 본 취지와는 심히 괴리된다고 보여졌습니다.

문화방송 녹취록 사건(2011. 11. 11.)으로 후에 밝혀졌듯이 검찰수사에서부터 진정인과 깊이 유착되었던 수사관은 진정인이 짜 놓은 각본을 전혀 검증하지 않고 입증자료나 되듯 판을 짜고 편파적 수사를 하였던 것입니다. 그러므로써 수사관은 사건병원이 다른 사무장병원과의 근본적 차이를 갖는 점을 전혀 인정하지 않고 무차별적으로 대법원 판례만을 조목조목 적용 하였던 것입니다. 그러다 보니 대법원 판례의 조항들은 사건병원에 혐의를 씌우는 수단으로만 오용되었던 것입니다.

(6) 검찰 수사기록

2011년 7월부터 그 해 12월까지 6개월간의 수사 과정에서 사무장병원으로 그럴듯한 그 어떤 증거라도 샅샅이 수집하기 위해서인 듯, 전임 심○○ 원장이 운영했던 두어달 그리고 후임 진○○ 원장이 인수한지 넉달정도 된 기간들간의 병원 관련 서류(거래통장, 직원명부, 근로계약서, 계좌이체 급여통장, 매달 손익계산서 등)들을 모두 제출케 했습니다. 그렇게 해서 결국 어마어마하게 방대한 검찰수사기록물이 남겨졌다고 하겠습니다.

그 검찰수사기록에는 수사 시작에서부터 전 과정을 통틀어 사실오인이나 추측성 예단으로 가득하면서도 단답형의 문답식 진술 기록으로 그 편파성 등은 거의 희석되었다고 하겠습니다.

검찰 수사기록만 보면 진정인과 이에 동조한 검찰측 증인(2~3명) 등은 자신들이 마치 노인복지만을 걱정하는 정의의 사도인양 자처하며, 저는 다만 돈만 알고 위법을 불사하는 사무장인듯 이를테면 마녀 사냥식 각본을 짜고 있었습니다.

사건병원의 검찰수사 기록에는 참고인 진술을 요구받았던 그 많은

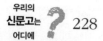

전.현직 직원들 중 진술 요구에 동조하지 않은 전.현직 직원들의 전화통화는 모두 다 빼버리고 진정인에 동조한 불과 2~3명(강○○, 손○○, 김○○)의 진술만을 신빙성 있는 결정적 증거로 해서 이미 판을 짜놓고 수사기록은 시작되고 있었습니다.

그러나 전화를 받은 수 많은 전·현직 직원중 진술 요구에 동조한 불과 2~3명의 의견만을 뽑아 사건 당사자에게 확인하는 검증 절차도 거치지 않고 사건병원에 대한 혐의를 입증하는 증거인양 기록되어 있었습니다.

그런데 이렇게 개원 초 몇 달간 과도기적으로 병원의 원무과 일을 적극적으로 도운것 만으로 제가 미리 계획을 세우고 의료법에 위반되는 사무장 병원을 했다고 단정하는 것은 매우 극단적이고도 과도한 법 적용이 아닐수 없겠습니다.

특히 검찰수사 기록에는 제가 청구직원 강○○에게 청구금을 올리도록 청구 엎코딩을 부탁하고 또 제가 임대 건물주 회사 대표 김○○씨에게 청구내용을 정기적으로 보고하게 했다고 했습니다. 이렇듯 검찰수사 기록은 너무도 사실과 다르고 그들의 진술에는 건물주 회사 대표 김○○씨까지 환수금의 구상권에 엮어 거액의 포상금을 제대로 받아보려는 저의가 분명해 보였습니다.

이렇듯 진정인과 강○○ 등은 오로지 포상금의 가능성을 바라고 너무도 그럴듯 하게 각본을 짜니까 수사관조차 이에 동조하며 편파적 수사를 한 것입니다. 더욱이 요양병원에서는 입원비 이외에 보험공단의 청구금을 받는다는 사실조차도 모르고 병원 일을 도왔던 저로서는 엎코딩이라는 전문적인 청구용어도 전혀 몰랐습니다.

사실 저는 예기치 않게 병원 일을 돕게 되었기에 원무과 직원 채용은 병원 경력이 많은 원무부장 김○○이 도맡았습니다. 저는 나중에야 심사과장이 청구일을 한다는 것과 병원 수익금에 환자들 입원비 외에 보험공단 청구금이 포함되는 것을 알게 되었던 것입니다.

더욱이 건물 회사 대표 김○○ 씨는 평소 회사에서 7시에 퇴근해서 병원에 도착하면 8시가 되는데 6시에 퇴근하는 병원 직원들과 만나 정기적으로 보고 받는다는 것은 어불성설일 따름으로 그 당시 근무했던 직원이라면 그 누구라도 이에 대한 확실한 진술을 해줄수 있을 것입니다.

뿐만 아니라 수사기록에는 진○○이 메디칼론을 신청할 때 제가 ○○은행 변대리더러 "이 병원은 내가 운영하는 병원이니 잘 해 달라"고 했다고 되어 있습니다. 그런데 사무장병원이 위법인걸 잘 알고 있는 제가 어찌 은행 직원에게 실제와 동떨어진 그런 얘기를 했겠습니까?

그리고 메디칼론대출 담당 변○○ 대리가 '진○○이 고용된 의사이고 이 사건병원의 실소유주는 저와 김○○로 알고 대출을 실행하였기에 연대보증인으로 세운 것'이라고 검찰수사 기록에 나와 있었습니다. 그 수사기록이 너무 터무니가 없어 변○○ 씨에게 직접 확인해 보니 전혀 그렇게 얘기한 적이 없다고 하여 변○○ 대리는 형사 1심때 사실확인서까지 제출한 바 있습니다.

변○○ 대리는 사건병원의 건물주 회사가 주로 거래하고 있는 은행

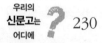

의 직원이기에 이미 사건병원의 건물이 회사 건물인 것과 그 건물이 임대중이었다는 것과 그 후 요양병원이 되었다는 것은 알고 있었습니다. 그러나 그는 대부분의 일반인들이 그렇듯 의료법에서 의미하는 사무장 병원에 대한 뜻도 몰라 새 병원장이 임대해온 병원장인지, 또는 고용된 의사인지 조차 구분하지 못했다고 사실확인서 등에서 분명히 확언한 바 있습니다.

한편 저는 제가 마무리 수사받은 기록을 후에 복사본으로 보게 되었습니다. 그 내용에는 제가 "요양병원을 시작해서 남편을 살리려고 친구인 심○○를 불렀다"는 진술이 포함되어 있었습니다. 제 기억으로는 제가 그 때 건물을 임대한다니까 요양병원으로 문의해 온 의사들이 여럿 있어 이 건물이 요양병원 임대에 적합한 것을 알았고, 이왕 임대하려면 요양병원 경험도 있고 직접 해보고 싶어하는 친구가 했으면 해서 친구를 불렀다고 했습니다. 그렇게 되면 회사 건물도 좋은 임차인을 만나는 것이 되어 회사와 남편을 살리는 것이라고 생각했다고 진술했습니다.

그런데 검찰수사 기록에서는 문답식 진술 기록을 위해 수사받으며 저의 자세한 정황 설명을 다 생략하고 그중 몇마디만 기록하니까 결국 진술 전체의 의도와 문맥과는 전혀 동떨어지고 부정확하기만 한 기록이 되고 말았음을 알 수 있었습니다. 제가 마치 김○○씨를 살리려고 계획을 세우고 병원을 차리고 친구를 부른 것처럼 수사기록이 짜맞추어져 있었습니다.

이렇게 이미 시각을 고정시키고 나서의 짜맞추기식 계략은 매우 불가시적이지만 평생에 처음 소송을 받고 있는 무지한 일반인에게는 이렇듯 엄청난 파괴력이 되어 이렇듯 덫에 갇혀 옴짝달싹도 못하게 되는 것입니다.

그 외에도 부정확한 진술이 많았는데 예컨대 제가 혼자서 의료장비를 구입했다거나 또는 제가 의사와 간호사들 월급을 현금으로 주었다고 진술했거나, 그리고 제가 직원들을 모두 직접 채용했다는 진술을 들 수 있습니다. 제 기억이 맞다면 심○○이 대전에 있는데 개설전 의료장비를 구입해야 해서 심○○이 저에게 부탁했습니다. 저는 의료장비에 대해서 몰라서 오픈 멤버로 지원했던 물리치료 실장에게서 리스트를 받아 여러 장비업체들에게 연락해서 구입했다고 진술했습니다.

그리고 저는 개설초기라 적자 때문에 4대 보험료를 한 두달 밀리기도 했다고 설명했고, 또 의사와 간호사들 월급은 임금 거래 통장으로 보냈다고 진술했습니다. 무엇보다 요양병원에서 4대보험을 드는 것은 필수인데 4대 보험을 들고 직원들 월급을 현금으로 주었다는 것은 현실적으로 불가능합니다.

병원 개설 절차도 개설 당일 병원장이 대전에서 서울로 올라와서 컨설팅 회사 출신인 원무부장과 함께 처리했는데, 검찰수사는 대법원 판례중 병원 개설이라는 요건에 맞춰 저를 엮으려는 듯 마치 제가 개설을 주도적으로 한 듯 기록되어 있었습니다.

어떻게 그렇게 기록되었는지 또 지장을 찍으면서도 제가 왜 그걸 세세히 찾아내지 못했는지 의아하기만 합니다. 조사받을 당시 저는 그 기

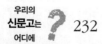

록이 법원에 넘어간다는 사법 시스템도 전혀 몰랐고, 또한 이른바 사무장병원을 판가름하는 잣대로 대법원 판례가 있는줄도 몰랐고, 또 수사를 대법원 판례의 항목에 맞춰 받았는지도 더더욱 알지 못했습니다. 뒤늦게서야 대법원 판례에 의하면 의료기관의 시설, 필요한 자금의 조달, 그 운영성과의 귀속, 인력의 충원과 관리를 주도적인 입장에서 처리한 것을 의료법 위반의 요소로 판단하고 있다는 것을 알았습니다.

장시간 수사를 받을 당시에는 다만 강압적인 수사를 빨리 끝낼수 있었으면 싶었고, 법원에 가서는 이 억울한 사정을 맘껏 펼쳐 보이면 충분히 억울한 혐의를 벗을수 있으리라고 기대 했었습니다. 더욱이 7시간 이상 조사를 받으면 나중에는 너무 지치고 눈도 피곤한데다 돋보기도 지참하지 않은 상태에서 30페이지 분량을 읽으려면 세세히 검토하지 못하고 지장을 찍은 것 같습니다.

이렇게 검찰수사 기록에서의 제 진술을 일례로 들어보아도 진술인의 세세한 상황 설명은 다 빼고 짧은 문답식으로만 줄여버리니 결국 매우 부정확하고 전체 문맥이나 진의와는 전혀 다른 진술이 되고 말았습니다. 검찰수사기록에는 이렇듯 이런 저런 이유로 오류가 많을 수 있기에 법원 판결에서 검찰수사 기록만을 완전무결하고 유일한 준거로 삼는데는 무리가 있었다고 하겠습니다.

저도 검찰에서 직접 진술한 경험을 토대로 추론해 볼 수 밖에 없는데 막상 검찰수사를 받아보면 수사관은 그가 바라는 진술 또는 그가 예상하는 진술이 나올때까지 다그치며 같은 질문을 반복했던 기억이 납니다. 한번 수사를 받으면 적어도 5~6시간 이상이 기본이니 나중엔 지칠대로 지칩니다. 그럴때 진술하는 사람이 미처 생각지 않은 예컨대 '병원 운영' 등의 용어를 수사관이 먼저 구사하면 그 용어를 따라서 쓰도록 유도했습니다.

이제 와 돌이켜보면 그 용어들은 의도적으로 의료법에서 규정하고 있는 사무장 병원의 정의나 대법원 판례 조항에 해당되었음을 알 수 있습니다. 예컨대 '명의를 빌린다', '직접 병원을 운영한다', '개설신고를 주도했다'등을 수사관이 먼저 쓰면서 진술인의 답에는 그 용어를 구사하도록 유도하는 경우가 종종 있었습니다.

이렇듯 의료법에서 사무장병원으로 규정하고 있는 개념이나 용어에 대해 일반인들은 정확히 잘 모르기에 수사관이 '실소유주', '고용된 의사', '병원 운영을 주도' 등으로 용어를 반복해서 구사하면서 유도하며 질문하면 답변으로도 자연스레 그 용어를 섞어서 따라하면서 수사관이 파놓은 함정에 빠지기 쉽습니다.

그래서인지 사건병원에 대해서는 많은 오류로 가득한 수사기록만이 검찰에 남겨지고 또 검찰수사 기록만을 추인하는 법원 판결에서는 제가 병원 건물 회사의 대표 부인으로서 영리를 위해 병원을 위법적으로 운영하려고 의사를 회유하고 또 마구 직원을 해고하는 듯 온갖 횡포를 부린 몸통 정도로만 시각을 고정시키는 듯 했습니다.

(7) 변호사 위임

진정받고 나서 검찰수사가 예상과는 달리 계속 짜맞추기식으로 불리하게 진행되자 뒤늦게 지인이기도 하고 지검장을 지내신 원로 변호사를 의뢰했습니다. 위임 받은 원로 변호사님는 사건의 내용을 듣고 사건의 세 당사자들에 대한 진술서를 써 주었습니다. 함께 수사를 받게 되어 그 진술서를 심○○에게 가져가니 심○○은 자기가 그만 둔 이후의 일로 자신이 왜 수사를 받아야만 하느냐면서 더욱이 임○○와 선을 본 얘기까지 왜 썼느냐며 마구 화를 냈습니다.

그 후 위임받은 변호사님의 얘기로는 변호사님이 수사관을 만날때마다 빨리 사건이 잘 마무리 되려면 취하를 받아내는 것이 필요하다고 수사관이 여러차례 이야기 했다고 전했습니다.

더욱이 그즈음 권○○가 요양병원 청구일을 모르니까 당시 주말에만 사건병원의 청구일을 도와주던 타병원 청구과장인 권○○에게 전화가 왔습니다. 그런데 권○○은 진정인 권○○에게서 전화 오기를 수사받느라 '비싼 변호사 비용 쓰지 말고 진정취하나 하지 그러느냐'고 하면서 그 말을 저한테 전해주라는 듯한 느낌을 강하게 받았다고 전해 주었습니다.

대대적인 수사로 해서 사건병원이 온통 쑥대밭 처럼 뒤숭숭 해서 답답하던 차였기에 진정인 권○○에게 전화해 보았습니다. 권○○는 저에게도 '비싼 변호사비 쓰지 말고 진정 취하나 하는게 낫지 않느냐'고 했습니다. 그리고 권○○는 자신이 해고 당시에 말했던 천만원은 너무 적다고 하면서 '진정 취하 하려면 3천만원은 필요하다'고 했습니다.

그래서 이 문제에 대해 변호사님과 의논하니 변호사님도 수사관의 태도를 봐서 빨리 수사를 끝내려면 이에 응하라고 하였습니다. 어수선한 병원 분위기도 빨리 수습할 셈으로 병원장 진○○이 직접 ○○동 H 백화점 정문 앞으로 나가 권○○에게 현금 3천만원을 건네게 된 것입니다.

그런데 제가 권○○가 요양병원 청구를 너무 몰라 부적응하다는 간호사들 이야기를 듣고 권고사직 의견을 제시 했었습니다. 더욱이 권○○가 진정을 했으니 저는 사건 발생에 원인을 제공한 셈이라는 책임감에서 변호사 비용과 진정 취하금을 부담하였습니다.

검찰 수사에서 제가 마지막 진술하러 간 날 대동해 주신 변호사님은 진술이 끝날때까지 지켜 보신 후 검사님에게 '물속에 물고기가 가득한데 그 속에서 손에 잡히는대로 한 마리 꺼내놓고 혐의를 주는 식이다.' 라고 하시며 안타까워 하셨습니다. 그 진의는 개설 초기 외부에서 자금을 끌어오는 예가 다반사인데 그래서 몇 달 병원일을 도왔다고 그렇게 큰 혐의가 되겠느냐는 뜻이라고 해석됐습니다.

형사 1심 뿐 아니라 형사 2심때는 지인의 소개로 부장판사를 역임하셨던 변호사님을 위임했는데 변호사님은 수사기록이 너무 나쁘게 되어 있다고 처음부터 매우 걱정을 하셨습니다. 그리고 사건병원을 위임받았던 변호사는 사건 병원이 대대적으로 수사받고 기소될때도 회사 대표 김

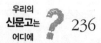

○○씨가 참고인으로 진술했을 뿐 기소되지 않았기 때문에 형사 1심 판결문에서 회사대표를 거론한 부분에서 사실오인이 있었어도 굳이 변론한 필요를 느끼지 않았다고 합니다. 그런데 민사소송의 원고인 보험공단○○지사에서는 사실오인으로 무리하게 회사 대표를 거론한 형사 1심 판결문을 입증자료로 민사소송을 제기하고 있는 것입니다.

(8) 법정소송 과정

법원에 기소되고 나서 대법원 판례에 대해 알게 됐습니다. 일반적으로 의료법에서 위반시하는 사무장병원이란 '비의료인이 영리를 목적으로 의사의 명의를 빌려 병원을 운영하는 병원'으로 개념 정리가 되어 있습니다. 그리고 엄밀한 의미에서 의료법에서 지적하고 있는 사무장병원에 대해 명확한 법적 근거가 없어 대부분 대법원 판례에 따른다고 합니다.

그런데 지금도 유효한 2003년 대법원 판례에 따르면 사무장병원은 '비의료인이 그 의료기관의 시설 및 인력의 충원, 관리, 개설신고, 의료업의 시행, 필요자금 조달, 그 운영성과의 귀속 등을 주도적으로 관리하는 것'을 기준으로 삼는다'고 되어 있습니다.

그때까지는 검찰에서 기소된 사건의 대부분이 형사 1심에서 유죄판결을 받게 된다는 사법 현실을 몰랐던 터라 법원에서만 진실찾기 법정공방을 제대로 벌이면 수사 받으며 단답만 허용되어 참았던 이야기들을 탄원서 등으로 한껏 풀어내어 사건의 실체적 진실은 꼭 밝혀지리라 무척 기대했었습니다.

그래서 형사 1심 기간 동안 당사자들의 탄원서는 물론이고 병원 관계자들의 사실확인서도 여러 차례 제출하면서 수사 받을 때는 단답식 문답식만 허용되어 말도 제대로 못했지만 법원에서는 진정성을 갖고 써 내면 진실이 드러나겠지 하는 기대까지 했었습니다.

그런데 형사 1심 판결 3~4일 전에 공판 검사가 의견서를 제출했다기에 변호사 사무실을 통해 받아보니 진○○의 고향선배가 작성했으나 내용이 너무 무리해서였는지 진○○이 제게 제시하지 않고 설합에만 두었던 '진○○의 요구사항'이란 문건과 마무리 수사때 심○○이 한 자백은 입증 능력이 있으니 기소장대로 저를 중형에 처해 달라는 내용이었습니다.

검찰에서 그렇게 고강도로 편파수사를 받았어도 법원에서만은 공정하게 판결받고 싶었는데, 공판검사의 진술서에는 마무리 수사때의 불가시적인 압박과 상황을 오판케 하는 수사관의 회유는 전혀 고려되지 않았습니다. 물리적으로 강압수사를 받았다는 명백한 증거를 제시하지 못하는 이상 탄원서는 다만 변명으로만 치부되었던 것입니다. 그러나 검찰수사 기록만을 기준으로 하는 공판검사의 진술서는 과연 공정하고 적법했는지 의문이 제기됩니다.

형사 1심 판결서에서는 진○○에게 인수인계 시킬 때 양도대금 4억 원을 2년에 걸쳐 분할 상환 받으면서도 이자 약정이 없고, 차용증도 사

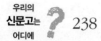

후에 작성한 것으로 보이므로 사건 병원의 자금 거래는 가장거래라고 단정하고 있습니다. 그러나 폐업을 막으려고 급히 인수인계 하는데 이자까지 생각하는건 무리였으며, 차용증은 진○○이 다음날 보건소에 개설 신고하기 전날 임대계약서와 함께 작성되었습니다.

그런데 이렇게 사무장병원을 할 의도가 전혀 없었던 사람에게 다만 건물 임대를 장기적·안정적으로 하는데 일익을 하겠다는 순수한 선의밖에 없었는데 그 복잡한 법인지 판례인지를 끌어들여 거기에다 그대로 엮어 맞추고는 중형에 처하겠다며 구금까지 시킨 것입니다.

이토록 사건 병원은 대법원 판례의 요건을 모두 채우지 못해서 사무장병원의 필요·충분 요건이 모두 충족되지 않는데도 검찰수사 기록만을 기준으로 형사 1심 판결에서는 제가 사무장병원을 운영했다고 단정되어 있는데 이는 법 해석과 적용에 있어 명백한 일반화의 오류이자 사실오인에 해당되겠습니다.

(9) 국민건강보험공단○○지사

국민건강보험공단○○지사에서는 애초에 2011년 6월 권○○의 진정으로 발단이 되어 사건병원이 검찰수사를 6개월간 대대적으로 받고 법원에 기소될 때도 건물주 회사 대표 김○○씨는 다만 참고인으로 진술했을 뿐이었는데 회사 대표 김○○씨의 주식을 모두 압류했습니다.

그리고 보험공단○○지사에서는 민사 1심을 제기하면서 이 사건에

건물주 회사 대표 김○○까지 연루시켰습니다. 이에 더하여 보험공단
○○지사는 민사 1심에서 패소하고도 적반하장으로 회사 소유인 병원
건물을 가압류 했습니다.

이렇듯 보험공단○○지사는 민사 1심에서 확정판결을 받고 도리어
보증증권을 공탁하면서까지 병원 건물을 가압류 했습니다. 그래서 회사
에서는 회사 건물 가압류에 대한 이의신청을 냈고, 민사 15부에서 이의
신청이 받아들여져 건물 가압류가 해제됐다는 통고를 받았습니다.

그런데 회사 직원이 법원에 가압류 해제 서류를 받아 법원에 가압류
등기를 말소하기 위해 가압류 해제 서류를 제출하니, 국민건강보험공
단○○지사는 이 가압류 해제 판결에 집행정지를 신청하였다고 했습
니다. 그러나 법원은 보험공단○○지사의 집행정지 신청 또한 무리하
다 하여 기각했습니다. 이렇게 보험공단○○지사는 온갖 수단과 방법
을 동원해 이 사건 병원의 환수금 전액을 다 받아내려고 김○○씨와 회
사까지 끝까지 편집증적으로 엮어들이려 하고 있습니다.

더욱이 보험공단○○지사는 민사 1심에서 패소(2012. 9.)하고 나서
2012년 11월 다시 민사 2심을 제기하면서 동시에 회사 대표 김○○씨
와 회사에 대해 이 사건과 연관지어 무차별적으로 횡령, 배임 등으로 검
찰에 고소, 고발, 진정을 했습니다.

그러나 담당검사는 사건병원에 회사자금이 투입되지 않았으니 배
임, 횡령 혐의에 대해서는 무혐의 판정을 내렸습니다. 따라서 사건번호
2012 고단 131 형사 1심 판결문에서도 건물주 회사 대표 김○○씨가

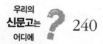

기소되지도 않았었지만 김○○씨에 대해 거론됐던 횡령, 배임 혐의 부분에 관한 의혹은 모두 벗고 무혐의 판정을 받은 것입니다. 이는 사건 (2012 고단 131)에 대한 *형사 1심 판결문 가운데 명백히 드러난 사실오인*된 부분에 해당되겠습니다.

그런데 민사 2심이 시작된 후 2013년 5월 김○○씨가 10여년 거래 관계에 있던 외국계 회사와 전환사채 계약을 체결하려는데 Term Sheet의 선결조건(p.2)에 회사가 법정 소송을 받지 않아야 한다는(no litigation) 조항이 있었습니다. 그래서 김○○씨는 혐의를 벗는 것도 중요하지만 우선 회사가 받고 있는 민사소송에 대해 소 취하를 받는 것이 더 급해서 보험공단○○지사를 찾았다고 합니다.

그렇게 회사가 다급한 입장이었으니 김○○씨는 어떻게 하면 이제라도 보험공단○○지사가 소 취하를 할수 있는지 물었고, 윤○○ 과장은 환수금 전액에 대한 담보가 있어야 한다고 말했다고 합니다.

그때 김○○씨가 사건이 패소되면 보험공단의 환수금을 낼 사람으로는 진○○도 있는데 어떻게 자신이 환수금 전액을 담보로 내야 하느냐며 물으니까 보험공단의 윤○○ 과장은 '진○○은 공단에 많이 협조했으니 진○○에게는 받을 것은 없다'고 말했다고 합니다.

회사가 2012. 9. 24. 민사1심 승소 판결을 받았으니 보험공단○○지사가 1심에서 소송을 끝냈다면 회사로서는 매우 중요한 2013. 5. 전환사채 계약에서 아무 문제가 없었을 것입니다. 그런데 보험공단○○지사가 또 소송 2심을 제기하고 있으니 회사의 전환사채 계약은 계속 보류되고 있습니다.

　이미 밝혔듯 사건병원의 당사자들이 법원에 기소(2012. 1.)됐을 당시 2012. 3. 16.에 자부가 병원장으로 병원을 인수하게 될 때(2012. 1.~2012. 3. 16.)까지의 병원 청구금(합계 4억5천만원)이 지급 보류된 바 있었습니다.

　그런데 그로부터 1년이 경과한 2013. 2. 그 일부(한달분)를 지급한 걸로 인터넷에 나와 있는 것을 2013. 6. 병원 회계를 맡고 있는 회계법인을 통해 알게 되었습니다. 그래서 보험공단 본사에 자료 요청을 했으나 *직접 병원을 운영하였던 병원장이 아니면 밝혀줄수 없다*며 자료요청을 거부한 바있습니다.

　그리고 보험공단이 민사 1심에서 패소하고는 민사 2심 소송에 유리한 고지를 잡으려고 회사 대표 김○○씨를 무차별적으로 고소, 고발, 진정(2012. 12.)을 했을 때도 검찰은 김○○에 대해 샅샅이 조사한 후 김○○씨에게 무혐의 판정을 내렸습니다. 그런데 무혐의 판정 직전에 공단이 미리 알고 무고죄를 받지 않도록 고소취하 한 것을 미루어 보아도 검찰은 일개인의 인권보다는 변호사가 다섯명이나 있다는 슈퍼 갑 위치의 보험공단에 편향되어 있다고 하지 않을수 없습니다.

　그러나 보험공단은 기소도 되지 않고 또 어떤 법적 확정판결도 받지 않은 회사나 회사 대표에 대해 소송을 제기하는 것은 신중했어야 했습니다. 중소기업은 국가 경쟁력일 뿐만 아니라 무엇보다 수출을 주로 하는 회사에서는 타이밍이 매우 중요하기에 회사 대표가 소송을 받고 있

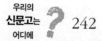

는 것만으로도 수출을 주로 하고 있는 회사에 운영상의 피해나 추락되는 외부 신인도는 시간이 지난 후에는 보상이 불가능할 만큼 막심하기 때문입니다.

제가 이미 겪은 사법 피해만도 엄청난데 환수금 경감의 협상력을 쥐고 있는 보험공단○○지사는 민사소송을 제기하며 사건 병원을 임대해 주고 있던 회사와 회사 대표까지 마구 무차별적으로 엮으려고 하는 것입니다.

이렇듯 보험공단이 오직 환수금을 전액 받아내려고 무리하게 회사 대표 김○○씨와 회사를 엮어 들이려고 해서 저는 청와대 신문고에 이런 억울한 사실들을 민원으로 제출한 바 있었습니다. 그랬더니 청와대의 남○○ 행정관님이 보험공단○○지사에 윤○○ 과장과 공단 변호사를 불러 지나치다고 문책한 바 있다고 합니다. 이 사실은 윤○○ 과장이 김○○씨에게 알려주어서 알게 되었습니다.

그러나 보험공단은 기소도 되지 않았던 회사나 회사 대표에 대해 소송을 제기하는 것은 신중했어야 했습니다. 중소기업은 국가 경쟁력일 뿐만 아니라 무엇보다 수출을 주로 하는 회사에서는 타이밍이 매우 중요하기에 회사 대표가 소송을 받고 있는 것만으로도 수출을 주로 하고 있는 회사에 운영상의 피해나 추락되는 외부 신인도는 시간이 지난 후에는 보상이 불가능할 만큼 막심하기 때문입니다.

이렇듯 보험공단○○지사가 더 많은 환수금을 받아내기 위해 무한한 공권력을 무리하게 남용하면서 무고한 사법 피해자를 더 이상 양산하지 않도록 사회정의와 사법 정의를 바로 세워주시기 바랍니다.

무엇보다 의료법 제정의 취지는 이렇듯 무고한 사람과 회사까지 마구 엮어서 환수금을 내도록 강압하려는 것은 결코 아니었으리라 봅니다. 의료법 적용에 있어 이현령 비현령식 틈새를 이용해(아무리 병원장들의 소유재산이 별로 없어 환수금 전액 환수가 안된다 해도) 어떻게 해서든 거액의 환수금을 받아내려는 보험공단○○지사의 지나치고 편집적인 행태는 지탄받아야 마땅하다고 보며 또 이런 지나친 행정 편의주의는 꼭 시정되어야 한다고 생각합니다.

(10) 사건병원의 건물주 회사대표 김○○

검찰수사 기록이 오류로 가득하다보니 그 수사기록이 그대로 악순환의 부메랑이 되어 보험공단은 건물주 회사 대표 김○○씨와 회사까지 연루시켜 소송을 제기했다고 하겠습니다. 굳이 김○○씨와 사건병원이 관련된 점을 찾는다면 저의 간청으로 마침 여유자금이 있으시다는 관리소장님께 제 명의의 회사 주식을 담보로 병원개설자금을 차용하도록 해 준 것 뿐입니다.

사실, 회사일에 바쁜 김○○씨는 병원의 세세한 사정을 전혀 모르고 있었고, 병원이 개설초기라 자금이 많이 부족하다는 정도만 알고 있었습니다. 수사를 다 끝내고 법원에 기소된 후 위임 변호사로부터 검찰 수사 기록 복사본을 받아보고 비로소 대법원 판례를 알게 되었습니다.

대법원 판례에 의하면 의료기관의 시설, 필요한 자금의 조달, 그 운영 성과의 귀속, 인력의 충원, 관리를 주도적인 입장에서 처리하는 것을 의료법 제87조 제1항 제2호, 제33조 제1항 위반의 요소로 판단하고 있습니다.(대법원 2011.10.27. 선고 2009도2629 판결 참조)

굳이 대법원 판례와 김○○씨를 연관지어 살펴보면 우선, '*의료기관의 시설*' 면에서 살펴보면, 2009년 8월 이 사건 병원 건물을 (주)I 명의로 인수한 이래 극장 건물이었던 특성 때문에 지하 2층 지상 9층 건물에서 2010년 3월에 3층이 한의원으로, 2010년 5월에 지하 1층이 PC방으로 임대된 것 외에는 다른 층은 2010년 8월까지 임대가 되지 않았습니다.

그러던 차에 저의 친구인 의사 심○○이 기본 인테리어만 해주면 그 나머지 의료장비, 의료시설 비용, 비품 등은 심○○이 부담하고 월 5천만원(부가세 별도)씩 임대료를 준다고 했습니다. 김○○씨는 이 문제를 회사 이사회에 상정하여 임대료를 제대로 받기 위해 칸막이, 화장실, 벽지 등 기본 인테리어만 시공했으며, 의료시설(집중치료실, 의료가스 등)은 해주지 않았습니다.

그리고 '*필요한 자금*'을 보면, 저는 평소 사업가의 아내라는 위치에 항상 불안해 했기에 아이들만이라도 안전하게 지키려고 혼인기간 동안의 제 몫을 챙기고자 했습니다. 2005년도 가정법원에 사건 2005 너 7760 이혼 및 재산분할 소송을 제기하여 이혼승락을 받은적이 있었으나, APT 재산 분할시 세금이 많이 나온다고 해서 보류 했었습니다. 이렇듯 위험부담을 안게 되는 사업 등을 극도로 기피하던 제가 그 엄청난 규모의 병원 운영을 하겠다고 작정했다는 것은 너무도 엄청난 억측이 아닐수 없습니다.

병원 개설 당시 제가 심○○이 들여온다는 개설자금이 늦어지자 김○○씨에게 재산분할 소송을 상기 시키면서 그때 못받은 돈을 달라고 간청했습니다. 마침 관리소장님이 여유 자금을 가지고 있기에 6억원을 융통해 주었습니다. 저는 빌린 자금을 관리하기 편하도록 임○○씨 통장으로 계좌를 통일하도록 김○○씨에게 부탁했습니다. 저는 그 자금으로 심○○와 의논하여 의료시설, 재활장비 및 집기 등을 구입하는데 사용했다고 검찰조사에서 진술하였습니다.

또 '*운영성과의 귀속*'을 보면, 김○○씨는 중소기업(매출 193억원/2011년도)을 1998년도에 설립 운영하는 CEO로서 2009년도 무역의 날에 1,000만불 수출탑과 함께 국무총리 표창을 받았으며, 평소 해외 출장도 많고 매우 바빴기 때문에 저에게 자금만 빌려줬지 다른 병원 업무는 전혀 알지 못합니다. 다만 검찰조사를 받은 이후에도 계속 적자라고 제가 김○○씨에게 알려주었을 뿐입니다.

그 외 '*인원의 충원, 관리를 주도적으로 처리하는 것*'을 보면, 다만 제가 장기임대를 위해 병원에 자금을 빌려주도록 김○○씨에게 부탁을 한 입장이니 심○○때 빚진 차용금을 빨리 갚기 위해서도 저는 부득이 개설초기 몇 달간만 도와주지 않을 수 없었던 것입니다. 그러나 김○○씨는 회사가 해준 기본 인테리어를 계약할 때 중간검사 준공시 외에는 일

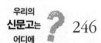

과시간 내에 병원에 온적이 없습니다. 따라서 김○○씨가 병원 운영에 대한 보고를 받았다는 검찰측 증인(권○○/강○○/김○○)들의 진술은 100% 음해성 중상모략으로 결코 사실이 아닙니다.

김○○씨는 지인이 병원에 입원하게 되어 낮에 한번 병원에 들렀다가 병원 수입(청구금)을 담당하는 강○○를 만난바 있다고 합니다. 김○○씨는 병원이 적자가 많이 난다는데 병원 수익에 대해서 물었을 뿐 보고 받은 것은 아니었고, 그 후에도 전혀 만난바 없다고 합니다. 그리고 김○○가 김○○씨가 가끔씩 내원하여 보험 청구 내역 등을 확인했다는 진술 또한 전혀 사실 무근입니다. 김○○씨는 김○○를 전혀 알지도 못합니다.

다만, 제가 야맹증으로 운전을 못하기 때문에 김○○씨는 픽업차 업무상 약속이 없는 날은 일과가 끝난 8시 이후에 병원에 들렀을 뿐입니다. 그런데 김○○씨가 검찰 조사를 받을 때 조차도 김○○씨한테 수사관이 이들의 진술에 대해 전혀 확인한 바도 없었기에 김○○씨가 검찰 수사 초기 바탕이 되었던 이들의 이런 진술들이 사실무근이라고 부정할 기회조차도 없었습니다.

또 권○○의 진술에 의하면 병원의 물품, 의료 장비 등을 남편 김○○씨 회사 앞으로 구매했다고 했는데, 결코 회사 돈으로 구입한 적이 없습니다. 이는 검찰조사에서도 확인하였습니다. 이렇게 권○○는 검찰수사에서 사실무근의 진술을 쏟아냈습니다.

사실 김○○씨는 요양병원에 대해 예비 지식도 전혀 없이 건물 임대만 목표로 하다가 제 간청으로 갑자기 그 많은 소요자금을 떠맡고 그렇다고 새로 임차인을 바꿀수도 없고 병원이 폐업되어 임대차계약을 종결시킬수도 없는 진퇴양란의 곤경에 처했던 것입니다.

그리고 검찰수사에서 김○○씨 고교 동창회 사이트에 '김○○가 병원을 개원하였다'고 공지되었다고 문제 삼았는데 고교 동창들과 같은 일반인은 동창회 총무처럼 건물에 임대가 들어와서 개원했는지, 직접 운영을 한다는건지 구분할 줄도 모릅니다.

총무는 꽃집을 운영하고 있기 때문에 회사 건물이 개원했다고 해야 동창들에게 화환을 많이 팔수 있기 때문에 또 김○○씨가 동창회 회장을 지낸바도 있고 해서 대대적으로 홍보한 듯 합니다. 그런데 덕담삼아 한 그런 홍보용 공지사항도 김○○씨가 병원에 관여한 커다란 입증자료로 채택될 만큼 사건병원에 대한 검찰수사는 극도로 편향되면서 수많은 사실오인을 발생시켰다고 하겠습니다. 더욱이 김○○씨는 총무가 냈다는 그 사이트의 광고를 알지도 못했다가 수사받을 때 검찰수사관이 보여주어서 알았다고 합니다.

3. 청원 취지

그동안 검찰수사를 받으며 도대체 법 정신을 실천하는 정의는 무엇이며, 과연 의료법에 명시된 이른바 사무장병원이 단속되어야 하는 그 근본취지는 무엇이며, 또 어떤 병원이 그 대상이 되어야 하는지 수없이 자문해 보았습니다.

무엇보다 의료법 제정의 취지는 어디까지나 국민복지라는 공익을 위한 것이지 이렇듯 병원장이 특권을 이용해 의료법 66조 시행령을 저울질하며 금전적 이해타산에만 따라 감탄고토하며 진술을 뒤집고 또 환수금 경감 협상력을 쥐고 있는 보험공단은 편집증적으로 무고한 사람과 회사까지 마구 의료법 조항에 엮으므로써 무리하게 구상권을 넓히려는 것은 결코 아니었으리라 봅니다.

이른바 사무장병원이 병원 운영을 목적으로 병원장 의사를 고용하고 있는 병원이라면 개원한지 불과 몇 달밖에 되지 않던 사건병원에서 저는 친구 병원장이 겨울이 되도록 개설자금을 채 마련하지 못해 급히 자금을 융통하도록 도와주고 장기적이고 안정적인 건물임대를 위해 잠시 옆에서 병원 일을 도왔던 것뿐입니다.

그러나 검찰수사에서부터 그 근본적 차이는 전혀 인정되지 않고 이미 오도된 심증을 갖고 사건병원에 사무장병원 여부를 가름하는 대법원 판례만을 무차별적으로 조목조목 적용해대니 그 과정에서 사건병원이 의료법에서 위반시하는 사무장병원이 아니고 저도 그런 병원을 운영하는 사무장이 결코 될수 없는 많은 정황들과 조건들은 다 걸려져 버리고 말았던 것입니다.

물론 법은 엄정하고 공정하게 제정되었겠지만 그러나 법률 해석과 적용의 실제에 있어서는 다양한 시각차가 있을 수 있겠습니다. 예컨대 제가 사건병원에서 개설 초기 몇 달간 병원 일을 주도적으로 도왔다는 행위만으로 제가 실제로 사무장병원을 운영하려고 의도했다고 단정한다면 정황상 예기치 않다가 부득이했던 과도기적 상황이 충분히 참작되지 않았다고 하겠습니다.

예컨대 사건병원을 군이 대법원 판례에 적용해 보아도 그 판례 조항 가운데 사건병원은 *인력의 충원, 관리*에서 원무과 직원 관리를 도운 점은 어느 정도 인정할 수 있고, *개설신고*는 병원장과 원무과 직원이 했으며, *의료업*은 각 과목별로 의사들이 소신껏 했습니다.

*필요한 자금의 조달*은 심○○ 병원장이 개설자금과 함께 매달의 병원 적자도 함께 해결하겠다니까 임대를 계속 시키기 위해 병원 초기에 발생하는 매달 적자를 급한대로 메꾼것이고, 후임 병원장 진○○때는 진○○이 외상 개념인 메디칼론과 신용보증기금에서 론을 받아 메꾸었는데 병원의 사업기간이 짧고 진○○이 독신이라 보증 설 사람이 필요하다고 했습니다. 임대는 계속 되어야 하므로 저만 보증을 서주려고 하니까 제 명의의 부동산이 없다고 해서 김○○씨까지 보증을 서주게 된 것입니다. 더욱이 진○○이 신용보증기금에서 론 받을때는 이미 병원

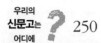

이 고강도 수사를 받을때였지만 적자로 병원 자금은 매우 부족하고 임대는 계속 되어야 해서 부득이 했던 것입니다.

*운영성과의 귀속*은 초기 병원이라 적자가 많이 나서 임대회사가 임대료도 제대로 못 받고 장기 임대를 위해 초기 적자까지 도와주고 있었는데 무슨 운영성과의 귀속에 해당되는지 도무지 납득이 가지 않습니다.

더욱이 사건병원에서 의사들의 *진료권*은 철저히 보장되어 있고, *인력의 충원과 관리*는 간호사들은 수간호사가 전권적으로 인사관리 하고 있었으며, 물리치료실은 실장님이 전권을 가지고 관리했습니다.

그렇게 초기 몇 달간 과도기적 기간에 있다가 검찰수사를 받으니 자금조달도 미비하였고, 통장 계좌 등 서류적으로도 엉성하고 경영면에서도 아직 독립적으로 홀로서기가 되기 이전이었던 것입니다.

개설한지 두달 만에 병원장이 바뀐 후 겨우 4~5달 경과되어 아직 틀도 제대로 안잡힌 병원을 무슨 큰 모의를 하며 악덕을 저지른 듯 대대적으로 수사하면서 수많은 직원들을 불러대서 온갖 흠집을 내면서 장기적 전망을 보고 한 선의의 임대차계약을 형식적인 위장계약이라고만 혐의를 씌워대었던 것입니다.

그러나 사건병원은 사무장병원의 정의 가운데 건물임대를 위해 '비의료인이 병원 운영을 도와준 것'뿐이며, 대법원 판례 가운데는 건물 임대를 위해 기본 시설 및 필요한 초기 자금을 조달'하도록 돕고 또 통장 관리나 직원관리 등 원무과 일을 도왔던것만 사건병원에 해당된다고 할 수 있습니다.

여태껏 상식적으로 법이란 정의수호를 위해 억울한 사람들의 사정을 풀어주기 위해 필요한 것인줄 알았습니다. 그런데 법이라는 명분으로 외관상만 그럴듯 해 보이지 실제로는 과도기적이고도 일시적인 상황에 처했던 그런 초기 병원 까지도 복잡한 법조문으로 마구 엮어 억울한 사법피해를 양산할 수도 있는 맹점 및 허점을 절감합니다. 따라서 사건 병원에 대한 수사는 전형적인 과잉수사, 표적수사 그 자체라 할 수 있습니다.

　그러나 그런 수사와 기소 관행으로는 결과 보다는 과정과 절차를 더 중요시하는 법치주의 뿐 아니라, 이른바 '애매할 때는 피해자의 이익으로'라는 헌법에 명시된 무죄 추정의 원칙 또한 실종되었다 하겠습니다. 이 어찌 법의 형평성에 합당하다 하겠으며 그런 의료법이 입법된 본래의 취지에 부합된다고 하겠습니까?

　다만 병원장이 병원을 개설할 때 개설자금을 즉시 마련하지 못하고 임대를 했던 그 과도기적 기간에 사건병원처럼 진정이나 신고를 받아 검찰수사라도 받으면 사무장병원이라는 혐의를 받고 엄청난 곤욕을 치를수도 있다는 의료법 적용의 실제를 미리 예견하지 못한 점은 비의료인의 한계가 아니었을까 합니다.

　직접 온 몸으로 현행 사법 구조의 전 과정을 겪어보니 수사권과 기소권이 검찰에만 있다는 우리 사법 현실에서 법정에서의 공판중심주의는 다만 요원한 이상일 뿐으로 법원에서의 재판은 오직 검찰수사기록만을 추인하는 과정이기 십상이었습니다.

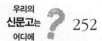

더욱이 사건이 포상금이나 환수금, 성과급 등과 연관까지 되면 포상금 뿐만 아니라 환수금이라는 황금을 둘러싼 이해당사자들의 모략에 따라 까딱하다가는 엄청난 사법피해를 입고 천길 낭떨어지로 떨어질수 있음을 절감합니다.

사실 사건병원은 겨우 형사 1심만 거쳤을 뿐 형사 2심에서 양형부당만 주장하라고 하여 도중하차한 형국이니 실제로 *사실오인*에 대한 법률심은 2심, 3심에서 전혀 받지 못하였습니다. 그러하기에 재심을 통해 법률적으로 전문적이고도 다양한 관점에 대한 개방성을 제대로 담보받고 싶은 것입니다.

무엇보다 검찰이나 법원에서 제가 이렇게 제 평생의 양심을 걸고 주장하는 사건병원의 실체적 진실과 정황이 현실적으로 불가능함을 입증할수 없다면 저에게 재심을 받을 기회를 부여하는 것이 사회정의와 사법정의에 합당하지 않겠습니까?

겉보기에 사무장병원을 하고 있는듯 하다고 진정 받으므로써 수사 받고 기소되면서 3심을 거치고도 아직 혐의를 벗지 못한 이 불가해 하고 부당한 상황에서 재심이야말로 이 시대에 이런 사법피해자들을 위해 울려줄 유일한 신문고임을 믿어 의심치 않습니다.

무엇보다 만일 검찰수사가 몇 달만 늦게 재개되어 병원이 개원한지 1년 정도만 되었더라도 제가 병원일을 옆에서 도운 것이 임대를 위해 부득이하여 빌려준 자금을 빨리 돌려받기 위한 임시적인 고육책이었음이 충분히 드러날 수 있었을 것입니다.

옛 친구 병원장에게 부득이 병원 개설자금을 융통해 준 입장에서는 개설 초기에 적자운영으로 문을 닫지 않을까 우려도 되었고, 되도록 빠른 시일 안에 빚을 돌려 받고 또 임대료만 회사에 안정적으로 낼 수 있게 되었으면 하고 바랐던 것뿐입니다.

일예로 요양병원 실사를 철저히 하는 심사평가원조차도 개설한지 1년이 안되는 병원실사는 하지 않는다고 합니다. 이는 1년이 안된 병원은 모든 여건이 미비하고 시스템 정비가 덜 되었으리라는 판단 때문이라고 합니다.

무엇보다 최근에(2013) 사무장병원 혐의로 수사받거나 기소됐다는 보라매 성모병원 강동 성모병원, 필립 요양병원, 송파 나눔병원 등은 사건병원과 분명히 변별적인 차이를 갖고 있었다고 하겠습니다.

그들 병원들은 사건병원과는 달리 개설한지 꽤 시간이 경과되어 이미 자금수급에 틀이 잡혀 있었고, 더욱이 그들 병원의 수사과정에서 *이면계약서*까지 드러났으니 그들 병원들의 본래 목적이 임대료를 제대로 받기 위한 건물임대는 아니었던 것입니다.

더욱이 그들 병원이 수사받을 때 사건병원처럼 중립을 지켜야 할 수사관이 진정인(내부 고발자)과 깊이 유착되므로써 진정인에게 수사 내용을 알려주고 함께 수사 방향까지 의논하는 그런 과잉되고 편향된 수사를 받았을리 만무하겠습니다.

이른바 상업주의와 금전만능주의가 창궐하는 동시대에서는 사건병원이 진정 받고 검찰수사 및 법정소송에 이르기까지 제가 일관되게 주

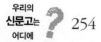

장하는 사건병원의 실체적 진실과 정황은 비근하기 보다는 희소성을 가질수 있어 얼핏 애매하게 여겨지는 부분이 있을수는 있습니다.

그러나 저의 일관된 주장이 확률적으로 현실적인 개연성이 낮을 수는 있어도 평생에 그 흔한 계 한번 안해 보고 누구에게 전혀 빚도 져 본적이 없이 소위 비즈니스와는 무관하게 우물안 개구리로 살았던 저 같은 사람에게는 너무도 당연하고 충분히 가능한 현실이라고 하겠습니다.

세상에는 법이 있고 정의가 바로 서야 한다고들 하는데, 어떻게 이렇듯 위법을 할 의도가 전혀 없었던 선의의 민간인에게 복잡하기만 한 의료법이라는 덫 또는 올가미를 씌우며 마녀 사냥식으로 무한한 희생을 가혹하게 강요하며 야만적 돈잔치를 벌이려 하는지 사무장병원의 난립을 억제한다는 명분이고 허울은 유사범죄를 예방하며 범법자는 처단되어야 한다는 정의지만 실은 폭력적이고도 극단적인 부정의가 아닐수 없겠습니다.

사건병원의 진상은 단적으로 요약하면, 진정인은 환수금으로 인한 거액의 포상금을 받으려고 진정을 하고, 병원장은 형사 1심에서 패소하니 환수금을 덜 내려고 의료법 66조 시행령을 저울질 하며 허위자백 했습니다. 또 보험공단은 환수금을 되도록 많이 징수하기 위해 구상권을 넓히려고 공권력을 전방위적으로 무리하게 행사했던 것입니다.

그러나 의료법 제정의 취지는 어디까지나 국민복지라는 공익을 위한 것이지 무고한 사람과 회사까지 마구 의료법이라는 명분으로 엮어서 무리하게 환수금을 내도록 강압하려는 것은 결코 아니었으리라 봅니다.

더욱이 사건병원에서처럼 의료법상 요양병원의 병원장이라는 자리는 명의만 빼면 병원은 폐업되어 당장 병원문 닫게 하고 환자를 내보낼 수도 있고, 또 금전적 이해타산에 따라 자신이 월급 받았다고 편의대로 진술하면 멀쩡한 병원을 사무장병원으로 둔갑 시킬수도 있는 위력도 있어 매우 특권적이고도 우월적 자리에 있다고 하겠습니다.

따라서 청원인은 이 마녀 사냥식 악순환의 고리를 꼭 끊으므로써 더 이상의 사법 피해를 막기 위해 재심 청원을 하는 바입니다. 역사가 입증하고 있듯이 확정판결이 곧 진실이 아닐수도 있음을 충분히 감안하시고 부디 검찰 조서에 의한 예단 배제와 민주사법의 이상인 공판 중심주의에 의거해 재심이 이루어졌으면 하는 바램입니다.

무엇보다 대한민국이 진정 법치사회를 지향하고 법이 국민의 기본적 인권을 존중하고 사회정의를 실현하는 것을 목표로 한다면 재심이야 말로 현행법상 오심을 바로잡을 수 있는 유일한 구제 수단이라고 믿고 신문고를 두드리는 절박한 마음으로 재심청원을 합니다.

그리고 제가 저술한「우리의 신문고는 어디에」는 바로 재심청원의 *제 2 사실관계*의 장에 대한 보충에 해당되겠습니다. 다시 말해 본 재심 청원서의 제2 사실관계의 장은 사건병원이 수사와 재판 과정을 거치며 받게 된 *사실오인*들 뿐만 아니라 사건병원이 결코 의료법에서 위반시하는 사무장병원이 될수 없는 정황이나 조건들에 대한 것이기에 *혐의를 전면 부정할 만한 총체적 정황*에 다름 없다고 하겠습니다.

따라서 제가 청원하는 재심사유를 구체적으로 명시한다면 형사소송

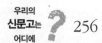

법 420조에서 제시하고 있는 재심사유 가운데 제5항 "원판결이 인정된 죄보다 경한 죄를 인정할 증거가 새로 발견된 때"에 해당된다고 생각합니다.

사실 제가 병원이 손익분기점에 다다르고 빌려온 자금을 돌려받을 시점이 됐는데도 병원을 주도적으로 관리했다면 의사 명의를 빌려 병원 운영을 의도했다고 혐의를 받을 수도 있겠습니다.

그러나 제가 다만 사건 병원에서 개설 초기 몇 달간 병원 일을 주도적으로 도왔다는 행위만으로 제가 실제로 사무장병원을 운영하려고 작정하였다고 단정하는 것은 극단적인 의료법 적용과 해석일 뿐만 아니라, 경험칙(상식)에 비추어 보아도 장기임대로 가게 되는 요양병원의 특성을 감안하면 *정황상 부득이했던 점이 간과*되어 있다고 하겠습니다.

이렇듯 사건 병원이 의사 명의를 빌려 영리만을 목적으로 하고 있다는 단정은 너무 편향적으로 의료법을 과도하게 극단적으로 적용하는 가혹한 단정이고 또 이러한 운영 방식의 병원들에 사건 병원도 같은 범주로 한데 묶여야 하는지부터 재심을 통해 꼭 판가름 받고 명예회복을 하고 싶습니다.

특히 사건병원에서와 같은 사법 피해 사례가 어느 한 개인의 문제를 너머 우리 모두의 문제일수 있습니다. 따라서 침해받을 권리를 돌아보며 항변하는 것 또한 비단 개인의 진실 찾기 투쟁을 넘어 공동체 전체의 정의를 지키는 것이기도 하겠습니다.

그리고 평생 천착해 온 저의 전공이 삶의 부조리로 하여 사회적으로 약자가 된 이들을 조명하고 대변하며 또 비평하는 문학이었던 관계로 이제는 이미 속속들이 인문학 지상주의자가 되어 있었다고 하겠습니다. 그리고 예비 노년에 이른 지금 숙성된 인문학적 성찰을 바탕으로 여건만 허락된다면 남은 여생동안 굳이 사무장병원이라는 의혹조차 받을 필요도 없는 의료법인 요양병원이나 항시 의사가 환자의 건강을 돌보는 요양원에 헌신하므로써 노년의 어르신들과 함께 소통하는 힐링의 전도사 되어 마지막 열정을 불태우고 싶습니다.

IV.
소송 당사자가
체감하는
우리 사법문화의 현주소

IV. 소송 당사자가
체감하는
우리 사법문화의 현주소

  예컨대 한 나라의 정의 시스템을 사법이라고 한다면 우리 법원과 검
찰을 아우르는 우리 법조 문화를 통칭하여 우리 사법문화라고 명명하
려고 합니다.

  사실 일반 시민들이 법문화 전반에 관해서 구체적이고도 상세하게 살
펴보는 일이 흔치 않습니다. 그렇지만 일반 시민들의 인권의식이 확산
되고 있는 근래에 이르러서는 더욱 인권이 보장되는 법조계 개혁이 시
급하다는 비판들이 팽배해지기도 했습니다. 저 또한 사법 당사자가 되
기 전 까지는 항간에서 회자되는 사법 개혁이니 하는 법조계 비판에 대
해 관성적으로 반복되는 화두 정도로 치부하고 있었습니다.

  그렇게 평소 우리 사법 문화에 대해서는 전혀 무지했던 제가 마른하
늘에 날벼락과 같은 진정사건이 발단이 되어 직접 우리 사법 시스템을
속속들이 체험해 보면서 뼈아픈 각성 가운데 나름대로 우리 사법문화의

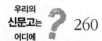

현주소를 더듬어 볼 수 있었습니다.

특히 사법문화의 본질이 현실과 유리된 이론적인 관념이나 형식적인 제도에 있지 않고 사법현장에서의 실천과 체험에 있다면 사법 당사자가 되어 실제로 사법현장에서 느꼈던 불편한 진실들이나 사법 정의를 저해하는 그릇된 관행들을 내부 관찰자 시점에서 살펴 보므로써 독자들과 함께 우리 사법문화에 대한 여러 바람직한 실마리들을 찾아보려고 합니다.

1. 진정인의 회유에 따른 편파 수사

이른바 의료법 위반으로 제가 진정 받고 2011년 6월부터 수사 받고 2012년 1월 기소된 후 2013년 11월 대법원에서 상고가 기각되었다가 *2014년 4월* 대법원에서 *이 사건에 대한 재심 청원이 허용되기까지* 실로 3년여 기간에 걸쳤던 소송의 소용돌이와 파란만장한 고통 속에서도 저는 '언젠가는 꼭 정의가 승리하고 사건의 실체적 진실은 밝혀지리라'는 믿음에 기대어 여기까지 올 수 있었다고 하겠습니다.

이렇게 사법사건의 당사자로서 겪었던 사건(2012 고단 131)을 돌이켜 보면, 사건병원은 개설한지 몇 달 되지 않아 극심한 적자에 시달리며 병원장이 개설자금을 마련하고 있던 중에 이른바 사무장병원이라는 혐의로 진정 받고 대대적인 수사를 받았습니다.

　사건병원은 개설된지 불과 수개월 경과된 초기였기에 자금면에서 과도기적 불안정을 심히 겪고 있었던 중이었습니다. 그러나 만일 검찰수사가 병원 개설하고 적어도 1년 정도 경과한 후에 재개됐다면 사건병원은 곧 자금수급에 안정을 되찾고 병원장이 책임지고 안정적으로 운영을 도맡을 수 있었을 것입니다.

　수사관은 초창기 병원이 겪는 자금수급의 불안정성을 바로 비의료인이 사무장병원의 병원을 운영하는 증거라고 단정하고 사건병원의 전직·현직 직원들에게 연락하며 대대적인 수사를 벌인 것입니다. 진정인이 얼마나 그럴듯한 각본으로 수사관을 회유하여 수사관으로 하여금 유죄심증을 갖게 했는지 개설한지 불과 몇 달 안된 사건병원에 대한 수사범위는 무한대인양 전방위적이었다고 하겠습니다.

　그러나 과잉수사는 그 자체로 피의자의 헌법상 보장된 기본권에 대한 중대한 침해일 뿐만 아니라 합리성과 공평성을 추구하는 법의 이념에도 합당하지 않습니다.

　수사 초기부터 개설된지 몇 달 안된 병원에 대해 수사관은 진정인과 거의 교대로 사건병원의 전직·현직 직원들에게 전화해서 '사건병원이 사무장병원 같은 점에 대해 진술해 달라'며 수사에 협조하도록 압박했습니다. 그러나 통상적으로 일반인들은 검찰수사에 골치아프게 얽히기를 원치 않을 터이고 실제로 병원 직원들은 건물의 임대차 계약의 세부를 전혀 모르기에 그들의 진술은 극히 피상적이고 제한적일 수 밖에 없

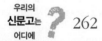

겠습니다.

후에 사건 병원의 검찰수사 기록을 열람해 보니 참고인 진술을 요구 받았던 그 많은 전·현직 직원들 중, 사건병원이 사무장병원 같은 점에 대해 잘 모르겠다며 진술 요구에 동조하지 않은 전·현직 직원들의 전화 통화는 모두 다 빼버리고 수사관과 진정인에 동조한 불과 2~3명(강○○, 손○○, 김○○)의 진술만을 신빙성 있는 증거로 해서 이미 판을 짜놓고 수사는 시작되고 있었습니다.

사실 수사관과 진정인이 함께 약속이나 한 듯 전·현직 직원들에게 전화해서 수사에 협조해 달라고 한다기에 참 의아하다 싶었습니다. 그런데 당시 진정인은 임상병리 직원인 정○○과 이○○ 수사관의 전화 내용을 수사관에게 듣고 알았는지 정○○에게 전화해서 '수사관에게 너무 까칠하게 하지 말고 수사에 협조하라'고 했다고 정○○이 전해 주었습니다. 그러나 진정인이 이○○ 수사관을 통해 수사 진행상황을 서로 의논하거나 하기 전에는 이렇듯 진정인이 수사관과 정○○의 통화내용을 알 수는 없었을 것입니다. 그러나 이는 진정인이 정○○에 대해 수사관이 했던 얘기를 진정인이 전해 들은 정황적 증거라 하겠습니다.

그런데 진정인은 정○○이 자신과 내통한다고 해서 제가 정○○을 해고했다고 검찰에서 진술한 기록을 남기고 있는데 정○○는 청구학원을 다니기 위해 시간이 맞지 않아 스스로 병원을 그만 두었는데 진정인은 검찰 진술에서 제가 정○○를 자신과 내통해서 해고했다고 모략했습니다.

뿐만 아니라 문화방송 녹취록 사건 후 드러난 사실은 사건병원이 수사받는 동안 진정인이 여러 차례 당시 주○○ 국회의원 사무실에 찾아가 보좌관에게 사건병원의 수사 진행 상황을 알려주며 자신이 사무장병원을 색출하는데 큰 공적을 세우고 있듯 행세했다는 것이었습니다. 이는 수사 초기부터 수사관과 진정인이 깊이 유착되어 수사 진행 상황을 함께 공유했던 정황적 증거라고 하겠습니다.

무엇보다 진정인이 이○○ 수사관과 유착되어 자신의 의도대로 전개되는 수사진행 내용을 계속 전해 듣지 않았다면 사건병원에 겨우 단 1달 근무한 것만으로 그렇게 사건병원이 사무장병원이라고 확신하고 국회의원 사무실을 찾아가 정의의 사도나 되는 듯 수사 진행 상황을 알려준다는 것은 현실적으로 전혀 불가능합니다.

당시 피진정인인 저는 수사 진행에 대해 정보 불통 상태를 겪으면서도 결국은 진실은 밝혀지리라고 믿고 있었는데 반면에 엄정하게 중립 입장을 지켜야 하는 수사관은 진정인과만 협조하며 수사 내용을 의논하거나 공유하므로써 너무 편파적인 수사기록을 남기게 된 것입니다.

후에 검찰 수사기록을 살펴보니 수사관은 사건병원을 사무장병원처럼 짜맞춘 진정인의 진술과 이에 동조한 검찰측 증인 두 세명의 허위 진술만으로 이미 사건병원이 사무장병원이라는 심증을 굳히고 틀을 짜고 강압 수사를 한 것입니다. 그러니 평소 검찰에 가본적도 없는 일반인들은 무척 당황하면서 갈피를 못잡고 우왕좌왕 했던 것입니다. 그러면서도 사건 피의자에게는 검찰측 증인들의 진술에 대해 직접 사실확인할 기

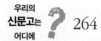

회조차 전혀 주지 않았습니다.

무엇보다 진정인은 저만 불법적인 영리만을 챙기는 악덕 사무장으로 만들면 저절로 사건병원은 사무장병원이 된다고 생각했는지 검찰 기록에 남겨진 진정인의 진술은 제가 혼자 병원일을 주도하며 자신을 해고하는 등의 횡포를 부렸다는 내용으로 일관되어 있었습니다.

특히 진정인은 제가 '남편이 사업을 해서 병원을 차렸고, 병원에 든 비용도 모두 회사자금으로 조달하였다'고 말했다거나 또는 제가 진정인에게 '말 안듣는 의사가 있으면 해고할테니 얘기하라'고 말했다고 수사기록에는 나와 있습니다. 그런데 입사 초기부터 부적응하여 권고사직 시키려는 직원에게 제가 온전한 정신을 갖고 그렇게 사실 무근하면서도 터무니 없는 얘기를 했을리 만무합니다.

더욱이 진정인은 제가 사건병원에서 1달에 1천만원을 주고 진○○의 명의를 빌려 병원장으로 고용하면서 사무장병원을 운영하고 있다고 추측성 허위진술을 서슴치 않았습니다. 실제로 병원장 진○○은 한달에 1천만원씩 가져가지도 않았습니다.

특히 사건병원의 건물주가 회사로 되어 있고 회사는 임대만 제대로 하면 되는데 병원도, 운영도 전혀 모르는 제가 어떻게 병원을 차렸다는 터무니 없는 얘기를 했겠습니까. 다만 인테리어 비용만 장기임대를 위해 회사에서 이사회를 거쳐 회사자금으로 조달하였습니다.

그러나 검찰 수사기록상으로는 진정인과 이에 동조한 검찰측 증인 강○○ 등에 의해 저를 영리를 위해 위법을 불사하며 직접 병원 운영을 한 악덕 사무장처럼 각본이 짜서인지 검찰에서나 법원 판결에서는 모두 마치 제가 병원 건물 회사의 대표 부인으로서 의도적으로 의사를 회유해서 병원을 운영하려고 했을거라고만 시각을 고정시키는 듯 했습니다.

그래서 검찰의 공소장이나 형사 1심 판결문에서도 임대해온 병원장이 장기임대를 하려는 건물임대 주체인 회사의 계약조건이 좋으니 그 특혜를 받기 위해 임대계약 조건에 대해 적극적으로 협상했을 가능성은 전혀 고려하지 않았습니다. 이로써 의료인과 비의료인 사이에 의료법 해석과 적용에 있어 엄청난 불평등이 발생되고 말았다고 하겠습니다.

흔히 무식하면 용감하다고들 하듯 저 또한 진정인이 '돈을 주지 않으면 검찰에 신고한다'고 여러차례 협박했어도 위법을 하지 않았다는 생각에 검찰도 전혀 두렵지 않았고, 부르면 당당히 가서 초기 병원에서 병원장들의 과도기적인 임대 경위를 자세히 설명해야지 하며 다짐까지 했었습니다.

그러나 막상 검찰에 가보니 수사관이 묻는 말에만 단답으로 대답해야 하니 검찰에서 사건의 진실을 모두 털어놓을 수 있겠다던 생각은 검찰의 시스템 또는 관행을 너무 모르는 한없이 무지하고 어리석기 그지없는 생각이었음을 깨닫게 되었습니다.

그러나 만일 제가 사전에 우리 사법 시스템에 대해 일말의 예비지식이라도 있었다면 설령 진정인의 진정을 막지 못해 부득이 검찰수사를 받게 되었을 때라도 빨리 변호사를 선임 했어야 했을 것입니다. 그럼에도 저는 검찰이 3개월 이상 병원 직원들이나 관계자들에 대해 참고인 진술

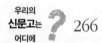

을 모두 끝내고 병원장이나 저를 부를 때 까지도 사태의 심각성을 감지하지 못하고 검찰에서 부르면 당사자들인 병원장이나 제가 가서 자세히 잘 얘기하면 모든 의혹이 풀리겠지 했던 것입니다.

그러나 지난 3년여 동안 소송의 소용돌이를 겪으며 엄청난 고통의 학습을 하고 난 지금으로서 매우 후회하고 있는 점은 권고사직시키려고 하니까 진정인이 '돈을 주지 않으면 사무장병원으로 신고하겠다'고 협박했을 때 아무리 제가 위법을 하고 있지 않다고 생각했더라도 그때 협상에 응했어야 했다는 것입니다. 그래서 후에 아무리 애써도 사건의 진상을 밝힐수 없었던 그 엄청난 검찰 수사를 막았어야 했고, 또 사건병원의 건물주 회사와 회사 대표에게까지 막심한 피해가 파급되는 것도 막았어야 했습니다.

나중에 듣고 보니 수사단계야말로 피의자에게는 가장 위험한 시기라고 하는데 그 위험한 시기에 저는 스스로 위법을 하고 있지 않다는 양심만 믿으므로써 변호사 선임을 하지 않았었습니다. 결국 변호사를 수사 초기에 빨리 위임하지 않고 이미 수사기록의 틀이 편향되게 다 잡힌 후에야, 말하자면 변호사가 손 쓸수 없게 이미 사건이 키워진 후 검찰에서 저를 부를때야 동행을 위해 변호사를 선임했던 것입니다. 이는 제가 우리 사법문화의 일반화된 관행에 대해 너무 무지했기에 저지른 큰 시행착오였다고 하겠습니다.

평생에 사소한 법조차 어겨본 적이 없는 제가 사무장병원이 위법인 것을 건물 임대에 관여하는 과정에서 임대하려는 의사들에게 들어서 이미 알고 있었습니다. 더욱이 조금만 조건을 잘해주면 요양병원으로 임대하려던 의사도 많았는데 제가 굳이 남편 회사 소유의 건물에서 50년 만에 만난 친구에게 그런 위법을 하자고 했을리 만무했습니다.

그래서 저는 검찰에서 부르면 전임, 후임 병원장들의 임대 경위를 자세히 설명해서 모든 의혹을 풀으려고 했습니다. 그런데 사건병원에서 병원 임대가 시작된지 1달쯤 경과 됐을 때부터 전임 병원장 심○○이 병원이 자기 뜻대로 되지 않는다고 수차례에 걸쳐 당장 폐업을 하겠다니 저는 너무 무책임하다고 분개하며 한편 아주 당황했었습니다.

저는 당시 인수할 희망자를 사방으로 알아보다가 인터넷으로도 알아보았습니다. 그러다 인터넷을 통해 연락된 임대 희망자가 후임 병원장 진○○ 입니다. 인터넷 구직란에 진○○은 자신의 이력사항과 함께 '병원장 인수 가능'이라는 단서를 달아 놓았었습니다. 이를 보고 제가 전화연락을 해 본 것입니다.

사실 진○○이 인수인계 할 당시는 심○○ 원장이 막무가내로 고집을 부리며 당장 폐업을 하겠으니 짐을 모두 싸겠다고까지 해서 불안감은 극도에 달해 있었습니다. 그러나 검찰수사에서나 법원판결에서는 당시 사건병원이 처해 있었던 그런 다급했던 상황이나 또 병원이 개설 초기라 자금수급이 매우 취약했던 과도기였다는 점이 전혀 감안되지 않았습니다. 이미 진정인에게 회유되어 유죄 심증을 굳힌 수사관은 병원의 임대계약이 실질적 계약이 아니라 위장된 계약이라는 의혹만 고수하는 듯 했습니다.

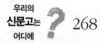

그러나 무엇보다 진○○이 사건 병원을 임대해 올 때는 심○○이 하시라도 자기 임의대로 폐업신고라도 할지 몰라 시간 여유를 두고 개설자금을 모두 소지하고 있는 임차인을 고르기에는 너무 시급한 상황이었습니다. 당시 진○○이 지방에 근무하고 있었는데 개설자금을 당장 소지하고 있지는 않아도 인수하고 은행의 론 등을 통해 들여오기로 하고 세부적인 임대조건에 대해서는 진○○과 전화로만 구두 합의를 했습니다.

그렇게 진○○과는 전화로만 연락했기에 20일 만에 올수 있다는 약속을 지킬수 있을지 반신반의 하며 미덥지 않았습니다. 그런데 실제로 연락된지 정확히 20일 만에 진○○은 근무하던 요양병원을 급히 마무리하고 개설전날 서울로 온 것입니다.

서울로 오면서 진○○이 울산에서 차를 몰고 오고 있다는 연락을 해왔고, 마침 그날도 심○○이 폐업하겠다고 실강이를 부렸었습니다. 그래서 이 도착 시간에 맞추려고 저는 건물주 회사에 연락했습니다. 건물주 회사 대표는 제가 진○○과 전화로 협상한 임대계약 조건 그대로 직원에게 워드찍게 한 임대계약서를 가지고 저녁 늦게 병원에 들러 비로소 진○○과 임대계약을 하게 된 것입니다.

그런데 막상 검찰수사를 받아보니 수사관은 진정인과 진정인에게 동조하고 후에 검찰측 증인이 된 2~3명의 전직 직원들의 진술만으로 이미 사무장병원이라는 유죄심증을 굳히고 있는 듯 했습니다. 그래서인지 수사관은 그 외의 다른 가능성에 대해서는 전혀 고려조차 하지 않으려는 듯 피의자로 하여금 수사관의 물음에 단답만 허용하며 사건 전반에 대한 이야기는 전혀 하지 못하게 했습니다.

예컨대 수사관은 진정인과 피진정인 모두에게 유리한 증거의 수집과 정당한 이익을 도모하도록 해야 할 위치에 있으면서도 진정인과 유착되어 사실을 오인하고 위법한 과잉 수사를 한 것입니다.

말하자면 피의자에게 무죄추정의 원칙을 적용해야 했음에도 수사관은 피의자가 스스로 무고함을 입증하거나 또는 사건전반에 대해 총체적으로 설명할 기회조차 전혀 주지 않았던 것입니다. 그리고 수사관은 자신이 원하는 대답이 나오지 않으면 수차례 같은 질문을 반복하며 강압했습니다.

이러한 수사관행으로는 겉보기에만 비슷할 뿐 피의자가 무혐의일 수 있는 여러 다른 가능성을 처음부터 미리 모두 차단하는 것이 되어 이는 목적이 수단을 정당화시키는 목적 지상주의적 오류에 다름 없겠습니다. 또 수사관으로서는 유죄심증을 뒷받침할 증거 수집에는 편의적이고 효율적이 될지언정 형평성을 잃은 편향된 수사가 되기 쉬워 결국 무고한 사법 피해자를 희생시킬 수 있는 폐해를 낳는다고 하겠습니다.

무엇보다 열 사람의 범인을 놓아주는 한이 있어도 억울한 한 사람이 처벌되지 않도록 하라는 법언은 법조인의 진실파악의 의무보다 더 상위의 규범이라고들 하는데 사건병원의 수사에서처럼 수사권이라는 공권력이 오남용 된다면 법은 선과 형평을 구현하는 수단이 아니라 부정의를 저지르는 도구일 수도 있겠기 때문입니다.

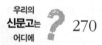

2. 편파 수사를 방증하는 문화방송 녹취록 사건

사건(2012 고단 131)을 뒤늦게 위임 받은 변호사가 수사관을 만나봤을 때는 이미 진정인과 이에 동조한 사람들(후에 검찰측 증인들)의 진술로 거의 수사기록의 기본 틀을 완성해 놓은 이후였다고 합니다. 사건을 초기에 변호하지 못해 너무 크게 키워 놓다며 사건에 대해 걱정을 하는 변호사에게 수사관은 '지금으로선 진정취하 밖에 다른 방법은 없겠다'고 했다고 합니다. 그것도 수사관은 변호사를 만날때마다 여러번 강조해서 말했다니 변호사는 수사관의 이러한 의견을 전하며 진정취하금을 주고라도 진정취하를 빨리 받도록 하라고 적극 권유했던 것입니다.

문화방송 녹취록 사건 직전 진정인과의 전화통화에서 진정인은 저에게 비싼 변호사 비용 쓰지 말고 진정 취하 하라며 이제는 1,000만원이 아니라 3,000만원은 되어야 한다고 했습니다. 진정인이 수사관에게도 사건을 잘 마무리 하려면 진정 취하금이 꼭 필요하다고 했을테니 수사관이 변호사에게 거듭 진정 취하를 요구하도록 했을 것은 자명합니다.

더욱이 병원의 전직, 현직 직원들이 차례로 참고인 진술을 위해 불려가면서 외부적으로는 병원의 이미지가 실추될까봐 우려되었고 병원 내에서는 분위기가 술렁이고 어수선해지니 직원들도 동요하면서 이직이 많아져 병원 안팎으로 입게 된 막심한 피해를 속수무책으로 감수하던 중이었습니다.

그래서 결국 변호사의 권유에 따라 진정 취하금을 진정인에게 건네고 변호사님은 전임, 후임 병원장과 저의 진술서를 대신 써 주고 무고 취지의 의견서까지 내셨습니다. 그동안 병원에서 위법을 했다는 양심의 가책은 전혀 없었지만 더 이상의 소모는 원치 않기에 차라리 액땜하는 마음으로 취하금까지 건넸으니 희망적인 결과가 나오리라 기대하고 있었습니다.

　그러다가 뜻밖에도 수사관이 진정인과 진정 취하금을 나눠 가지려고 협상하는 대화가 방영된 문화방송 녹취록 사건(2011.11.11.)이 발생했습니다. 막상 취하금이 건네지니까 진정인은 수사관에게 진정 취하금을 나눠주기 싫었을 뿐만 아니라 후에 진정이 성공하면 받을 수 있다고 기대하는 포상금까지도 나눠야 하는 상황을 염두에 두고 녹취록을 방영시켰을 것이라고 추정하지 않을 수 없습니다. 후에 문화방송은 주○○ 국회의원 보좌관을 통해 이 사건을 입수해서 방송하게 됐다고 했습니다.

　녹취록에서 이○○ 수사관은 "자신이 핸들링을 잘해서 진정 취하금이 3천만원으로 올라갔으니 자신에게 더 많이 주어야 한다"고 했고, 권○○은 "강○○에게도 진정 취하금을 나누어 주어야 하니 그렇게 많이는 줄수 없고 또 취하금은 받았어도 수사는 계속 되어야 한다"고 분명히 말하고 있었습니다. 이렇게 권○○가 강○○에게 진정취하금 까지도 나누어 주려고 했다면 후에 진정에 성공해 포상금이라도 나오면 당연히 강○○에게 포상금도 나누어 주겠다며 강○○ 등을 검찰측 증인이 되도록 적극 회유했을 가능성을 보이는 대목입니다.

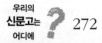

상식적으로 수사관은 진정인과 피진정인 사이에 중립에 서야 하는 것이 형사 절차상의 정의가 아닐까 합니다. 그런데도 녹취록에서 진정인은 수사관에게 진정 취하금을 받았어도 수사는 계속 해야 한다며 수사에 대한 방향 제시까지 할만큼 수사관과 유착되어 있었습니다.

녹취 내용에 수사관이 자신이 '핸드링을 잘해서 취하금이 올라갔다'며 수사관이 진정인과 진정취하금을 나누자고 협상하는 녹취록이 방송됐다면 이렇게 수사관이 수사과정에서 핸드링 하는 역할을 했다고 실토하고 있고 또 수사관과 진정인이 진정 취하금을 나누는 협상을 할 만큼 밀착되어 있다면 그동안 4~5개월에 걸쳤던 사건에 대한 수사 전 과정에서 수사관과 진정인이 깊이 유착되었을 가능성은 충분합니다. 따라서 수사관이 그동안 편파적이고도 과잉된 수사를 하였을 농후한 가능성에 대해서 검찰은 당연히 자체 점검을 했어야 했습니다.

그 녹취록 사건이야말로 그동안 수사 초기부터 진행과정 내내 진정인 권○○와 수사관이 깊이 유착되어 왔음을 빙산의 일각으로 보여주고 있다고 할수 있겠기 때문입니다. 뿐만 아니라 문화방송 녹취록 사건 후 위임 변호사를 통해 전해 받은 검찰 수사기록 복사본은 사실과 너무도 달랐습니다.

예컨대 검찰조서 기록에는 건물주 회사 대표 김○○이 거래통장주 임○○의 집을 찾아왔을 당시 "사무장병원을 운영하다 진정사건이 터져 검찰에서 조사를 받게 되었다"로 되어 있었습니다. 그런데 김○○이 "사무장병원을 운영하다"라는 말을 전혀 한적 없다는데 그리고 임

○○도 전혀 그렇게 진술하지는 않았다는데 기록은 그렇게 되어 있었습니다.

그리고 임○○의 얘기로는 후에 기억을 상기시켜 보니 수사관이 먼저 '병원운영'이라는 말을 쓰기 시작했다는 것입니다. 임○○은 그 당시 검찰기록에 있는 "사무장병원으로 운영하다 검찰조사를 받게 되었다"와 "사무장병원으로 검찰조사를 받게 되었다"의 차이를 잘 몰랐다는 것입니다.

나중에 임○○은 그 엄청난 차이를 알았기에 법정진술에서 증인으로 나와 김○○이 '병원 운영비로 돈이 필요했던 것이 아니라, 임대한 병원을 지원하려니 돈이 필요했다'는 차이를 분명히 밝혔던 것입니다. 사실 임○○은 나중에야 의료법에서 지칭하는 사무장병원이 비의료인이 직접 병원을 운영하는 것을 뜻한다는 것을 알게 되었다고 했습니다.

그 외에도 임○○의 검찰조사 기록에는 병원운영이라는 말이 수없이 반복되고 있는데, 이는 저를 사무장병원 운영자로 엮어 넣으려는 수사관의 유도전략이 역력해 보였습니다. 이렇듯 검찰조사기록은 사무장병원의 뜻도 정확히 잘 모르는 임○○을 유도해서 사무장병원에다가 짜맞추어 넣은 것이 분명해서 임○○에게 그 복사본을 보였습니다. 임○○은 법정에서 그 경위를 자세히 밝힌 사실확인서를 써 보내기까지 했습니다. 따라서 임○○에 대한 수사 역시 기획수사 또는 표적수사의 표본에 해당됩니다.

그리고 검찰수사 기록 복사본 중에는 진○○이 메디칼론을 신청할

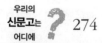

때 제가 기업은행 변대리더러 "이 병원은 내가 운영하는 병원이니 잘 해 달라"고 했다거나 또는 메디칼론대출 담당 변○○ 대리가 '진○○이 고용된 의사이고 이 사건병원의 실소유주는 저와 김○○으로 알고 대출을 실행하였기에 연대보증인으로 세운 것'이라고 검찰수사 기록에 나와 있었습니다. 그 수사기록 때문에 변○○ 대리에게 직접 확인해 보니 전혀 그렇게 얘기한 적이 없다며 형사 1심때 변○○ 대리는 사실확인서까지 제출한 바 있습니다.

또 검찰조서에는 대출문의는 김○○가 하고 대출 상담 자체는 조정윤과 하였다고 기록되어 있는데 저는 기업은행에 간 적도 없고, 변대리가 병원에 와서 진○○와 제가 함께 메디칼론에 대해 설명을 들었을 뿐입니다. 그런데 왜 수사기록에는 유독 조정윤과만 상담했다고 하는지 이런식으로 수사관은 자기 의도대로 사무장병원의 각본을 짜는가 봅니다.

그리고 수사기록에는 제가 변대리더러 "내가 직접 병원을 운영하는 것이며 진○○은 고용된 의사다" 라고 했다며 또 이어지는 괄호 속에는 은행에서는 위 병원은 조정윤이 운영하고 자금관리는 김○○가 하는 것으로 알고 있다는 전혀 사실무근의 설명까지 달려 있었습니다. 이렇게 수사관은 진정인의 회유로 일단 유죄 심증을 굳힌 후 짜맞추기식 표적수사로 일관했다고 하겠습니다.

그러나 변○○ 대리는 건물주 회사가 주로 거래하고 있는 은행의 직원이기에 이미 사건병원의 건물이 회사 건물인 것과 그 건물이 그동안 임대중이었다는 것 그리고 그 후 요양병원이 되었다는 것은 알고 있었습니다. 그러나 그는 의료법의 세부도 잘 몰라 새 병원장이 임대해온 병원장인지, 또는 고용된 의사인지 조차 구분하지 못했다고 분명히 사실확인서 등에서 확언한 바 있습니다.

사건병원을 수사하며 수사관이 진정인에게 편향되었기 때문인지 검찰측 증인들이 환수금을 염두해 두어서였는지 변호사님이 복사 해 온 사건병원에 대한 수사기록은 이해타산에 따른 음모로 가득 찼습니다.

이렇듯 수사기록 복사본들이 너무 사실과 달라 저는 황망하여 변호사님과 상의해서 그동안 진정인의 사주에 의해 수사관이 사건병원을 사무장 병원으로 몰아가려고 짜맞추기식으로 진행한 수사 기록 일체를 무로 돌려달라고 진정을 내지 않을 수 없었습니다. 그러나 검찰은 제 진정을 묵살했습니다.

이렇듯 검찰은 문화방송 녹취록 사건이 발생한 후에도 짜맞추기식 수사기록을 무로 돌릴 생각은 하지 않고 더 강압적 마무리 수사를 하고 또 이런 기록들을 혐의 입증의 증거서류로 법원에 제출했던 것입니다.

무엇보다 검찰은 일단 이루어진 수사에 대해서는 설령 수사 절차상 애매하고 흠결이 있어 보여도 이미 4~5개월 이상 진행되었던 수사를 무로 돌리는 것이 현실적으로 쉽지 않았던듯 합니다.

그래서인지 검찰은 변호사를 통해 피의자에게 100만원, 200만원, 300만원을 부과하는 약식벌금형을 제의해 왔다고 합니다. 그러나 저는 무혐의를 확신했고 또 벌금형을 받아도 환수금을 내야 한다고 해서 이

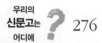

제의를 받아들이지 않았습니다.

더욱이 당시 위임받은 변호사가 검찰에 다녀와서 전한 이야기로는 검찰은 '수사관이 파면됐는데 수사까지 잘못됐다면 검찰 체면이 뭐가 되느냐'는 입장만 반복했다는 것이었습니다.

그리고 검찰은 '사건병원에 대한 수사와 문화방송 녹취록 사건은 별개이다'라고 애써 강변하며 이런 비리 수사관과 진정인이 유착되어 편파수사를 했을 가능성 즉 형사절차의 파탄에 대해서는 애써 판단 유보하는 듯 했습니다. 그 후 검찰은 비리 수사관에 대한 수사와 기소에서도 수사관이 진정인과 진정 취하금을 협상한 혐의만을 문제 삼았다고 합니다.

그러나 검찰이 문화방송 녹취록 사건 직후 재수사 해달라는 저의 진정을 충분히 고려했어야 하는 필연적 당위는 사건병원에 대한 수사가 중립을 지켜야 하는 수사관이 진정인과 유착되므로써 견강부회식으로 억지로 꿰맞춘 편파적인 수사기록이 되지 않을수 없었고 이렇게 오류 투성이의 수사 기록을 수정하지 않고 법원에 간다면 이른바 조서재판의 관행에 따라 3심을 거쳐봐야 승소 가능성은 거의 없다는걸 실제 소송의 전 과정을 겪어보고 나서야 비로소 알게 되었기 때문입니다.

이른바 검찰의 수행업무가 바로 목적과 결과 보다는 절차와 과정을 더 중요시 여기는 이른바 형사 정의 실현임을 상기한다면 저의 진정에도 불구하고 검찰이 비리 수사관으로 인해 오류 투성이가 된 사건병원에 대한 검찰기록을 자체적으로 전혀 점검조차 하지 않았다는 것은 검찰의 진실 추구와 정의 실현이라는 직무상 본연의 의무에 많이 소홀했다고 하지 않을 수 없습니다. 아무리 검사동일체 원칙에 철저한 검찰이라고 하지만 그런 상황에서는 정상적인 조직이 당연히 갖추고 있어야 할 자정기능조차 제대로 작동될 수 없었을 것입니다.

이른바 법의 지배라는 시민 사회의 요청이 관료체제에 길들여진 형식적 법 논리에 함몰된 법조의 지배로 왜곡된다면 무엇보다 주권자로서 국민의 인권을 우선시하는 열린사법의 구현이야말로 사법개혁의 화두가 되어야 할 듯 싶습니다.

3. 자백 위주의 마무리 수사

　문화방송 사건 이후 수사관만 교체되고 마무리 수사가 1달 이상 강행됐습니다. 마무리 수사때 참고인 진술을 한 사람들이 모두 입을 모으듯 수사는 이전보다 한층 고강도로 삼엄한 분위기에서 진행되었습니다. 진술 예약 시간도 보통 3～5시간 지연되어 수사가 저녁 늦게까지 계속되기 일쑤였습니다. 그리고 참고인들은 난방도 없는 대기실에서 오랜시간 동안 추위에 떨며 기다려야 했다고 합니다.

　무엇보다 마무리 수사를 맡았던 후임 수사관은 물의를 빚었던 전임 수사관의 수사기록을 옆에 놓고 '수사관이 수사는 제대로 했다'는 무책임한 단정을 서슴지 않으면서 그 수사기록을 대단한 증거서류인양 옆에 놓고 수사를 했습니다.

　그러나 전임 병원장 심○○의 탄원서 I, II나 참고인으로 불려갔던 병원관계자들이 증언하듯, 마무리 수사에서는 수사시간이 5-6시간 계속되는 것은 기본이고, 수사관은 '이미 이 병원이 사무장병원인 것이 다 드러났다'; '잘못 진술하면 당장 구속된다'는 등으로 거짓 회유와 고도의 심리적 강압을 하면서 고강도 마무리 수사를 했습니다.

　마무리 수사가 계속될 때 담당검사는 저에게 '참 운이 없는 경우인데'를 몇 차례 반복했는데, 이는 다시 말해 검찰도 문화방송 녹취록 사건으로 신뢰되지 않는 점이 많아 애매하기만 한 그때까지의 수사기록을 바탕으로 마무리 수사를 해야 하는 상황에 대해 문제점을 느끼기는 했다는 뜻으로 해석되어졌습니다.

그러면서도 재수사 해 달라는 저의 진정은 무시하기로 검찰 권위로 결정했으니 상명하복의 일심동체가 되어 있는 검찰 조직의 특성상 이미 재수사 한 수사기록 전체를 무로 돌릴 수는 없고, 거기다 검찰 명예에 먹칠한 문화방송 녹취록 사건도 있었으니 하루속히 사건에 대한 수사를 종결해야 하는 상황이었던 것이 아니었나 싶습니다.

그런데 검찰 수사에서 사건 피의자들에게 운이 나빠서라고만 하면서 물의를 일으킨 비리 수사관이 남긴 오류 투성이의 수사기록은 전혀 문제 삼지 않고 마무리 수사를 했다는 것은 수사 기록이 정확치 않고 애매해도 결국 피의자들이 운이 없는 탓이니 희생을 감수해야 한다는 뜻이 되어 매우 반인권적이고도 비민주적이 아닐 수 없습니다.

이렇듯 사건에 대한 마무리 수사에는 처음부터 '애매할때는 피의자(피고인)의 이익으로'라는 헌법에 명시된 무죄추정의 원칙 뿐 아니라 형사 절차에서 목적이나 결과 보다는 절차나 과정을 더 중시하는 법치주의 또한 실종되어 있었습니다.

무엇보다 마무리 수사에서는 '병원장이 월급을 받았느냐' 또는 제가 '월급을 주었느냐'에 초점을 맞추는 듯 했습니다. 사실 사건병원은 결코 사무장병원이 아니었지만 그러나 사무장병원 여부에 관계 없이 병원장들은 매달 생활비에 해당하는 현금을 병원으로부터 가져가야 했을 것입니다. 그리고 공교롭게도 모두 독신인 그들은 자신의 생계를 오로지 병

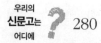

원에 의존해야 했을 것이기 때문에 비록 병원이 적자가 나고 있어도 생활비는 필요했던 것입니다.

그럼에도 수사관은 병원장들의 통장에 일정금액이 현금으로 입금된 계좌만으로 이를 사무장병원 혐의의 결정적 증거인양 압박하면서 병원장에게 '월급받았다'고 진술하도록 강압한 것입니다. 수사관은 진○○에게 현금이 입금된 통장 내역이 그 증거라며 '허위진술 하면 당장 구속하겠다'고 했다고 들었습니다.

그러나 진○○은 다른 수입원이 없으니 병원에서 현금을 받아 자신의 통장에 입금해서 이전에 두차례 병원 개원하면서 언니에게 진 빚을 매달 조금씩 갚고 생활비로 쓴 것이지 월급 받은 것이 아니라고 주장했다고 합니다.

진○○은 병원 사정에 맞춰 날짜도 일정치 않게 금액도 700, 720, 760 등 매달 일정치 않게 필요한 만큼 현금으로 가져가서 자신의 인터넷 통장에 입금했다고 합니다. 4대 보험이 밀렸던 어느 달에는 병원이 너무 쪼들리니 진○○은 현금을 한푼도 가져가지 못하기도 했습니다.

더욱이 전임 병원장 심○○은 짧은 두달 동안이었기에 개설자금을 들여놓지 못했지만, 후임 병원장 진○○은 개설 후 메디칼론, 닥터론 등으로 자기 명의의 자금을 들여왔는데 생활을 하기 위해서도 병원에서 현금을 가져가야 했던 것입니다. 그렇지 않다면 독신인 그가 어디서 수입원을 얻겠습니까?

그런데 마무리 수사때 수사관은 심○○이 변호사를 대동하지 못하게 하려는 수사 전략 때문에 스케쥴을 급히 잡았는지 하여튼 급히 잡힌 스케쥴로 전임 병원장 심○○은 변호사 대동도 못한 상태에서 수사를 받았다고 합니다. 수사관은 병원장이 '두 달 동안 병원에 자금도 들여놓지 못하고 돈만 받았으니 월급을 받은 것이 아니냐'며 압박했다고 들었습니다. 이렇듯 피의자의 인격을 무시하고 변호인의 조력도 없이 진술을 강제하게 되면 무고한 피의자가 허위로라도 유죄를 인정할수 있는 폐해를 낳게 된다고 하겠습니다.

그래서 심○○이 똑같은 질문을 반복하는데 견디다 못해 돈을 받기는 했으니 '월급을 받았다'고 하니까 수사관은 이를 사무장 병원의 결정적 증거가 되는 자백으로 간주하고 후에 이를 번복하지 못하게 하려는 듯 기소 전 이를 영상 찍고 또 녹취하고, 그 후에는 심○○에게 이에 대한 진술서까지 내도록 했다고 들었습니다. 심○○에 대한 마무리 수사에서처럼 헌법에 보장된 피의자의 방어권을 무시하고 변호인의 조력도 없이 진술을 강제하게 되면 무고한 피의자라도 허위자백 하는 폐해를 낳을수 있다고 하겠습니다.

더욱이 심○○은 두달 반 근무했지만 병원의 자금 형편 때문에 날짜도 일정치 않게 두 번만 받았고, 더욱이 만일 심○○이 월급만 받는 병원장 의사였다면 병원 적자로 인한 환급금을 세무서를 통해 받을 수는 없었을 것입니다.

사건병원은 아무리 적자가 나고 있어도 독신인 병원장들은 생활비등이 필요하여 거의 매달 일정금액을 병원에서 가져가 자신들의 통장에

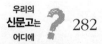

입금했던 듯 합니다. 그러나 과연 두 병원장들이 병원에서 가져간 일정 액수의 현금이 이른바 사무장병원에서 의사를 고용하고 주는 월급으로 규정할 수 있느냐 하는 점입니다.

만일 사건병원이 수사 받을 당시 개설한지 1년 이상 경과되어 손익 분기점도 지나서 수익을 내고 있는데도 병원장들이 일정금액의 현금만 가지고 가서 자신들의 통장에 입금하고 병원은 수익금을 따로 챙겼다면 이는 이른바 사무장병원에서 병원장 의사가 고용되어 월급 받은 것으로 혐의를 받을 수 있겠습니다.

그러나 사건병원의 검찰수사에서처럼 거의 일정금액이 대략 한 달에 한번 입금된 병원장들의 통장 계좌만으로 병원장 의사가 월급을 받았으니 그런 병원을 바로 의료법을 위반한 사무장병원이라고 단순 규정해 버리는 것은 무리한 형사범죄화 시도일 뿐만 아니라 엄청난 법 왜곡 행위가 아닐 수 없습니다.

일례로 병원장이 병원에서 한달에 한번 정도 돈을 받아 간 것만으로는 이른바 의료법 위반이라는 범죄 요건이 충족되지 않는데도 범죄가 성립되는 듯 낙인찍어 사무장 혐의의 결정적 증거로 간주했다는 것은 범죄 요건을 충족하지 못하면 범죄가 성립하지 않는다는 이른바 죄형 법정주의에도 위배되는 것입니다.

더욱이 사법 과정을 다 겪고 나서 나중에 들어 알게 된 것은 일단 검찰에서 자백한 사항은 우리 법원에서 거의 도전받지 않는다는 현실 때문에 검찰은 더욱 수사 과정에서 증거수집 보다는 법정에서의 무죄판결을 저지하기 위한 수단으로 피의자의 자백을 받아내려는 무리수를 쓰게 된다는 것입니다.

그러면서도 사건병원의 마무리 수사에서처럼 검찰에서의 자백이 강압이나 불법한 상태에서 행하지 않은듯 합리화·정당화 하기 위해 수사하며 회유하거나 강압한 수사관의 말은 수사기록에서 모두 빼버리고 자백(?) 현장만을 녹취 또는 녹화하는데 중점을 두기 쉽다고 합니다.

그러나 사건병원의 수사 과정에서 피의자이었던 전임 병원장인 심○○는 법률지식도 없고 심리적으로 불안한데다 변호인의 도움도 받지 못하는 고립무원의 상태에서 내뱉은 자백(?)이 결정적 입증자료라면 법정에서의 공판심리는 다만 형식적인 절차였을 따름이겠습니다.

이렇듯 사건병원의 마무리 수사에서처럼 특히 심○○에게 변호사를 대동할 시간적 여유도 주지 않고 기억이 나지 않아도 묵비권을 인정하지 않고 무리한 자백을 강요하는 수사 행태는 적법 절차에 의한 피의자 인권보호와는 거리가 멀기만 하여 지극히 반인권적이고 위헌적이 아닐 수 없습니다. 더욱이 검사실에서의 자백이 재판에서 혐의의 결정적 증거가 된다면 법정에서의 공판심사는 다만 요식행위일 뿐이고 재판 판결은 수사에서 이미 끝낸 것이나 다름 없을 것입니다.

설령 수사과정에서 과거 권위주의 정권 시대였던 1987년 당시 발생했던 박종철 사건처럼 물리적으로 물고문 같은 압박을 가하지 않았다 해도 피의자를 심리적으로 강하게 압박하며 진술을 강제하는 것은 강압수사의 일종이겠습니다. 그러나 이른바 한낱 무력한 을의 위치인 일개

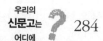

시민으로서는 슈퍼 갑의 위치에 있는 거대 공권력 집단인 검찰에서 강압수사를 받았다고 선뜻 공표할 용기조차 쉽지 않을 만큼 억압적인 것이 우리 사법(특히 검찰)의 현실이기도 합니다. 이른바 사법개혁에의 논의가 검찰개혁에 더 무게 중심을 두어야 하는 이유도 여기에 있다고 하겠습니다.

그러나 사건의 마무리수사에서 무고한 피의자에게 의료법을 왜곡하여 죄를 덮어 씌우는 무차별적 법률 적용이야 말로 예컨대 형법의 대원칙인 죄형법정주의를 위반하고 판결에 부정적 영향을 미칠 위법이 있었다고 하겠습니다.

4. 남용되기 쉬운 검찰의 기소권

사법 당사자로서 사법 과정을 다 거치고 나서야 뒤늦게 알게 된 것은 놀랍게도 우리 검찰이 기소한 전체 사건 중 법원에서 무죄로 판결받는 비율이 극히 미미하다는 것입니다. 그리고 일단 검찰에서 자백한 사항은 법원에서 거의 도전받지 않기 때문에 이러한 우리 사법 현실에서 검찰은 수사과정을 법정공방을 위한 증거수집 단계로 여기지 않고 수사 단계에서 이미 결판이 나도록 자백 중심의 수사를 강행하기 십상이라는 것입니다.

이런 우리 사법 현실에서 형사재판은 검찰이 제출한 수사 기록의 추인과정처럼 되어 형사재판의 대부분이 피고인에게 유죄를 내리기 위한 의식처럼 돼버렸다니 더욱더 검찰수사와 기소는 합리적 의심이 없을 정도로 매우 신중해야 했고 필히 공정성을 확보해야 했을 것입니다.

사실 외관상만 그럴듯 해 보이지 실제로는 과도기적으로 매우 취약한 상황에 처했던 사건병원은 사무장병원의 정의 가운데 건물임대를 위해 '비의료인이 병원 운영을 도와준 것'뿐이며, 대법원 판례 중 '건물 임대를 위해 기본 시설 및 필요한 초기 자금을 조달'항목에서는 개설병원이 장기적 건물 임대로 안착되게끔 원무과(통장관리 등)에 국한되는 일을 도왔던 것만 사건병원에 해당된다고 할 수 있습니다.

더욱이 제가 사건병원에서 개설 초기 몇 달간 병원 일을 주도적으로

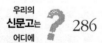

도왔다는 행위만으로 공소장에서처럼 제가 실제로 사무장병원을 운영하려고 의도했다고 단정한다면 정황상 전혀 예기치 않다가 장기적·안정적 임대를 위해 부득이 심○○에게 돈을 빌리도록 도왔던 당시 과도기적 상황이 전혀 참작되지 않았다고 하겠습니다.

무엇보다 제가 사건병원을 도운 것이 궁극적으로 장기 임대만이 목적이었지 운영을 하려는 것이 결코 아니었기에 다른 사무장병원과는 근본적 차이를 갖는데도 수사관은 처음부터 이를 전혀 인정하지 않고 무차별적으로 사무장병원 여부를 가름하는 대법원 판례만을 조목조목 적용 하였던 것입니다. 그러다 보니 대법원 판례의 조항들을 사무장병원이라는 혐의 적용에 종합적으로 판단되기 보다 사건병원에 혐의를 씌우는 수단으로만 오용되었던 것입니다.

특히 검찰은 문화방송 녹취록 사건에서 드러났듯 부정의를 저질러 물의를 일으켰던 비리수사관이 남긴 편파적 수사기록과 마무리 강압수사에서 받아낸 전임병원장 심○○의 신뢰할 수 없는 허위(?) 자백만으로 이미 사무장병원 혐의의 결정적 증거를 확보했다고 간주하고 기소하므로써 무리하게 법을 왜곡하고 가혹하게 법 집행을 하였습니다.

문화방송 녹취록 사건 직후에 검찰은 변호사를 통해 제게 약식벌금형을 제의해 왔지만 스스로 무혐의 하다고 생각했으므로 저는 벌금형도 받지 않겠다고 했습니다. 그런데 그 후 이어진 마무리 수사에서 전임 병원장의 허위 자백을 받은 후 검찰은 제게 실형까지 구형하며 기소했었습니다.

그러나 개설 초기 병원에서 장기적 건물임대를 위해 몇 달간 병원 일을 열심히 도운 것만으로 의료법을 위반한 범죄가 된다는 것은 전문 법률가의 양식 뿐 아니라 일반 대중의 상식에도 위배되는 것이겠습니다. 예컨대 사건의 특수성이나 상식적인 통념을 무시하고 과잉되고도 무리하게 법을 해석하고 적용한다면 이는 결코 정의로운 판단이 아닐 터이기 때문입니다.

우리 검찰은 수사권, 기소권, 공소유지권 그리고 법 집행권이라는 막강한 공권력을 갖고 있는 이른바 대한민국 공익의 대표입니다. 이렇듯 정의와 인권을 바로 세우는 막중한 사명을 부여받고 있는 검찰이 과잉되게 무리한 형사범죄화 시도로 공소권을 오남용하게 된다면 무고한 사법 피해자가 억울하게도 혐의를 벗지 못하는 폐해가 무수히 양산될 수 있을 것입니다. 그렇게 되면 국민들의 검찰에 대한 불신만 가중시키는 악순환만 확대 재생산 되므로써 사법 민주화의 길은 아득히 멀기만 하겠습니다.

따라서 검찰의 기소권은 형법의 무죄 추정의 원칙에 입각하여 무혐의에 대한 가능성도 충분히 점검해 본 후에도 꼭 필요하다고 판단 될 때만 신중하게 행사 되어야 할 것입니다. 굳이 '삼가고 또 삼가는 것이 본시 형벌을 다스리는 기본'이라는 정약용의 말을 빌리지 않아도 전문 법조인도 인간인 이상 오판할 가능성이 상존한다면 검찰의 기소권은 합리적 의심이 없을때까지 신중을 기한 후에 비로소 행사해야만 국민들의 민주 검찰에 대한 신뢰가 돈독하게 유지 될 것입니다.

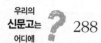

5. 남용되기 쉬운 법정구속

사건병원에 대한 법원에서의 재판과정을 돌아보면 특히 검찰수사 기록만 추인하는 형사 1심 판결에서는 형사 1심 내내 일관되게 사건의 진실을 주장하는 제 탄원서는 반성을 하지 않기에 실형에 처한다는 법정구속의 명분만 될 뿐이었습니다.

그동안 저는 상식적으로 강력범이나 도주 및 증거인멸이 우려되는 현행범만 구속되는 줄 알았는데 제가 형사 1심 내내 무죄를 강력하게 주장한 것이 반성의 기미가 전혀 없는 것이 되어 꿈에조차 상상할 수 없게도 법정 구속까지 당했던 것입니다.

그때 물론 제가 곧바로 보석 신청을 했더라면 변호사의 의견처럼 신청이 받아들여져 저는 곧 해금될 수도 있으리라 믿었습니다. 그러나 사건 혐의와 무관한 건물주 회사 대표 김○○씨와 건물주 회사까지 이 사건과 연루되어 민사소송을 받았다는 소식을 접하니 제가 건물주 회사에게 부적절한 임대인을 소개했다는 너무 큰 자책감에서(다만 심리적일 뿐 실제로 몸으로 막을수야 없었겠지만) 보석신청 조차 몸이나 편해보려는 사치처럼 느껴져 끝내 거부 했었습니다.

법정구속 되었을 때 저는 더 늙기 전에 군대 경험 한번 제대로 해보는 것이라고 스스로 마음을 다잡으며 형사 2심 기간(3개월) 동안 수행하는 마음으로 감수해 냈습니다. 그러나 막상 판결이 다가오니 변호사와 가족들은 '판결은 판사 마음이니 예측이 어렵다'며 '최악의 경우 구금이 연장될 수도 있다'는 걱정을 심하게 하였습니다.

그리고 위임변호사와 가족들은 일단 해금되고 나서 3심을 준비하는 게 더 낫겠다고 저를 적극 설득하기에 저는 판결 직전 심리일에 결국 양형부당만 주장하겠다고 하므로써 저는 형사 1심과 형사 2심 내내 일관됐던 저의 무죄 주장을 접지 않을 수 없었습니다.

물론 형사 2심 판결(2012. 9. 28.) 직전(2012. 9. 24.) 회사 대표 김○○씨가 민사 1심에서 승소판결을 받음으로써 제가 군대 생활까지 불사하며 이루려던 제 소원은 일단 성취되었다고 위안을 삼을수도 있었습니다. 그러나 후에 돌이켜보니 법정 구속때 보석신청을 하지 않고 구금된 피고인 입장이다 보니 막상 판결일이 다가오면서 위임 변호사가 우려하는 구금연장의 가능성을 무시할수 없었던 것입니다. 그래서 3심에 제대로 대응하기 위해 우선 구금에서 벗어나려고 사실 오인에 대한 주장을 접지 않을수 없었습니다. 결국 무리한 법정구속은 심리적으로 자백 강요를 압박하는 행위나 다름 없었습니다.

이렇듯 구속 위주의 수사나 재판이 관행화 되면 무죄 판결을 얻기 위해서가 아니라 오로지 당장 구속 상태를 면하기 위해 피의자나 피고인은 엄청난 수임료를 지급해 가며 사건을 맡기게 되어 결국 우리 사법 현실에서 소위 유전무죄, 무전유죄 라는 부조리를 더욱 심화시킬 수 있겠습니다. 또는 피의자나 피고인이 우선 구속 상태를 벗어나고 보자는 절박감에서 무고하면서도 허위자백을 하기 쉬운 폐단도 있을 수 밖에 없

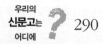

겠습니다. 이렇듯 잘못된 법의 집행은 허울은 정의이지만 그 실체는 반인권적 폭력일수 있겠습니다.

따라서 법원이 내리는 법정 구속이야말로 법원이 합리적 의심이 없을 정도로 필히 필요하다고 판단할 때에만 행해야 하는 법 집행이 되어야 겠다고 절감했습니다. 법정 구속의 남용은 반헌법적 반인권적 권력 남용에 다름 없으며, 허울은 형사 정의이지만 그 실체는 자백을 억지로 강요하는 심리적 고문과 다를바 없겠기 때문입니다.

6. 수사 기록만을 추인하는 조서 재판의 관행

사건병원의 형사 1심 판결(2012. 6. 28.)문에서는 검찰수사기록만 그대로 추인하며 전혀 사실무근이고 억지 투성이인 진정인과 검찰측 증인들의 진술만 입증자료로 채택하고 있었습니다. 그리고 피고인들의 탄원서나 변호사의 세밀한 준비서면은 모두 배척했습니다.

이렇듯 우리 법정에서는 통상적으로 검찰 수사 기록만을 기준으로 하는 조서 재판의 관행을 따르고 있어 이름 뿐인 공판심리절차가 되기 십상이었습니다. 그러기에 형사법정에서 검사와 변호인 사이의 치열하게 공방하는 구두변론의 예가 흔치 않은 것이라고 합니다.

이는 조서재판의 관행에 따라 법관이 검사가 제출한 수사기록에 따라 유죄의 심증을 형성하기 십상이기 때문이라고 합니다. 이렇게 되면 검사가 결정한 공소사실과 구형량에 판사가 종속되어 버려 형사재판은 피고인에게 유죄를 선고하기 위한 의식이 되기 십상이겠습니다.

그러다 보니 피고인은 하고 싶은 말 한마디 제대로 해보지 못하고 재판이 끝나 버리니 결국 피고인은 재판부를 불신하고 재판 결과에 승복하지 못해 항소하고 상고하게 되는 것이라는 비판들을 받고 있다고 하겠습니다. 이는 형사재판에 적용되는 원칙인 '무죄추정'과 '의심스러울 때는 피고인의 이익으로'에도 위배된다고 하겠습니다.

사건병원에 대한 재판도 사법현장에서 검찰의 수사 기록만을 주로 확인하는 재판, 자백이 기재된 조서만 제출하면 거의 유죄가 인정되는 통과의례적 재판 그리고 자백이 결정적 증거가 되는 재판이었음을 부인할수 없습니다. 특히 '월급을 받았다'는 후임 병원장의 자백도 이른바 의료법을 위반한 사무장병원에서 받은 월급이라고 규정할 수 없기에 예컨대 '범죄 요건을 충족하지 못하면 범죄가 성립하지 않는다'는 죄형법정주의에 반하는 것이었습니다. 무엇보다 사건병원에서 전임·후임 병원장들이 병원에서 받은 돈이 이른바 사무장 병원에 고용돼서 받은 월급이라고 규정할 수 없기 때문입니다.

따라서 사건병원은 조서재판의 관행에 따라 피고인들의 탄원서들은모두 배척되고 포상금을 염두에 둔 검찰측 증인들의 허위 진술과 검찰기록만 증거로 채택하는 재판을 경험했음을 부인할 수 없습니다. 그리고 법정에서 선서만 하면 검찰측 증인이 위증을 해도 혐의를 입증하는증거로 채택되는 관행에 대해서는 필히 이를 보완하여 법정에서 실체적진실을 밝힐 장치가 꼭 필요할 것입니다.

무엇보다 검찰수사가 법정 판결을 좌우하기 보다 공개된 법정이 형사 절차의 중심에 서야 판결의 투명성도 확보되고 국민의 감시와 통제가 가능해져 사법 신뢰가 회복될 것입니다. 이를 통해 검찰의 수사는 기소여부와 재판에 대비하는 수사가 되므로써 자백에 편중된 수사 관행도개선되어 자백을 강요하는 위법 수사의 유혹도 사라지게 돼 수사기관에대한 신뢰도 높아지게 될 것입니다.

그리고 재판이 수사기록을 확인하고 추인하는 절차가 아니라 법정에서 실체적 진실을 밝힐수 있도록 탈바꿈 된다면 충실한 법정심리를 통해 피고인의 방어권이 보장될수 있겠습니다.

그리고 공판중심주의가 실현되기 위해서는 재판이 열리기 전 피고인의 방어권을 온전히 보장하기 위해서는 피고인이나 변호사에게 수사기록 등을 열람케 해 충분히 재판 준비를 하므로써 재판정에서 집중적으로 심리 조사를 받을수 있도록 해야 한다는 것입니다.

이렇듯 공판중심주의에서는 형사 사건의 실체를 공개된 법정에서 심리된 것을 기초로 판단하기에 피의자·피고인의 인권이 보장되고 특히 피고인이 무죄를 주장하는 사건에 대한 수사는 필히 공판중심주의에 의해야 할 것이라고 합니다. 따라서 공판중심주의에서 재판은 검찰 수사기록을 확인하는 절차가 되는 법정공방이 되지 않고 법원이 중심이 되어 검찰조서에 의한 예단은 배제하고 실체적 진실을 밝히는 과정으로 탈바꿈 되므로써 한번 패소하면 영원히 패소하는 사법 풍토도 개선하고 명실공히 민주적이고도 바람직한 법정문화가 뿌리 내릴 수 있을 것입니다.

그리고 이렇게 제도 개선이 활성화 된다면 검찰은 권위적으로 국민 위에 군림하기보다 진정한 부정부패의 파수꾼으로 거듭나면서 무리한 형사범죄화 시도를 피하고 법과 정의 그리고 양심에 따라 본연의 검찰권을 공명정대하게 행사하게 될 것입니다. 판결의 전제가 되는 법의 해설과 적용에 절대적 정답은 있을수 없겠지만 법관은 사법권의 독립을 절대적으로 존중받으며 인격의 실현과 민주주의 실천이라는 헌법의 요청과 법률에 의해 양심에 따라 재판하게 될 것입니다.

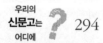

7. 우리 사법문화의 현주소에 대한 성찰의 의의

우리는 변화의 속도가 너무 빠르고 고려해야 할 변수도 너무 많은 시대에 살고 있지만 기존의 법과 제도 속에는 이미 다수자의 윤리와 가치관이 굳건히 자리잡고 있다고 하겠습니다.

되돌아 보면 한국 사법부와 검찰은 과거 권의주의 시대를 거치며 극도로 계급화, 관료화 되었다는 비판을 받아오면서 민주적 정당성과 대중적 신뢰가 취약했던 점을 부인할 수 없겠습니다. 더욱이 우리 사법부와 검찰은 전문성과 특수성이라는 예외주의로 하여 시민통제가 어렵고 또 법조계 전반을 견제하거나 통제할 제도적 장치가 거의 없는 우리 사법 환경에서 주권자인 국민은 우리 사법제도나 운영에 대해 다만 객체로 규정될 뿐 어떤 주체적 역할도 주어져 있지 않다고 합니다.

더욱이 사법과정이나 제도 등이 시민들의 권리와 밀접한 관계를 갖고 있으면서도 일반 시민들의 일상생활이나 이해관계와 직접적으로 연관되는 일이 드물었기 때문에 대중적 관심을 충분히 받지 못한 측면도 있다고 하겠습니다.

그리고 흔히들 사법권은 건드려서는 안된다는 사법권 독립의 신화가 형성되어 있지만 일반 국민들이 행정부와 입법부의 활동에 자유롭게 의견을 표명할 수 있는 만큼 사법부의 활동에도 의견 표명을 할 수 있을 터입니다. 더욱이 삼권분립의 원칙에서 사법부 독립의 의미는 입법부나 행정부로부터 자유로와야 한다는 것이겠습니다. 따라서 우리 사법부와 검찰이 진정 소신껏 맡은바 소명을 다 하기 위해서는 국민으로부터의 독립이 아닌 사법부 또는 검찰로부터의 독립을 이루어야 할 것입니다.

  필자가 실제로 사건 당사자가 되기 전까지 그동안 저는 복잡한 법에 대해서는 알 필요도 전혀 없었을 뿐만 아니라 인간과 인생 일반에 대해 인간적인 선의로 충만했었는데 사법 현장에서 사법 과정을 다 거치며 의료법이라는 만화경 같은 렌즈에 투과되고 나니 어이없게도 '위법 사무장'이라는 혐의를 덮어 썼던 그 불가사의한 상황을 전혀 이해할 수 없었습니다. 그러나 사법 문화에 대한 내부 관찰자 시각에서 우리 사법 현장에서 답습되고 있는 여러 관행들을 살펴 봄으로써 비로소 제가 사법 당사자로서 그동안 느꼈던 불가사의 하기만 했던 수수께끼들을 풀어볼 수 있었습니다.

  겪어보니 우리 사법문화에서는 관행이라는 이름으로 편법·탈법 행위들을 묵인하거나 방조하게 되는 측면도 있어 이러한 관행들이 사법적 부정의를 낳는 원천이 될수도 있겠습니다. 따라서 이른바 국민의 인권의 실현과 민주의 실천이라는 헌법의 요청이 새삼 타당해지기 위해서는 이러한 관행들에 대한 개선이야말로 최우선적 조건이 되겠습니다.

  본 서에서는 어디까지나 법원의 판결권 독립과 검찰의 검찰권 독립을 최대한 존중하기 위해 필자가 사법현장에서 겪은 구체적 사건 사례를 개별적 특수성으로 특화하여 어느 특정인을 지목하기보다 개선되어야 할 일반화된 관행으로 다루면서도 사법부 전반에 대한 권위와 신뢰

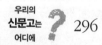

가 훼손되지 않도록 신중을 기하였습니다.

예컨대, 법치의 원리가 자유, 평등, 정의의 이념에 맞춰 법을 집행하라는 것이 된다면 법치주의란 공권력의 횡포로부터 민주주의와 인권을 지키기 위한 것이 되겠습니다. 특히 근래에는 인권이 시민사회의 중심적 가치로 떠오르면서 인권명제는 우리 사회의 공동선을 추구할 수 있는 이론적 명제가 되었습니다. 이러한 시대정신을 반영하여 사법개혁을 향한 시민사회의 요구는 가열차게 진행되어 왔다고 하겠습니다.

이렇듯 시민들의 인권의식이 확산되면서 이러한 시대적 요구에 부응하여 참여정부때부터 받아들인 양형기준제는 사법부의 전관 예우의 특혜를 줄이는데 기여했으며, 국민 참여재판도 형사사건 가운데 중죄에 한해서 시작됐다고 합니다. 특히 2008년 형사소송법 개혁안에 따르면 법정에서 피의자 신문조서를 증거로 쓸 수 없고 오판을 막기 위해 피의자 신문도 증거조사를 다 마친 다음에 하도록 하고 있습니다. 이렇듯 개정 안에서는 피의자, 피고인의 방어권이 강화되고 인신구속 절차가 까다로워지고 자백위주의 검찰수사와 조서중심의 재판 관행을 탈피하기 위해 공판이 중심이 되는 재판절차로 개선되었다고 합니다.

특히 참여정부때 부터 받아들인 양형기준제는 이른바 전관예우 특혜를 없애는데 기여했고, 형사사건에서 중죄에 한해서만 국민참여 재판도 시작하게 되었다고 합니다. 그리고 최근 사회적 약자를 위해 소송비용을 전액 면제해 주는 제도도 시행되고 있다고 합니다. 검찰도 억울한 사건을 신고 받아 처리하는 옴브즈맨 제도도 신설하여 시행하고 있습니다. 무엇보다 법원에서는 형사소송법 개혁안에 따라 검찰수사 기록에만 의존하지 않고 법정에서 치열한 공방을 통해 사건의 실체적 진실을 밝혀내려는 공판중심주의를 강화하는 추세에 있습니다.

예컨대 재판 과정이나 절차에서 공정성이 유지된다고 하는 것은 재판 당사자들이 자신들의 주장을 충분히 개진할 수 있으며, 그러한 의견이나 주장을 재판관이 어떤 외적 요인에 의해서 영향을 받지 않고 객관적으로 판단되는 것을 의미하겠습니다. 그리고 판결의 공정성이라고 하는 것은 이러한 재판 절차를 통해서 발견된 사실관계를 토대로 합리적이고 객관적으로 법률이 적용되는 것이라고 할 수 있습니다.

여기에 지금 우리 사회가 절박하게 요청하는 사법 개혁 실현의 지름 길이 있겠습니다. 무엇보다 사법개혁의 핵심 과제는 합리적이고 객관적인 제도를 확립하는데 있겠습니다. 그러나 우리 사법문화의 현주소를 있는 그대로 성찰하지 않은 채 이상적인 개혁안 만으로 내실을 기할 수는 없겠습니다. 그리고 사법개혁을 위해 아무리 이상적인 이론과 제도를 마련한다 해도 민주적 실천이 따르지 않으면 이는 박제된 진열품에 불과하겠습니다. 이른바 사법의 최상의 가치인 자유, 평등, 정의를 실현하고 주권자로서 국민의 기본권을 무엇보다 우선시 하는 열린사법의 구현이야 말로 우리 시대의 시대적 요청이 되겠습니다.

따라서 본 서에서는 진정한 사법 정의가 실현될 수 있는 사법개혁이 향후 시대정신을 반영하는 법과 제도로 결실 맺고 이에 부응한 민주적 실천들이 따를수 있기를 기대해 봅니다.

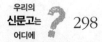

V.
핵심 쟁점들

V. 핵심 쟁점들

1. 검찰수사기록의 공정성에 대하여

작금에도 편법으로 운영되는 요양병원들이 난립하고 있어 국가 재정에도 막심한 폐해를 끼치고 있다고 합니다. 따라서 검찰에서도 이런 사무장병원들을 하나라도 더 많이 색출해 내겠다는 공익적 의지는 높이 살 만하고 충분히 이해가 가능합니다.

그러나 되도록 많은 수의 사무장병원을 잡아내기 위해 법을 적용하기조차 애매한 초창기 병원에도 극단적인 법 해석과 적용으로 처벌해도 좋다는 일벌백계의 의지는 정의는 허울 뿐 또 다른 위법이나 폭력일 수 있습니다. 나아가 '의심스러울때는 피의자(피고인)의 이익으로'라는 형사소송법의 무죄 추정의 원칙 또한 실종되어 있습니다.

검찰수사를 다시 정리해 보면, 임대를 위해 돈을 꿔 준 것 가지고 수사관은 서류적으로만 작성한 것인 듯 의심하고 모든 계좌를 추적해 댔습니다. 민간끼리의 계약인데 개설자금이 늦어지면 늦게라도 받으면 되고 더욱이 돈을 임시로 조달해주는 입장은 마지못해서이지 개설자금을 모두 받고 임대하기를 더욱 바랐던 것입니다.

그리고 당시 전·현직 직원들이 참고인으로 불리어 갔다 와서 전언한 바로는 '이미 사건 병원은 사무장 병원임이 확실하다'며 무슨 복사본 같은 것들을 가리키며 "저기 증거서류가 저만큼 쌓여 있다"는 식의 협박성 회유나 유도 질문으로 처음부터 사건 병원을 의도적으로 사무장 병원으로 몰고 갔던 정황은 너무도 많았다고 했습니다. 나중에 알고 보니 그 서류들은 진정인 권○○이 병원에 1달 근무하며 직원들 몰래 복사해 간 사건병원의 입원 환자 접수대장 등이었습니다.

진정인의 진정에 따라 밀어붙이기식 강압수사가 두어 달 이상 진행되는 것을 지켜보면서 극심한 소모에 시달리다 저희와 같이 사무장 병원으로 신고 받은 다른 요양병원은 어떻게 수사를 받았는지 알아보기로 했습니다. 대다수 병원들은 병원장이 직접 임대해 운영해 왔다는 병원장의 진술과 임대 계약서 또는 차용증 등을 갖추고 실제 임대료를 내고 있으면 수사는 대부분 마무리 되었다고 들었습니다.

그에 비하면 사건 병원에 대한 수사 범위는 대부분의 전 직원과 현 직원에게 전화를 해서는 꼬투리 하나라도 더 잡아내기 위해서인 듯 수사범위는 무한대인양 싶었고, 따라서 그 검찰기록들은 분명 과잉수사 기록 그 자체라고 밖에 할 수 없습니다. 이 또한 이미 수사 초기부터 수사관이 진정인과 이에 합세한 검찰측 증인들(2명)의 음모에 찬 각본에 회유되어 편향되고 과잉된 수사를 한 방증이 되겠습니다.

사건 병원의 검찰수사기록은 사건 병원에 대해 주술을 외듯 사무장병원으로 짜맞춘 주문임과 동시에 한없이 방대하기만 한 오류 그 자체일 뿐임을 주장하지 않을 수 없습니다.

제가 병원이 손익분기점에 다다르고 빌려온 자금을 돌려받을 시점이 됐는데도 병원 자금을 주도적으로 관리했다면 의사 명의를 빌려 병원 운영을 의도했다고 혐의를 받을 수도 있겠습니다.

그러나 개설 초기 병원장이 들여올 개설자금이 늦어져 임시적으로 병원 일을 도운 것만으로 인간의 내면까지 마구 재단하여 유죄 심증을 굳히고 수사를 시작했다면 이야말로 이는 의료법의 무차별적이고도 극단적인 적용이 되겠습니다. 그 결과는 이토록 무고한 사람을 억울한 범법자로 만들어 명예를 실추시키고 구금까지 했었으니 이 또한 불의의 극치가 아닐 수 없습니다.

더욱이 전임 원장의 탄원서에서 보여주듯 마무리 수사에서 변호사 조력도 받지 못한 상태에서 자백을 강요하면서 묵비권을 쓰지 못하도록 한 것은 주권자인 국민에게 헌법이 보장한 방어권까지 무력화 한 것입니다.

사건병원은 결코 사무장병원이 아니었지만 그러나 사무장병원 여부에 관계 없이 병원장들을 매달 생활비에 해당하는 월급을 병원으로부터

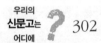

가져가야 했을 것입니다. 그리고 공교롭게도 모두 독신인 그들은 오로지 자신의 생활을 월급에 의존해야 했을 것이기 때문에 병원이 적자가 나고 있어도 생활비는 필요했던 것입니다. 그럼에도 수사관은 병원장들의 계좌에 일정금액이 현금으로 입금된 계좌만으로 이를 사무장병원 여부를 결정하는 증거인양 압박하여 병원장에게 '월급받았다'고 진술하도록 강압한 것입니다.

검찰 수사 받을 때 진○○에게 수사관은 현금이 입금된 통장 내역이 그 증거라며 허위진술 하면 당장 구속하겠다고 했지만 진○○은 언니에게 빚 갚으며 생활비로 썼다고 말했다고 합니다. 다음에 이어진 심○○에 대한 수사에서 수사관은 심○○에게 '이미 월급 받은게 다 드러났다'며 '월급 받았다'는 진술을 강제했던 것입니다.

그러나 과연 두 병원장들이 병원에서 가져간 일정 액수의 현금이 이른바 사무장병원에서 의사를 고용하고 주는 월급으로 규정할 수 있느냐 하는 점입니다.

심○○은 두달 반 근무했지만 병원의 자금 형편 때문에 날짜도 일정치 않게 두 번만 받았고, 더욱이 만일 심○○이 월급만 받는 (병원장) 의사였다면 병원 적자로 인한 환급금을 세무서로부터 받을 수는 없었을 것입니다.

그리고 진○○도 병원 사정에 맞춰 날짜도 일정치 않게 금액도 700, 720, 760 등 일정치 않게 필요한 만큼 현금으로 가져가서 자신의 인터넷 통장에 입금했던 것입니다. 4대 보험이 밀렸던 어느 달에는 병원이 너무 쪼들리니 진○○은 현금을 한푼도 가져가지 못하기도 했습니다.

그리고 심○○은 짧은 두달 동안이었기에 개설자금을 들여놓지 못했지만, 진○○은 개설 후 메디칼론, 닥터론 등으로 자기 명의로 자금을 들여왔는데 생활도 하기 위해 병원에서 현금을 가져가지 않는다면 독신인 그가 어디서 수입원을 받겠습니까?

만일 사건병원이 수사 받을 당시 개설한지 1년 이상 경과되어 손익분기점도 지나서 수익을 내고 있는데도 병원장들이 일정금액의 현금만 가지고 가서 자신들의 통장에 입금하고 병원은 수익금을 따로 챙겼다면 이는 이른바 사무장병원에서 의사가 고용되어 월급 받은 것이 되겠습니다.

그러나 사건병원의 검찰수사에서처럼 병원장들이 거의 일정금액을 대략 한달에 한번 자신들의 통장에 입금한 계좌만으로 병원장 의사가 월급을 받았으니 그 병원은 바로 사무장병원이라고 단순 규정해 버리는 것은 무리한 형사범죄화 시도가 아닐수 없으며, 과연 적법하고 정의로웠는지 의문을 제기하게 됩니다.

사건병원의 마무리 수사에서는 이처럼 통상 어떤 병원에서라도 병원장이 매달 가져갔을 일정 금액을 바로 '사무장병원에서의 월급'이라고 낙인을 찍으며 이를 족쇄로 하여 사건병원에 사무장병원이라는 어마어마한 혐의를 씌운 것인데 이야말로 법 왜곡 행위이자 극단적이고도 무차별적인 의료법 적용이 아닐 수 없습니다.

무엇보다 문화방송 녹취록 사건이 발생했을 때 제가 편파적 수사의

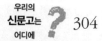

가능성이 높으니 재수사를 해 달라고 진정을 냈을 때 5달동안에 걸쳤던 수사를 처음부터 다시 재점검했어야 했습니다. 그러나 저의 진정은 유야무야 없던 것으로 치부되었고, 그 후 한 달 간의 마무리 수사로 기소 처리 되고 수사는 종결되었습니다.

결국 마무리 검찰수사에서 진술을 강제 받으며 심○○이 '월급 받았다'고 한 진술을 사건병원이 사무장병원이고 제가 그런 사무장병원의 사무장이라는 결정적 증거로 확보한듯 검찰은 심○○의 영상을 찍고, 또 그 진술을 녹취한 후 진술서까지 제출케 했습니다. 이를 근거로 검찰은 무리하게 사건병원을 기소하고 저에게는 실형까지 구형했던 것입니다.

사건병원에서 드러난 이른바 자금 수급에서의 미비함이야말로 흔히 초창기 병원들이 겪은 과도기적 불안정성이었을 따름이었습니다. 사건 병원은 이제 겨우 건물 임대가 시작되고 엄청난 초기 적자를 견디며 고비를 넘기려는 중이었습니다. 그런데 진정인의 교활한 회유에 수사관은 눈 먼 확신에 사로잡혀 무리한 과잉 편파 수사를 했으며, 더욱이 문화방송 사건으로 이러한 무리수를 방증해 주고 있었던 것입니다.

더욱이 이어진 마무리 수사에서 '월급 받았다'는 진술을 받아내고는 이를 자백을 확보한 결정적 증거로 삼음으로써 검찰은 고강수를 써서 앞전의 불공정 수사를 합리화 하는 명분만 세우게 된 것입니다. 이로써 개설된지 몇 달 안된 사건병원에서 임대가 제대로 되도록 도우려고 애썼던 무고한 저는 막중한 범법자가 되고 말았던 것입니다.

문화방송 녹취록 사건과 같은 물의를 일으킬 만큼 수사 절차상의 흠결이 있었음에도 일단 행해진 수사기록을 전혀 점검해 보려고 하지 않는 권위적이고도 폐쇄적인 검찰관행이 만연되어 왔기에 검찰 개혁이 절박하다는 개탄에 많은 국민들이 공감하는 것이 아닐까 싶었습니다. 이런 사법 현실에서 이와 비슷하게 억울한 사례가 비단 저만의 경우에서 끝나겠습니까?

따라서 사건병원이 이렇듯 막대한 사법피해를 입게 된 결정적 원인은 전적으로 비리 수사관에 의해 편향되었던 검찰 수사기록과 이어서 계속된 마무리 수사에 문제가 있었기 때문이라고 하겠습니다.

2. 검찰기록만을 추인한 형사 1심 판결문에 대하여

무엇보다도 검찰수사기록과 검찰측 증인들의 진술만 그대로 따르고 있는 형사 1심 판결문을 살펴보면,

형사 1심 판결서에서는 진○○에게 인수인계 시킬 때 양도대금 4억원을 2년에 걸쳐 분할 상환 받으면서도 이자 약정이 없고, 차용증도 사후에 작성한 것으로 보이므로 사건 병원의 자금 거래는 가장거래라고 단정하고 있습니다. 그러나 폐업을 막으려고 급히 인수인계 하는데 이자까지 생각하는건 무리였으며, 차용증은 진○○이 보건소에 개설 신고하기 전날 임대계약서와 함께 작성되었습니다.

이렇듯 회사대표 김○○씨는 임대해 오는 병원장이 개설초 개설자금을 마련하지 못하고 시작하게 될 줄을 전혀 예상치 못했고 또 그 파장이 어떠하리라는 것도 미리 예측하지 못했습니다. 인테리어는 끝났는데 병원장이 개설자금을 채 마련하지 못해 기다리고 있자니 그러느니 우선 자금을 조달해서 시작하고 빠른 시일 안에 병원장이 자금을 마련하라고 하지 않을 수 없었습니다. 따라서 사전에 병원 운영을 계획하고 인테리어를 했다는 단정은 너무도 사실과 다른 추정이 아닐 수 없습니다.

그리고 형사 1심 판결에서는 회사에 지급될 임대료가 회사대표 김○○씨 또는 지인의 돈으로 충당하였다는 점도 사건 병원에 실질적 임

대차 관계가 부존재한 증거로 보고 있습니다.

사실 건물이 회사대표 김○○씨 개인의 소유가 아니라 회사의 소유이니까 임대차 계약 내용대로 임대료가 지급되어야 하는데 사건 병원은 개설 초기 발생하는 적자 때문에 임대료를 낼 형편은 되지 못했습니다. 그러다 꿈에도 상상하지 못한 검찰수사를 받고 가장된 임대차계약이라고 의심받으니 주위 법률 전문가들이 조언해 주기를 번거롭지만 어떻게 해서라도 임대료만이라도 내는 계좌를 만들라는 것이었습니다. 그래서 억울한 누명을 쓰지 않기 위해 그들의 조언에 따랐던 것입니다.

또 회사대표 김○○이 친구 임○○씨가 검찰에 진술하러 가기 전 임○○씨를 만난 것에 대해, 참고인이나 증인으로 진술을 해야 하는 해당 당사자에게 사건에 유리하게 변소해 달라고 한 것이어서 사법기능 행사에 중대한 위험을 초래할 가능성이 있어 잘못 되었다고 지적하고 있습니다.

그러나 임○○은 초등학교 때부터 60년지기라서 통장 명의를 빌린 참고인이기에 그 전에 사건에 대해 자세히 상황을 설명할 수도 있는 것이 상례적이지 않은가 합니다. 그리고 병원 운영 자금을 관리할 목적으로 양도·양수가 금지된 매체인 통장을 제가 관리하므로써 현행법 질서를 교란했다고 했는데 요양병원에서 통장관리는 원무과에서 하며 미수자 명단을 체크하기도 합니다. 그리고 병원의 회계 부분은 위임하고 있는 회계법인에서 맡아주고 있었습니다.

그리고 저는 다만 개전의 정이 없이 범행을 호도하고 있다며 가혹한

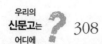

판결을 하니 제가 이 나이 되도록 상식적으로 알고 있는 법은 이런 법이 아니었다고 하겠습니다. 정의를 수호하며 국가 안녕 및 사회질서를 바로세우고 무엇보다 억울한 사람이 없도록 심판하는게 법의 존재이유이자 사명인줄 알고 있었습니다.

그런데 이렇게 사무장병원을 할 의도가 전혀 없었던 사람에게 다만 건물 임대를 장기적·안정적으로 하는데 일익을 하겠다는 순수한 선의 밖에 없었는데 그 복잡한 법인지 판례인지를 끌어들여 거기에다 그대로 엮어 맞추고는 중형에 처하겠다며 구금까지 시킨 것입니다.

당시 저의 충격은 이루 형언할 수 없었으며, 정치가도 기업가도 아니고 오로지 교육에 전념해 왔던 저에게는 상상할수도 없었던 불명예의 극한이 아닐수 없었습니다.

형사 1심 판결서에서는 대법원 판례를 수차례 인용하고 있는데 아무리 그 판례를 살펴 보아도 그 중 사건 병원에 해당하는 조항은 원무과 인력의 충원 관리인데 주말이나 저녁시간에 구직자가 이력서를 가져오면 이를 받아놓고 후에 병원장과 의논하므로써 도운 점은 어느 정도 인정할 수 있고, 개설신고는 병원장과 원무과 직원이 했습니다.

의료업은 각 과목별로 의사들이 진료권을 갖고 소신껏 했고, 필요한 자금의 조달은 개설 초기라 병원장이 아직 자금을 마련하지 못해 발생 적자를 급한대로 메꾼것 뿐입니다.

그 운영성과의 귀속은 개설 초기 병원이라 임대료도 제대로 낼 형편이 못되어 세달 임대료를 유예하고 시작했는데, 그리고 회사대표는병원

문닫게 생겼다고 걱정하니 지인의 자금으로 적자만 겨우 조달해 왔는데 무슨 운영성과의 귀속에 해당되는지 도무지 납득이 가지 않습니다.

이토록 사건 병원은 대법원 판례의 요건을 모두 채우지 못해 사무장병원의 필요·충분 요건이 결코 충족되지 않는데도 검찰수사 기록만을 기준으로 사무장병원이라는 혐의가 성립한다고 단정하는 것은 법 해석과 적용에 있어 죄형법정주의에도 위배되며 무리한 일반화의 오류이자 사실오인에 해당되겠습니다.

예컨대 의료법에서 위법시하는 사무장병원과 사건 병원은 개원 동기와 과정 및 차후계획에서도 '병원 운영'이 아닌 '병원 임대'라는 점에서 근본적인 차이를 갖습니다. 그런데 그런 근본적 차이를 인정받지 못하고 사건병원이 무차별적으로 사무장병원으로 오인 받고 진정받아 결국 대대적인 검찰수사를 받은 것만으로도 이미 엄청난 희생을 치뤘습니다. 이렇게 개설 초기 병원을 무리하고 과잉되게 수사했기에 그 근본적인 차이점이 확연하게 드러나지 못한 점도 있습니다.

형사 1심 판결문 소결론에서 의료기관은 공익적인 성격도 갖는데 영리만을 목적으로 병원을 개설한다면 그 폐해는 국민 건강상의 위험으로 이어질 수 있기 때문에 이를 엄격하게 규제해야 한다고 했습니다. 또 이러한 운영 방식의 병원들이 다수 관찰되는데 이렇게 만연된다면 그 피해가 고스란히 국민에게 귀속될 가능성이 있어 그 예방적 차원에서 엄중한 처벌을 할 필요성이 있다고 했습니다.

물론 법은 엄정하고 공정하게 제정되었겠지만 그러나 법률해석과 그

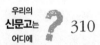

적용의 실제에 있어서는 다양한 시각차가 있을 수 있겠습니다. 예컨대 제가 사건 병원에서 개설 초기 몇 달간 병원 일을 주도적으로 도왔다는 행위만으로 제가 실제로 사무장병원을 운영하려고 계획하였다고 단정하는 것은 이른바 경험칙(상식)에 비추어 보아도 장기임대로 가게 되는 요양병원의 특성을 감안하면 정황상 부득이했던 점이 간과되어 있다고 하겠습니다.

때문에 사건 병원이(의사 명의를 빌려) 영리만을 목적으로 하고 있다는 단정은 너무 편향적으로 의료법을 과도하게 극단적으로 적용하는 가혹한 단정이고 또 이러한 운영 방식의 병원들에 사건 병원도 같은 범주로 한데 묶여야 하는지부터 재심을 통해 꼭 판가름 받고 싶습니다.

저는 여태껏 상식적으로 법이란 정의수호를 위해 억울한 사정을 풀어주기 위해 필요한 것인줄 알았는데 법이라는 명분으로 외관상만 그럴듯해 보이지 실제로는 차이가 나는 상황까지도 통으로 엮으므로써 이토록 억울한 사법 피해자들을 양산할 수도 있는 맹점, 허점을 뼈저리게 절감합니다. 이야말로 이른바 조서재판의 관행에 따른 견강부회식 무리수이며, 실로 가혹한 법 적용이 아닐 수 없습니다.

3. 의료법 해석과 적용의 불평등성에 대하여

사실 저야 요양병원에 대해 잘 모르고 건물임대를 도우려다 깊은 수렁에 빠진 형상이지만 심○○은 사건 병원 직전에도 요양병원에 근무했으니 요양병원의 기본절차는 누구보다 잘 알텐데, 의료법 66조 시행령 발효 시점인 민사 1심 법정에 심○○이 낸 진술서에는 어이없게도 임대차계약서도 작성한 적도 본적도 없다고 했는데 어떻게 병원장이 직접 보건소에 가서 개설 신고했으면서 임대계약서에 대해 아무것도 모른다고 할수 있는지 묻고 싶습니다.

그리고 자신의 인감도장은 2010. 8. 구두로 임대계약 조건에 합의할 때 자신은 대전에서 마무리 근무를 하고 개원 직전에야 올라오겠으니 의료장비 업자들과 계약하려면 도장이 필요할테니 쓰라고 주었던 것입니다.

또 심○○과는 임대 건물주 회사 대표와 쌍방간에 구두로 임대차계약 조건에 합의가 되었기에 정식 계약서는 개설전에 작성하기로 하고, 회사에서 이사회를 거쳐 9월 초부터 건물의 기본 인테리어를 할 수 있었던 것입니다.

인테리어 공사가 시작될때도 심○○은 매주 주말이면 명일동 조카집에 들려 병원에 와서는 업자들과 공사 세부사항에 대해 협의를 하곤했습니다. 임대보증금과 의료장비대금은 대전집이 팔리는대로 지불하기로 했고 의료장비는 오픈 멤버인 노○○ 물리치료 실장이 제시하는 필요장비 리스트에 따라 구입했습니다.

인테리어공사는 10월 중순 전에 이미 끝나 개원준비는 다 되었는데 개설자금이 아직 마련되지 않아 기다리다 11월초가 다 되니, 그러다가는 한 겨울에 개원하겠기에 하는수 없이 건물주 회사 대표 김○○씨를 통해 당시 사건병원의 건물 관리를 맡고 계시던 관리소장님께 알아보니 마침 여유자금이 좀 있으시다고 해서 심○○에게 미리 차용하라고 의논을 했습니다. (2010.11.10.) 그래서 심○○와 개설자금이 마련되지 않았어도 일단 시작하고 개설자금을 들여놓자고 합의를 보고 겨우 11월 19일에 개원할 수 있었습니다.

임대계약서는 회사 건물에 대한 임대이니까 이미 인테리어 공사 전 구두로 합의(2010. 8. 31.)를 본 내용을 김○○씨가 회사 직원에게 시켜 워드로 작성케 하였고, 이를 개설하는 날 병원장이 원무과 직원과 함께 보건소와 세무서에 제출했습니다.

무엇보다 독신으로 30년 이상 의사생활을 했다니 그리고 곧 개설자금을 마련해 오겠다니 믿고, 또 대전집도 팔려고 내놓았다니 능력껏 알아서 해결하리라 믿었던 것입니다.

그런데 막상 심○○이 요양병원으로 임대해 개원한 다음 발생한 문제는 병원에서 매일 필요한 운영자금 즉 초기 적자에 관한 것이었습니다. 제 생각으로는 개설자금 즉 임대보증금과 의료장비대금은 차용하도록 주선하였으니 대전집을 팔던지 담보대출을 받으면 된다지만 매일 필요한 경비는 당연히 병원장이 책임질 것이라고 생각했습니다.

그러나 심○○은 자신은 환자들 진료하며 병원 틀 잡기도 바쁘니 적자는 개설자금 들여올 때 함께 정산하겠다고 했습니다. 건물 임대를 위해 인테리어까지 한 입장에서는 적자 때문에 병원문이라도 닫게 될까봐 가장 우려되었고, 그러다 보니까 임시방편으로 병원 적자까지 김소장에게 차용한 돈으로 조달하도록 할 수 밖에 없었습니다.

사실 요양병원은 초기자금을 버티지 못하면 문닫는 경우가 종종 있었는데 예를 들면, 저희 병원 오픈시에 송파구의 한미사랑요양병원이나 서초구의 늘푸른요양병원들도 이런 이유로 다 병원 문을 닫았고 강북구 등에도 그런 병원들이 여럿 있다고 들었습니다. 이런 경우들을 듣게 되니까 더욱 요양병원 임대 초기에는 문닫지 않고 스스로 설때까지 장기임대를 위해 가능하면 특혜도 주고 편의도 봐줄 필요가 있다고 생각했습니다.

사실 평생에 사소한 법조차 어겨본적이 없는 제가 사무장병원이 위법인 것을 건물 임대에 관여하는 과정에서 들어서 이미 알고 있었고 더욱이 조금만 조건을 잘해주면 요양병원으로 임대 문의해온 의사도 많았는데 왜 굳이 남편 회사 소유의 건물에서 50년만에 만난 친구와 그런 위법을 하려고 했겠습니까?

당시 남편이 사업에 올인하느라 개설자금에 상당하는 남아도는 목돈도 없었고, 굳이 돈을 꾸어오면서까지 자금을 마련할 수고도 힘들뿐 아니라, 대학에서 강의를 하던 제가 위법인줄 알면서 굳이 비전문분야인 병원 운영을 직접 해보겠다고 꿈을 꾼다는 건 정황상으로도 전혀 불가능했습니다.

이렇듯 저는 임대해 오는 병원장이 개설초 개설자금을 마련하지 못하고 시작하게 될 줄을 전혀 예상치 못했고, 또 급한대로 자금을 조달해 줬을 때 그 파장이 어떠하리라는 것은 미리 전혀 예측하지 못했습니다. 병원장과 협의하에 인테리어는 끝났는데 병원장이 개설자금을 채 마련하지 못해 기다리고 있자니 그래서 건물을 놀리느니 우선 시작하고 빠른 시일 안에 자금을 마련하라고 하지 않을 수 없었던 것입니다. 마침 그때 관리소장님의 자금을 빌릴 수 없었다면 개원을 계속 미룰수 밖에 없었을 것입니다.

따라서 사전에 병원 운영을 계획하고 인테리어를 했다는 단정은 천부당 만부당한 억측으로 이는 의료법의 극단적 적용이 아닐수 없습니다. 건물을 임대하는 입장에서는 임대료만 제대로 받으면 되지 누가 사서 돈을 조달해 주는 고생을 하려고 사전에 계획했겠습니까?

민사 1심에 낸 심○○의 진술서대로 사건병원에서 심○○이 월급을 받았다면 생활비 명목으로 두달 통장에 입금된 것 말고도 심○○은 자신이 병원장일 때 난 적자로 인해 발생한 환급금 5,900만원을 관할지 대전 세무서를 통해 계좌송금 받았는데 직접 운영하는 병원장이 아니었다면 그 환급금을 받을 수 있었겠습니까?

그리고 김○○씨가 임○○ 명의의 통장을 개설한 시점은 2010년 5월 31일자로 말하자면 2011년 7월부터 사건 병원이 검찰수사를 받은 것과는 전혀 무관하며 그 통장은 결코 검찰수사 대비용이 아니었음을 알 수 있습니다.

제가 듣기로는 임○○씨는 사건병원 건물주 회사 투자가인데다 평소에도 자금을 소소하게 빌려 받은적이 있는 사이라서 편의상 임○○ 통장을 개설했으나, 그 사이 별로 필요치 않아 사용은 하지 않고 있었다고 합니다.

거래계좌 명의를 김○○ 또는 임○○ 중 한 사람으로 통일하던지 나누던지 별 차이는 없겠으나 저의 주선으로 임○○와 심○○은 맞선을 본 사이이기에 이왕이면 모양새가 좋게하자고 제가 부탁했습니다.

병원개설 이후 심○○와는 그렇게 자금문제로 여러번 의견충돌이 있었고, 그 외에도 정신병원에서 하던 식의 향정 오더건으로 간호사들과 의견대립이 많아 물의를 빚곤 했습니다.

사정이 그러했기에 이런 저런 일로 의견대립이 심했고, 그럴때마다 심○○은 내일 당장 폐업 신고하겠다며 마구 화를 냈습니다. 다급하게 심○○의 계약조건을 인수할 병원장을 찾다가 인터넷으로도 찾아 보았는데 인터넷에서 진○○의 구직 조건(병원장 인수 가능하다는)을 보고 전화했던 것입니다.

진○○은 요양병원 한의사로 근무하는데 한의원 개원 경험도 두 번 있고 임대 조건만 좋다면 한번 해 볼 의향이 있다고 했습니다. 수중에 당장 인수자금을 갖고 있지는 않았지만 개설 후 론등을 얻어 개설자금을 마련하겠다고 하니 부득이 심○○의 임대차계약조건을 그대로 인수

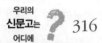

키로 하고 그 자금은 차용증으로 대체키로 했습니다.

사실 겪어보니 의료법상 요양병원의 병원장이라는 자리는 명의만 빼면 병원은 폐업되어 당장 병원문 닫게 하고 환자를 내보낼수도 있고, 또 환수금을 적게 내려고 허위자백이라도 편의대로 멀쩡한 병원을 사무장 병원으로 둔갑시킬수도 있는 특권적이고도 우월적 자리에 있다고 하겠습니다.

진〇〇이 인수인계 할 당시는 심〇〇 원장이 폐업을 재촉하니까 불안감이 극도에 달해 있었습니다. 그러나 검찰수사에서나 법원판결에서는 병원의 그런 다급했던 상황이 전혀 감안되지 않았고 다만 임대계약이 실질적 계약이 아니라 위장된 계약이라는 의혹만 고수하는 듯 했습니다.

그러나 진〇〇이 사건 병원을 임대할 때는 시간 여유를 두고 개설자금을 소지하고 있는 임차인을 고르기에는 너무 시급한 상황이었습니다. 진〇〇도 지방에 근무하고 있어 세부적인 임대조건에 대해선 진〇〇와 전화로 구두 합의를 보았습니다. 그 후 진〇〇은 근무하던 요양병원을 급히 마무리하고 개설전날 서울로 온 것입니다.

진〇〇 원장이 서울로 온날 비로소 김〇〇씨와 만나 미리 전화로 합의를 본 임대계약서에 도장을 찍었고 다음날 진〇〇 원장이 이를 보건소에 제출했습니다. 더욱이 진〇〇은 요양병원에 근무했으니 개설시 병원장이 임대계약서를 보건소와 세무서에 제출하는 기본절차를 잘 알고 있을것이 자명하겠습니다.

임대계약서에 도장을 찍으며 진○○은 계약조건이 좋으니 인수인계를 하지만 한의원 몇 번 개원했었으나 쉽지 않았다며, 경영 정상화때까지는 도와주기를 바랐고 만일 그래도 운영이 잘 안되면 다음 병원장에게 인수인계 할수도 있다고 단서를 달았습니다.

시급하게 병원을 인수인계 시키는 입장에서 그만한 적임자도 급히 구하기 힘든 상황이었으니 임대주로서 김○○씨는 병원이 아직까지도 적자라고 하니 손익분기점이 될 때까지 임대료 지불 조건 등에서 최대한 협조해 주겠다고 말했던 기억은 납니다. 통상적으로 요양병원은 장기임대로 갈 수밖에 없으니 초기에 편의를 봐주는 것은 부득이하기도 했습니다.

그리고 통장관리나 접수 수납을 확인하는 것은 흔히 병원의 원무부장들이 대행하는 업무로 적자규모를 파악하거나 병원의 홀로서기 시점을 앞당기기 위해 꼭 필요했습니다.

다만, 검찰수사를 받는 과정에서 처음부터 병원의 실질적 임대차계약을 위장된 임대차계약으로 의심하며 수사를 하면서 병원과 관련된 모든 서류들을 제출케 하니 변호사들을 비롯하여 주위의 모든 사람들이 한결같이 임대료만이라도 제대로 받는 계좌를 만들라고 하였습니다. 의심을 받지 않으려는 고육책으로 임대료도 아직 제대로 나오지 않는데도 이런 인위적 거래계좌까지 만들었는데 수사를 받으며 다 드러나니 이로써 검찰은 더욱 의혹을 부풀렸을 것입니다.

진○○도 처음엔 수중에 개설자금이 없으니 론을 얻기로 하고 나름

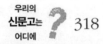

대로 개설자금 마련과 적자를 메꾸려고 메디칼 론(2억 5천만원)이나 신용보증기금(1억 9천만원)을 대출받으며 병원을 정상운영시키려고 힘써왔었습니다. 그리고 연대보증을 서준 것은 메디칼 론에는 필요한 절차라니까 병원을 위해 부득이하다고 김○○를 설득했습니다.

독자들의 이해를 돕기 위해 민사 1심 판결 직전 제출된 위임 변호사의 참고서면을 첨부합니다.

참 고 서 면

사건 ○○○○ 손해배상
원고 보험공단 ○○지사
피고 조정윤 외 2

 위 사건에 대하여 **피고 조정윤, 회사대표 김○○, 피고 주식회사 T(**이하 '위 피고들'이라 합니다.)의 소송대리인은 다음과 같이 참고의견을 개진합니다.

| 다 음 |

1. 피고 진○○ 작성의 진술서에 관하여
  피고 진○○은 을나 제1호증의 진술서를 작성해 제출하였는데, 그 내용은 회사대표 김○○가 임대차 계약의 작성과정과 중소○○은행의 메디칼 론 계좌 개설 및 메디칼 론의 신청을 주도하는 등 이 사건 병원의 운영에 관여하였다는 취지입니다.

2. 피고 진○○ 작성의 진술서에 관한 반론

가. 피고 진○○의 입장 변화 이유

피고 진○○와 피고 심○○은 위 피고들과 공동피고의 지위에 있으나, 이 사건 소송의 결과에 따라 보험환급금을 임대하여 배상할 책임을 져야 하는 관계에 있습니다.

피고 진○○은 이 사건 병원에 대한 수사가 개시된 후, 사건병원이 진정을 받게 된 책임이 진정인을 권고사직하게 한 조정윤에게 있다며 끊임없이 피고 조정윤에게 보험환급금 부담 채무를 보상해 줄 것을 요구해 왔습니다.

형사사건 1심에서 피고 진○○, 피고 심○○, 피고 조정윤에 대해 유죄판결이 선고되자, 피고 진○○은 위와 같은 면책요구를 더 거세게 하였는데, 피고 조정윤이 법정 구속되자, 위와 같은 요구를 회사대표 김○○에게 하였습니다.

회사대표 김○○는 관련 증인신문 과정에서 밝혀진 것과 같이 이 사건 병원의 운영에 관여한 것이 아니기 때문에, 위와 같은 피고 진○○의 무리한 요구에 무대응하였습니다.

피고 진○○은 관련 형사사건의 항소심 재판이 끝나가는 상황이고, 피고 심○○이 항소를 취하하여(참고자료 1. 나의사건검색 참조) 원심의 유죄판결이 바뀔 가능성이 없다고 판단되자, 유죄판결이 확정될 경우 자신 명의로 부과될 보험환급금을 내지 않는 방법으로는, 이 사건에서 이 사건 병원의 운영자를 회사 대표 김○○로 몰아가 경

제력이 있는 회사대표 김○○와 E 회사가 보험환급금을 부담

케 하는 것 밖에는 없다고 여겨 위와 같은 내용의 진술서를 작성

한 것입니다.

나. 피고 진○○ 작성의 진술서의 신빙성에 관하여

피고 진○○은 수사기관에서부터 관련 형사사건의 항소심에 이

르기까지, 위 진술서의 내용처럼 회사대표 김○○가 임대차 계

약의 작성과정과 중소○○은행의 메디칼 론 계좌 개설 및 메디

칼 론의 신청을 주도하는 등 이 사건 병원의 운영에 관여하였다

는 취지의 진술 혹은 주장을 한 사실이 단한 번도 없습니다.

그러나 피고 심○○이 관련 형사사건의 항소를 취하하였고,

관련 형사사건에서 유죄판결이 선고될 가능성이 높다고 판단

되자, 민사 1심에서 입장을 바꾸어 경제력이 있는 회사대표 김

○○가 이 사건 병원을 실제 운영하였다는 취지의 진술을 하고

있는 것입니다.

따라서, 피고 진○○ 작성의 진술서는 자신이 부담하여야 할 민

사채무에 대한 부담을 덜기 위한 즉, 자신이 경제적 이해관계에

따른 진술번복에 불과하므로 그 신빙성이 없다고 할 것입니다.

3. 결론

위와 같이 피고 진○○ 작성이 진술서는 신빙성이 없습니다.

2012. 9.

그런데 2012년 8월 발효된 의료법 66조의 시행령은 병원장 의사가 자백하면 사무장 병원의 혐의로 인한 환수금을 경감시켜 줄 수 있다는 내용입니다.

진정인이 저를 지목해서인지 또는 검찰 수사기록상 진정인과 이에 동조한 검찰측 증인들이 저를 악덕 사무장처럼 각본을 짜서인지 검찰에서나 법원 판결에서 모두 마치 제가 의도적으로 의사를 회유해서 병원을 운영하려고 했을거라고만 시각을 고정시키는 듯 했습니다.

그런 고정된 시각에서 진행된 수사는 사건의 본질에서 완전히 벗어났을 뿐만 아니라 판결 결과에서도 의료인과 비의료인 사이에 엄청난 불평등을 발생시키고 있다고 하겠습니다. 무엇보다도 임대해온 병원장이 계약조건이 좋으니 특혜 받으며 임대계약에 적극적으로 응했을 가능성은 전혀 고려하지 않았습니다.

두 병원장 모두 요양병원에 근무했었으니 요양병원에 대해 비의료인인 저보다 훨씬 잘 알고 있었을 것도 자명합니다. 예컨대, 전임, 후임 병원장들은 요양병원 초기 1년은 적자가 난다는 것을 이미 알고 있었겠지만 부득이 자금마련을 도와준 비의료인인 저는 임대만 관심을 두고 있었기에 그런 점까지 미리 예측하지 못했습니다.

사실 전임 병원장 심○○은 두달 근무했던 사건 병원이 사무장 병원의 혐의를 벗지 못해도 자신이 내야 하는 환수금 액수 5천만원에 상당하는 환급금(병원 적자로 인해 발생하는)을 이미 2011년 대전 세무서를 통해 지급 받은바 있어 금전적 손해는 별로 없습니다.

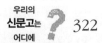

그리고 강압수사 탓이었는지 심○○은 개설전 자신이 직접 보건소에 제출한 임대계약서까지도 모른다고 했습니다. 당시 심원장은 인테리어 건으로 여름 한철 일요일 마다 병원 건물에 드나들 때 저와 회사 대표도 함께 만나서 임대계약서(2010. 8. 31.자) 초안을 잡았던 것입니다. 그 내용을 골자로 임대계약서를 작성하여 2010. 11. 19. 개원하면서 세무서, 보건소 등에 그 서류를 제출했습니다.

그런데 2010. 8. 31.자는 개원하기 이전이고 대전에 거주하고 있었으므로, 그 서류는 조작문서라고 의견서에 기록되어 있으니 시간이 꽤 흐른 뒤라 기억이 희미해져서 분명 착각을 하고 있는 것 같습니다.

그리고 심○○이 병원을 임대해 왔던 두 달 동안 병원 적자 문제로 저와 이견이 있었습니다. 보증금과 의료장비는 대전집이 팔릴때까지 몇 달 기다렸다 상환 받는다 쳐도 첫달, 둘째달 병원 적자는 당연히 병원장이 맡아야 하는데 매달 7천만원~1억원씩 나는 적자까지 정상운영 될 때까지 저에게 메꾸어 달라고 했기 때문이었습니다.

심○○이 자기 뜻대로 병원이 안된다고 계속 하고 싶지 않다고 당장 폐업하겠다고 했을 때 이 병원을 운영하면서 난 적자는 모두 이 병원에 다 썼으니 그만두는 마당에 자기는 책임이 없다고 했습니다. 자기가 개인적으로 가져다 쓴 돈도 이 병원에 근무하면서 병원장으로 쓴 돈이니 갚을게 전혀 없다고 했습니다. 장기 임대를 하리라 믿고 개설 초기 지인에게 빚을 얻어가면서까지 자금을 마련한 입장에서는 병원장의 빚을 모두 떠 안으라는 뜻이어서 참 기가 막혔습니다.

심○○를 믿고 돈을 꿔주도록 주선한 제 입장에서는 심○○이 폐업하고 가버리겠다고 했을때는 얼마나 당황스러웠는지 모릅니다. 그래서 제가 심○○에게 다른 의사에게 임대하도록 하더라도 시간적 여유를 달라고 했고, 또 적임자가 나오면 병원을 인수인계 시키더라도 이왕 서울에 왔으니 당직이라도 맡고 낮에는 취미생활이라도 하면 어떻겠느냐고 물었습니다.

저는 그래도 당직비가 500만원은 되지 않겠느냐고 말했는데 진술조서에는 너무나 황당하게도 제가 면허 값으로 500만원을 준다고 되어 있었습니다. 나중에 그 기록을 보고 심원장에게 제가 물어보니 자기는 면허값이 아니라 당직비라고만 말했다는데 왜 그렇게 기록됐는지 모르겠다고 했습니다.

무엇보다도 만일 전임 병원장이 조금만 시간적 여유를 주었더라면 당장 자금 마련이 안 되고, 매사에 소극적인 후임 병원장에게 그렇게 서둘러 임대차 계약이 인수·인계 되지는 않았을 것입니다.

패소하면 보험공단의 환수금 총액이 수십억이 되니 소송에 패소하자 멘붕에 빠진 병원장 의사가 환수금을 적게 내려고 허위자백이라도 하면 결코 위법을 하지 않고 장기적이고도 안정적인 임대만을 목표로 하던 비의료인은 병원장이 운영하다 남기고 간 채무만 떠안고 중형까지 받게 되니 이렇게 해서 발생하는 피해와 불평등의 근본 원인은 어디에서 찾아야 하겠습니까. 이는 무엇보다도 수사과정에서 의료법에 대한 해석과 적용이 편향되고 또 사실관계를 오인한 검찰 수사기록에서 비롯되었다

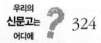

고 판단됩니다.

후에 들어보니 법정에서 검사의 공소장을 뒤집기란 우리 사법 현실에서는 매우 희박하다는데 거기다 피의자의 자백까지 있으면 법원에서 승소 확률은 없다고들 했습니다.

이렇듯 아닌 밤에 날벼락 맞듯 진정을 받고 막상 우리 사법 체제에 온 몸으로 부딪혀 보니 실제 위법이나 범법을 하지 않았어도 이현령 비현령식으로 법에 엮이게 되면, 3심을 다 거쳐도 결코 혐의를 벗을 수 없는 사법 피해 사례가 얼마든지 있을 수 있음을 충분히 짐작해 볼 수 있었습니다.

무엇보다 수사권과 기소권을 갖고 있는 검찰에서 공정하게 수사받지 못하면 나중에 법원에서 사건의 실체적 진실을 파헤치기는 무척 어려운 한계 상황을 절감했기 때문입니다.

우리 헌법이 보장하고 있는 평등권이라는 측면에서 사건병원이라는 사례를 중심으로 사무장병원을 위법으로 규정하고 있는 의료법의 제정 취지와 그 적용 범위에 대해 보다 심도있고 다각적인 법률적 판단을 받고 싶은 것입니다.

이른바 법 앞의 평등을 무시하는 법의 잣대는 합리성과 공평성을 추구하는 법의 이념과도 거리가 멀다고 하겠기 때문입니다.

4. 진정인이 주장하는 각본의 사실 여부에 대하여

진정인 권○○는 제가 병원장이 근무하지 않는 주말에 찾아온 자신의 이력서를 받았고, 또 병원 통장을 관리했고, 무엇보다 제가 진정인이 요양병원에 부적격하다며 권고사직시켰다고 생각해서 사건 병원이 사무장병원이라는 의혹을 가졌던 듯 합니다.

요양병원 경험이 없어 입사 첫날부터 원격보조하는 임시 직원을 써야 하는 등 부대비용도 발생하고 요양병원에 부적응 하기도 하여 입사때부터 이사비용은 주겠다며 권고사직 의사를 알렸습니다. 이는 입사 3개월 내에는 권고사직할 수 있는 병원 취업 매뉴얼에 따랐던 것입니다.

그러나 권○○는 계속 근무하겠다고 억지를 부리며 소란을 피웠습니다. 그리고 권○○은 나중에 보니 그때 계속 근무하면서 병원 전·현직 직원들 전화번호를 파악해 놓고 틈틈이 개설 초부터 그때까지의 환자 입퇴원서를 모두 복사하고는 1,000만원을 안주면 이 병원을 신고할 거라며 협박하기에 이르렀습니다.

권○○는 입사 초기부터 일은 하지 않고, 이 병원이 사무장병원 같으니 1,000만원을 주지 않으면 신고하겠다고 했습니다. 그리고 권○○은 만일 사무장병원으로 드러나면 자기가 받을 수 있는 포상금 액수보다는 훨씬 적다며 수차례 협박했습니다. 병원 직원들이 이런 막무가내식 행패를 말리기 위해 몇차례 권ㅇㅇ을 만나기도 했습니다.

그런데 그때 권ㅇㅇ이 근무하며 복사해서 검찰에 제출한 환자 입회원서만도 분량이 엄청났습니다. 혹시 무슨 꼬투리라도 잡아볼까 해서 병원에서 일은 안하고 틈틈이 눈 속이며 복사만 한 듯 했습니다.

저는 사무장병원에 대한 개념을 알고 있었지만, 도무지 사무장병원과 같은 범법을 하고 있다고 생각지 않았기에 권ㅇㅇ의 협박에 응하지 않고 근무한 한달 월급 외에 한달분 월급과 이사비를 보태서 계좌 송금했습니다.

진정인은 사건병원에서 1,000만원을 다 채워주지 않자 검찰에 진정을 하고 전·현직 직원들에게 전화해서 자기에게 동조하라고 권유했다는 얘기들이 들려 왔습니다. 권ㅇㅇ향의 권유에 개설초 몇 달 근무하다 몸이 아프다고 사직했던 청구직원 강ㅇㅇ이 동조했다고 들었습니다.

심ㅇㅇ이 대전에 있었기에 개설때까지 주말에만 왔으니 오픈 전부터 주중 근무했던 강ㅇㅇ와 손ㅇㅇ 직원에게는 인테리어를 비롯하여 병원 개설 설비를 제가 주도하는 듯이 보였을 수는 있습니다.

이렇듯 그들은 의기투합되어 자신들의 추측에다 가장 그럴듯한 사무장병원의 각본을 짜서 진정에 합세한 듯 합니다. 검찰수사 기록상 그들의 진술은 허위로 가득하지만 현장을 증명할 CCTV도, 녹음기도 없는 것이 너무 한탄스러웠습니다.

검찰수사기록에서 진정인 권ㅇㅇ의 진술을 보면, 거의 전부가 억측과 조작으로 일관되어 있는데 그가 진정한 진술을 토대로 사건 병원이 검찰수사를 받았으니 당사자들에게 얼마나 불리하게 수사기록이 되었겠습니까.

그 단적인 예로, 권○○는 자신의 추측대로 진○○이 저희 회사로부터 자금을 빌린 것처럼 허위로 채권 채무 서류를 꾸며 놓았다고 조정윤이 말했다고 진술했지만 실제로는 진○○은 심○○의 임대계약서 조건을 그대로 인수 받았지 결코 E 주식회사와 채권 채무 서류를 만들지 않았습니다. 이렇듯 권○○는 자기 추측대로 마치 조정윤이 그렇게 말한 것처럼 조작하여 진술 하였습니다.

그리고 진정인 권○○는 제가 '남편이 사업을 해서'병원을 차렸고, 병원자금도 회사자금으로 조달하였다고 말했다는데, 이는 전혀 사실무근으로 인테리어 비용만 회사자금으로 조달되었습니다. 그러나 형사 1심 판결문에서는 검찰수사기록만 그대로 추인하며 이토록 사실무근이고 억지 추측인 진정인의 진술만 입증자료로 채택하고 있었습니다.

이렇듯 검찰 수사기록상으로 진정인과 이에 동조한 검찰측 증인 강○○ 등이 저를 병원 영업을 위해 위법을 불사하는 악덕 사무장처럼 각본을 짜서인지 검찰에서나 법원 판결에서는 모두 마치 제가 병원 건물 회사의 대표 부인으로서 의도적으로 병원을 운영하려고 의사를 회유 했을 거라고만 시각을 고정시키는 듯 했습니다.

그런 고정된 시각에서 진행된 수사는 사건의 본질에서 완전히 벗어났을 뿐만 아니라 무엇보다도 임대해온 병원장이 장기임대를 하려는 건물 임대 주체인 회사의 계약조건이 좋으니 그 특혜를 받기 위해 임대계약

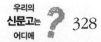

조건을 적극적으로 협상했을 가능성은 전혀 고려하지 않았습니다. 그러다보니 판결 결과에서도 의료인과 비의료인 사이에 엄청난 불평등을 발생되고 말았다고 하겠습니다.

문화방송 녹취록 사건에서 보여주듯 교활하고 극악한 진정인은 자신의 사리사욕을 위해 수사관을 회유하여 성공을 그릇되게 확신시킴으로서 수사 공권력을 남용토록 시키고는 결국 진정 취하금을 안주려고 취하금을 협상하는 녹취록까지 방송에 공개하여 수사관을 파면케 하고 나아가 무고했던 사건 병원과 당사자들에게 돌이킬수 없을만큼 엄청난 피해를 끼치고 말았습니다.

무엇보다 진정인의 그럴듯한 허위 각본으로 사건 수사의 첫단추가 잘못 끼워지면서 5달에 걸친 이○○ 수사관의 수사는 과잉수사와 편파수사 그 자체라고 할 수 밖에 없습니다. 문화방송 녹취록 사건 이후 제가 재수사해 달라는 진정을 냈는데도 그대로 묵살되었는데 이런 상황에서 우리 사법 현실에서는 사법 피해를 구조할 제도적 장치가 매우 미약함을 절감했습니다.

그리고 이렇게 진정이나 신고 자체로 수입원을 얻는 비즈니스로 삼는 내부 고발자들은 사무장병원 단속과 같은 공익을 위한 필요악이라는 긍정적 측면도 있겠으나 그들이 아니면 말고 식으로 던지는 돌에 애매한 정황에서 선의의 피해를 입는 부정적 악영향도 상당하겠습니다.

검찰 수사기록을 보면 권○○은 요양병원에 근무는 안했어도 급성기 병원에서 다년간 청구일을 한 경험과 업무 지식에 근거하여 마치 사건

병원이 허위 인력 신고를 했다거나 환자군 상향조정을 했다는 식으로 전혀 근거없는 중상모략을 가하고 있었습니다. 더욱이 저는 병원을 돕기 전까지 요양병원에 보험공단으로부터 청구금을 받는다는것 조차 모르고 있었는데 너무 사실무근한 중상모략이 아닐수 없었습니다.

그리고 진정인이 요양병원 청구일을 전혀 몰라 다른 병원에 근무하는 청구 직원을 알바이트 형식으로 불러 간호사들 챠트 교육을 시키고 청구 작업을 의뢰했지 무엇 때문에 진정인 몰래 알바직원을 의뢰했겠습니까? 진정인은 자신이 못하는 일을 외부에서 와서 도와주면 고마워하고 미안해 해야 하는데 적반하장격으로 중상모략만 합니다.

권○○은 여러 직원들에게 병원에 1달 근무할 때 입버릇처럼 '자신은 가족도 없고 돈도 없고 이제 나이도 많아 또다른 직장을 구하기도 힘들어 더 잃을 것이 전혀 없어 이 병원에서 자기를 권고사직 시키면 이 병원과 끝까지 가 보겠다'고 말했던 대로 자신의 목적인 거액의 포상금만을 위해서 온갖 그럴듯한 거짓말을 쏟아내고 있었습니다.

권○○은 저만 불법적인 영리만을 챙기고 직원들을 마구 해고하는 악덕 사무장으로 만들면 사건 병원은 저절로 사무장병원이 된다고 생각했는지 권○○의 진술은 제가 혼자 병원일을 주도하며 불법을 일삼으며 직원들을 해고하는 횡포를 부렸다는 내용으로 일관되어 있었습니다.

문화방송 녹취록 사건에서 보여주듯 진정인은 수사관에게 진정 취하금이 필요한듯이 회유해서 진정 취하금이 꼭 필요하다고 수사관이 변호사에게 거듭 요구하게 만들고 막상 취하금이 나오니까 수사관에게 나눠

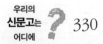

주기 싫어서 녹취록을 반영시켜 수사관을 파면토록 시킨 것입니다.

가족도, 돈도, 신의도, 인정도 없고, 오로지 집요한 악만 남은 그런 사람이 또 다른 공동체에 들어가 자신의 사리사욕을 위해 또 다시 고소, 고발을 하면서도 겉으로는 공익을 명분으로 내세울테니 이렇게 고소, 고발, 진정을 비즈니스 업무 삼아 계속 하는 것 자체가 공권력을 남용케 하는 불법행위라 하겠습니다.

아마도 다음 타겟은 사건 병원 직전에 근무했다는 여주의 K병원이 아닐까 합니다. 직원들에게 그 병원의 위법적 서류를 많이 복사해 왔는데 언제라도 진정이나 고소를 할거라고 말했다고 들은바 있기 때문입니다.

그리고 이○○ 수사관 법정 심리일에 권○○이 오픈 맴버인 강○○에게는 진정 취하금도 나누어 주어야 한다고 진술했는데 거액인 포상금을 나누어 받을 계획이어서인지 강○○ 진술도 권○○처럼 제가 병원일을 주도하며 횡포를 부린 악덕 사무장으로 몰아갔습니다.

더욱이 강○○은 자신의 몸이 안 좋아 병원을 그만두고 지금도 계속 쉬고 있어 수입원이 없는 처지였으니 포상금을 목표로 한 권○○의 동조 제의에 쾌히 응한듯 여겨졌습니다. 그렇다고 해도 이렇게 사실과 다르게 모함하고 있는 강○○의 허위진술에 대해서도 명백한 증거를 서류상으로 요청해야 할 것입니다.

그리고 수간호사 손○○은 심○○ 원장과 향정 오더건으로 여러차례 크게 충돌했고, 이는 심원장이 그만둔 원인 중 큰 비중을 차지할 것입니다. 더욱이 심원장은 자기가 원해서 그만둔 것이지 그들의 허위 진술처럼 제가 그만두라고 한 것은 전혀 아닙니다.

손○○은 심원장이 그만둔 후에는 간호사들에게 너무 독재를 써서 간호사들이 집단 시위하며 같이 근무하지 않겠다고 하므로써 밀려나 있다가 결국 자진 사직했습니다. 나가면서 이 병원 망하라고 악담까지 해대더니 권○○의 동조 제의에 선뜻 응한듯 합니다. 더욱이 수간호사와 강○○는 같은 오픈멤버로 잘 아는 사이었으니 함께 권○○에게 합세하기 쉬웠을 것입니다.

검찰 진술에서 이 사건 병원이 환자 진료는 제대로 못하고 영리만 일삼는듯 이들은 입을 모아 중상모략 했는데 이런 그럴듯한 허위진술들로 이미 판을 짜도록 수사관을 현혹시켰으니 사건 병원이 그렇게 편파수사를 면할수 없게 된 것입니다.

그렇게 이미 오도된 심증을 갖고 진행된 편파적인 수사기록으로는 아무리 법원에 가서 3심을 거쳐봐야 승소 가능성은 거의 없다는걸 겪어보고 나서야 비로소 알게 되었습니다. 따라서 검찰수사 초기부터 수사의 틀을 공정하게 짜지 못하도록 모략하고 법정에서도 위증을 한 이들의 혐의야말로 막중하다 하겠습니다.

5. 보험공단 ○○지사의 무한권력에 대하여

보험공단 ○○지사는 민사 1심에서도 사건으로 기소된 세 당사자 외에 회사대표 김○○씨와 회사까지 엮어 청구금을 배상하라는 소송을 제기했다가 패소했습니다. 다시 민사 2심을 제기하고는 민사2심에 대비하여 검찰에 회사대표 김○○씨가 회사 자금을 병원에 투입하는 횡령을 했다고 고소를 했으나 2013. 2. 28. 횡령 무혐의 판정을 받았습니다. 이렇듯 공단은 계속 온갖 수단과 방법을 동원해서 민사 2심에 대비해 환수금을 더 받아보려고 무고한 회사대표 김○○씨를 엮어 들이는 무리수를 감행하고 있습니다.

수사 초기에 진정인과 진정인에 동조한 검찰측 증인(2명)들이 아니면 말고 식으로 이미 짜맞춘 각본대로 저를 병원을 운영한 사무장으로 몰았다가 진정이 성공하자 이제는 환수금의 10%~20% 상당하는 거액의 포상금을 전부 받기 위해 사건 발생하였을때 참고인 진술만 하고 기소되지 않았던 회사 대표까지 사건에 엮으려고 하는듯 합니다.

무엇보다 이렇듯 보험공단 ○○지사가 민사 2심에서 이기려고 온갖 무리수를 쓰고 있는 것은 다름아니라 사건 병원의 세 당사자들의 재산상태에 따라 지급 받을 수 있는 환수금 액수가 법적으로 받아낼 수 있는 환수금 총액보다 많이 부족했기 때문인듯 합니다. 진정인은 환수금의 10~20% 상당하는 포상금을 받아야 하니까 환수금의 부족분을 채우기 위해 옆에서 병원 자금을 빌리는 것을 도와줬던 회사 대표와 임대료를 받는 회사까지로 구상권을 넓혀 환수금 총액을 채우려는데서 비롯되었다고 하겠습니다.

제가 이미 겪은 사법 피해만도 엄청난데 이제는 보험공단 ○○지사에서 민사소송을 제기하여 사건 병원을 임대해 주고 있던 회사와 회사 대표까지 마구 무차별적으로 엮으려고 하니 대한민국의 사회 정의는 어디에서 그리고 정의사회의 가치관 확립은 누구에게 의지해야 합니까?

하여튼 이 모든 정황들이 모두 환수금과 얽혀 있다고 하겠는데 다시 말해 환수금으로 인한 포상금을 받으려고 진정인은 진정을 하고, 병원장은 의료법 시행령 66조의 의사가 자백하면 환수금을 감면해 준다는 것을 유리하게 이용하여 환수금을 덜 내려고 허위자백하고, 또 보험공단 ○○지사는 환수금을 전액 징수하려고 구상권을 넓히기 위해 건물주 회사와 회사 대표까지 공범인양 엮고 있는데 이 마녀 재판식 악순환의 고리를 사회 정의를 위해서도 꼭 끊어야 합니다.

이렇듯 환수금 경감의 협상력을 쥐고 있는 보험공단 ○○지사는 더 많은 환수금을 받아내기 위해 무한한 공권력을 무리하게 남용하여 무고한 사법 피해자를 양산하지 않도록 사법 정의를 바로 세워야 할 것입니다.

형사 1심 뿐 아니라 형사 2심때 사건병원을 위임받았던 변호사는 사건 병원이 대대적으로 수사받고 기소될때도 회사 대표 김○○씨가 참고인으로 진술했을 뿐 기소되지 않았기 때문에 형사 1심 판결문에서 회

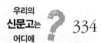

사대표를 거론한 부분이 있었어도 굳이 변론한 필요를 느끼지 않았다고 합니다. 그런데 민사소송의 원고인 보험공단 ㅇㅇ지사에서는 검찰수사 기록만을 추인하고 있는 형사 1심 판결문을 입증자료로 민사소송을 제기하고 있는 것입니다.

그러나 *보험공단이 사법기관이 아닌데 법무팀 변호사 5명이 있다 해도 보험공단이 사건병원의 검찰수사 기록을 입수해서 임의로 해독하여 기소라는 법적 결정을 받지도 않은 회사 대표 김ㅇㅇ씨의 회사 주식을 모두 가압류하거나 또 김ㅇㅇ씨와 회사는 사건병원의 혐의와는 무관하다는 패소판결(민사 1심)을 받고도 확정판결을 무시하고 도리어 사건병원의 회사 건물을 가압류 했다는 것은 공단의 재량권을 넘어 사법기관이 행사해야 할 공권력을 넘보는 월권이자 공권력의 횡포가 아닐 수 없습니다.*

오류가 많은 검찰수사 기록과 그 수사기록을 거의 그대로 추인한 형사 1심 판결문 일부를 입증자료로 하여 국민건강보험공단에서는 민사 1심을 제기했지만 패소했습니다. 참고로 민사 1심에서는 "피고 회사가 임대차 계약을 체결할 때 임차인을 피고 심ㅇㅇ, 진ㅇㅇ 명의로 작성하였다고 하더라도 실제로 임대차 계약에 따라 임대차 목적물인 건물이 이 사건 병원으로 사용되고 있어 명의를 달리 기재한 것만으로는 원고에 대한 불법 행위가 된다고 보기 어려운 점 등에 비추어 볼 때 원고가 주장하는 사유만으로는 피고 김ㅇㅇ이 피고 심ㅇㅇ, 진ㅇㅇ, 조정윤과 공동으로 불법행위를 하였다고 보기에는 어렵고, 따라서 피고 회사 역시 민법 제35조의 불법행위 책임을 진다고 보기 어려우며, 달리 이를 인정할 증거가 없으므로, 원고의 피고 김○○, 피고 회사에 대한 청구는 더 나아가 살펴볼 필요 없이 모두 이유 없다"라고 판결되어 있습니다.(2012 가합 100577 손해배상(기) 7쪽)

앞에서 밝혔듯 보험공단 ○○지사는 민사 1심에서 패소하고도 김○○씨의 회사 주식 모두에 대한 가압류를 풀지도 않은데다 적반하장으로 보증증권을 공탁하면서까지 그동안 가압류 하지 않았던 병원 건물을 가압류 하는 횡포를 자행했습니다. 그래서 회사 건물 가압류에 대한 이의신청을 냈고, 민사 15부에서 이의신청이 받아들여져 건물 가압류가 해제됐다는 통고를 받았습니다.

그런데 회사 직원이 법원에 가압류 해제 서류를 받아 법원에 가압류 등기를 말소하기 위해 제출하니, 국민건강보험단은 이 가압류 해제 판결에 집행정지를 신청하였다고 했습니다. 그러나 법원은 공단의 집행정지 신청 또한 무리하다 하여 기각했습니다. 이렇게 보험공단은 온갖 수단과 방법을 동원해 환수금 전액을 다 받아내려고 김○○씨와 회사를 끝까지 엮어들이려 하고 있습니다.

보험공단 ○○지사 윤○○ 과장은 사건병원이 사무장병원 혐의를 벗지 못하고 환수금을 내게 되면 얼마나 많은 실적금을 받고 얼마나 대단한 명분의 공적을 쌓게 되는지 모르겠지만 환수금 징수 및 경감 재량권을 내세워 이렇듯 온갖 편법적 무리수를 동원하며 환수금을 가렴주구 하려는 것입니다.

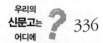

보험공단 ㅇㅇ지사는 민사 1심에 패소한 후 민사 2심을 제기하고는 회사대표 김ㅇㅇ씨가 회사의 자금을 업무상 배임(횡령)하여 병원 개설 및 확장, 직원 급여 등에 불법 사용한 혐의로 고소 고발하였습니다. 그러나 공단이 제기한 배임, 횡령 혐의 등에 대해 검찰은 관련서류를 제출케 한 후 무혐의 판정을 내렸습니다(2013. 2. 28.).

무엇보다 의료법 제정의 취지는 이렇듯 무고한 사람과 회사까지 마구 엮어서 환수금을 내도록 강압하려는 것은 결코 아니었으리라 봅니다. 의료법 적용에 있어 이현령 비현령식 틈새를 이용해(아무리 병원장들의 소유재산이 별로 없어 환수금 전액 환수가 안된다 해도) 어떻게 해서든 거액의 환수금을 받아내려는 보험공단동부지사의 지나치고 편집적인 행태는 지탄받아야 마땅하다고 보며 또 이런 지나친 행정 편의주의는 꼭 시정되어야 한다고 생각합니다.

보험공단 ㅇㅇ지사가 민사 1심에 패소하고도 패소 직후 병원 건물을 가압류 한데 대해 회사대표가 이의신청을 하며 법원에 제출한 진술서부터 첨부하겠습니다.

저는 모바일 카드결제기를 제조, 생산하는 회사의 대표이사로서, 저희 회사는 1,000만불 수출탑을 여러해 받았고, 국무총리 표창을 받은 바도 있습니다. 회사 대표는 항상 직접 외국 바이어들과 접촉하고 계약을 체결하고 있기 때문에 해외출장이 많고, 수시로 외국 바이어들과 전화 통화와 이메일을 주고받는 등 매우 바쁜 스케줄로 일정을 보내고 있기에 이 사건 병원에 관여할 여건이 전혀 되지 않으며, 관여한바도 결코 없습니다.

참고로 저는 2010. 8. 7.부터 2012. 말까지 약 2년 동안 33번이나 캐나다, 유럽, 중국 등 해외출장을 다녀왔습니다.

제가 이 사건 병원과 관련이 있는 것은 E 주식회사 대표이사로서 회사 소유 건물에 대한 안정적인 임대수익을 확보하기 위해 임대인으로서 임차인에게 편의와 혜택을 지원한 것과 처가 재산분할로 요구한 자금을 조달해 준 것 뿐이며, 이외에 병원 경영이나 운영 등에는 전혀 관여하지 않았습니다.

흔히들 중소기업은 바로 국가경쟁력이라고 합니다. 최근 2년 사이 국제적 불경기 여파로 중소기업들은 지금 무한경쟁에서 살아남기 위해 사활을 걸고 출구를 모색하고 있습니다. 이런 중요한 비상시국에 보험공단 ○○지사가 계속 민사소송을 제기하고 회사 건물을 막대한 액수로 가압류 당한다는 것은 나름대로 15년간 수출을 통해 국익에 일조해 온 중소기업의 숨통을 조이는 처사이며, 중소기업 직원들의 안정된 일자리를 위협하는 실로 가혹한 처사가 아닐 수 없습니다.

더욱이 민사 2심이 이제 시작되려고 하니 앞으로 대법원 3심까지는 아직도 시간이 멀었는데 수출을 주로 하는 회사에서는 타이밍이 매우 중요하기에 회사 대표가 소송이나 고소를 받는것 만으로도 그동안 운영상의 피해나 추락되는 외부 신인도는 막심할 수 있습니다.

실제로 2012년 11월 11일(월)에도 본사가 MVNO(모바일 가상망 사업자)인 Korea Cable Telecom사와 업무를 진행하기 위해 서울보증증권(주)에 보증증권 발행을 요청했으나, 당사 소유 부동산 건물이 국민건강 보험공단 ○○지사에 가압류 되었다는 이유로 거절당했습니다. 이로 인해 기업의 정상적인 업무가 진행되지 못해 많은 피해가 발생하였습니다.

세계경제가 불황의 늪에 빠져 있고, 경제가 어려울수록 기업이 능동적으로 대처해야 되는데 기업의 재산권 행사가 제한되면, 이 난관을 극복하기 어렵습니다.

최근에도, 저희 회사의 결제 단말기 승객운송 분야의 독점권자인 Guestlogix Inc.에서 회사 주식 30%까지 투자하겠다는 의향서를 첨부와 같이 보내 왔으며, NEGO하는 과정에서 E 주식회사 자산에 대한 실사가 필수요인인바, 회사 부동산인 이 사건 건물에 대한 가압류가 해제되어야만 투자를 받을수가 있는 긴박한 상황에 있습니다.

작금의 어려운 여건에서도 저희 회사는 금년에도 중소기업청으로부터 투자연계 지원과제 개발회사로 설정되어 기술개발자금 6억4천만 원을 받게 돼 있는 기술집약적인 회사임을 감안하시어 수출을 통해 우리 기술을 세계에 떨칠수 있도록 회사와 회사 대표에 대한 더 이상의 무고한 사법피해만은 막아주시기 바랍니다.

김 ○ ○

다음은 보험공단 ○○지사가 민사 1심에 패하고 민사 2심을 제기하여 회사대표 김○○씨를 고소했을 때 김○○씨가 검찰에 제출한 진술서로 그 내용은 다음과 같습니다.

진 술 서

저는 사건병원 건물주 회사 대표이사로서 2011년도에 이 사건 병원이 이른바 사무장병원으로 진정을 받았을 때 이미 검찰조사를 여러차례 받았지만 그때 기소도 되지 않았고 또 민사소송 1심에서도 저와 회사는 이 사건 병원의 의료법 혐의와는 무관하다 하여 이미 승소판결을 받았습니다.

민사 1심 판결에서 "피고 회사가 임대차 계약을 체결할 때 임차인을 피고 심○○, 진○○ 명의로 작성하였다고 하더라도 실제로 임대차 계약에 따라 임대차 목적물인 건물이 이 사건 병원으로 사용되고 있어 명의를 달리 기재한 것만으로는 원고에 대한 불법 행위가 된다고 보기 어려운 점 등에 비추어 볼 때 원고가 주장하는 사유만으로는 회사 대표 김○○가 피고 심○○, 진○○, 조정윤와 공동으로 불법행위를 하였다고 보기에는 어렵고, 따라서 피고 회사 역시 민법 제35조의 불법행위 책임을 진다고 보기 어려우며, 달리 이를 인정할 증거가 없으므로, 원고의 회사대표 김○○, 피고 회사에 대한 청구는 더 나아가 살펴볼 필요 없이 모두 이유 없다"라고 판결하였다.(2012 가합 100577 손해배상(기) 7쪽)

그럼에도 보험공단 ○○지사에서는 형사 1심 판결문 일부를 입증자료로 하여 회사 소유인 병원건물까지 가압류 했습니다. 회사의 자산인 건물의 담보가치도 많이 하락하고 수출을 생명으로 하는 회사의 신인도도 추락하여 회사운영에 많은 차질을 빚고 있습니다. 보험공단 ○○지사에서는 민사 1심에서 공단이 패소했음에도 보증증권을 공탁하면서까지 병원 건물을 가압류 한 것입니다.

그래서 회사 건물 가압류에 대한 이의신청을 냈고, 다행히 민사 15부에서 이의신청이 받아들여져 건물 가압류가 해제됐다는 통고를 받았습니다. 그런데 법원에서 가압류 해제 서류를 받아 이 서류를 가압류 등기를 말소하기 위해 제출하니, 보험공단 ○○지사는 이 가압류 해제 판결에 집행정지를 신청하였다고 했습니다. 물론 보험공단의 집행정지 신청도 민사 12부에서 기각되었습니다. 그러나 어찌 이렇게까지 보험공단 ○○지사는 온갖 수단과 방법을 동원해 환수금 전액을 다 받아내려고 저와 회사를 끝까지 엮어들이려 하는지 알수 없었습니다.

이에 저는 저와 제가 대표로 있는 E 주식회사가 본 사건 병원과 관련이 없음을 분명히 밝히고자 합니다.

참고로 대법원 판례에 의하면 사무장병원은 의료기관의 시설, 필요한 자금의 조달, 그 운영성과의 귀속, 인력의 충원, 관리를 주도적인 입장에서 처리하는 것으로 의료법 제87조 제1항 제2호, 제33조 제1항 위반의 요소로 판단하고 있습니다.(대법원 2011.10.27. 선고 2009도2629 판결 참조)

첫째, 의료기관의 시설 면에서 살펴보면, 2009년 8월 이 사건 병원 건물을 E 주식회사 명의로 인수한 이래 최근 추세에 맞춰 외양을 유리로 리모델링 한 뒤 여러 부동산 소개소를 통해서 임대를 의뢰했으나 극장 건물이었던 구조 때문이었는지 요양병원이나 요양원 임대문의는 많았는데도 지하 2층 지상 9층 건물에서 2010년 3월에 3층이 한의원으로, 2010년 5월에 지하 1층이 PC방으로 임대된 것 외에는 다른 층은 2010년 8월까지 임대가 되지 않았습니다.

그 당시부터 지금까지 근무하고 계신 김○○ 관리소장님이 그 당시 상황을 잘 알고 계십니다. 그런데 건물 임대를 문의하는 사람들중 요양병원으로 임대하려는 사람들은 특히 장기 임대할테니 인테리어는 부담해 달라고 요구하는 경우가 많았습니다.

마침 조정윤의 친구가 요양병원으로 임대해 오겠다니 인테리어 공사도 건물의 부가가치니까 이사회 결정에 따라 장기임대를 위해 회사 자금으로 해주도록 했던 것입니다. 인테리어 공사를 하지 않고 층별로 부분적으로 임대하면 임대료가 4,000~5,000만원/월 정도인데, 인테리어를 해주면 6,000만원 이상/월 정도 가능하다고 했습니다. 2010년 8월 말경 심○○와 저, 그리고 조정윤와 함께 만나 회사와 체결할 임대차계약조건에 대해 구두로 합의를 보았습니다. 정식계약서는 개설 전에 작성하기로 하고 9월초부터 기본 인테리어공사를 시작했습니다. 다만, 의료시설(집중치료실, 의료가스 등)등은 해주지 않았습니다.

더욱이 요양병원의 특성 말하자면, 요양병원은 환자들이 입원하는 것이 주가 되니 장기임대로 갈 수 밖에 없고 또 일단 전층이 요양병원으로 인테리어 되면 계속 요양병원으로 임대되어야 하기에 더욱 인테리어가 회사 건물의 부가가치라고 생각했습니다. 그래서 인테리어 공사에 회사 자금이 사용되었습니다.

이렇듯 저는 회사의 대표이사로서 회사 소유 건물에 대한 안정적인 임대수익을 확보하기 위해 임대인으로서 임차인에게 혜택을 준 것 뿐이며, 위법인 사무장병원을 개설하기 위해서 인테리어 시설을 한 것은 전혀 아닙니다. 따라서 임대를 위한 기본 인테리어만 해주었고, 의료시설(집중치료실, 의료가스 등)은 나중에 심○○ 병원장과 조정윤이 했습니다.

또 인테리어를 다 해 놓고 임대해 오는 병원장의 개설자금을 마냥 기다리고 있자니 건물을 계속 놀리는데다 곧 겨울이 다가오니 조정윤은 되도록 빨리 개설할 수 있도록 자금을 저에게 구해달라고 했습니다.

둘째, 병원의 개설자금 내력에 대해서 살펴 보겠습니다. 평소 조정윤은 사업가의 아내라는 위치에 항상 불안해 했기에 혼인기간 동안의 자기 몫을 확보하고자 했습니다. 아이들만이라도 안전하게 보호하겠다고 2005년도에 가정법원에 재산분할 소송을 제기하여 승락을 받은적이 있습니다. 그러나 아파트를 분할하는데 양도소득세도 많이 들고 해서 보류했었습니다. 조정윤은 그때 못받은 위자료를 회사 주식으로 갖고 있었는데 조정윤은 그 주식을 팔던지 담보해서라도 병원에 융통해 달라고 제게 사정을 한 것입니다.

조정윤은 서울가정법원 조정조서에 의거해서 6-7억원을 저에게 강력히 요구하였으며, 저는 관리소장님에게 6-7억원을 차용하여 조정윤에게 주었습니다. 조정윤은 그 돈으로 의료시설, 재활장비 및 집기 등을 구입하고 급한 적자를 메꾸는데 사용했다고 검찰조사에서 진술하였습니다.

만일 관리소장님께서 여유자금을 갖고 계시지 않았다면 회사에 올인하는 저로서는 여유자금이 별로 없어 조정윤의 부탁을 들어줄수 없었을 것입니다. 결국 2011. 11. 10. 황○○, 김○○, 김○○ 등 지인으로부터 합계 6억2천만원을 차용한 후 이 돈을 저나 임○○ 명의의 통장에서 심○○ 계좌로 입금하였던 것입니다. 병원이 자금을 차용받은 후 심○○은 2011. 11. 17. 개설 허가를 받은 것입니다.

그리고 제 친구 임○○와 심○○은 소개팅을 한적이 있기 때문에 호감을 갖게 하기 위해서 임○○ 통장을 통해서 송금하는게 좋겠다는 조정윤의 의견을 따랐습니다.

그러다가 심○○은 자기 뜻대로 병원이 안된다고 계속 하고 싶지 않다고 해서 당장 폐업하겠다고 했다는 얘기를 들었습니다. 장기 임대를 하리라 믿고 개설 초기 지인에게 빚을 얻어가면서까지 자금을 마련한 입장에서는 너무 무책임하다 싶었습니다.

후에 진○○이 심○○의 임대차계약서를 인수 인계할때도 심○○이 실제로 그때까지 두어달 동안 가지고 온 개설자금이 없었으니 차용증조차 필요치 않다고 했습니다. 그래서 결국 진○○은 임대차 계약 조건을 그대로 인수인계 했습니다.

다만 저는 건물 회사 대표로서 건물을 장기 임대하려고 일시적으로 지인인 병원장에게 오픈자금을 차용해 주거나 은행대출시 보증을 서주는 특혜를 주었을 뿐입니다.

셋째, 그 운영성과의 귀속을 보면, 저는 중소기업(매출 193억원/2011년도0을 1998년도에 설립·운영하는 CEO로서 2009년도 무역의 날에 1,000만불 수출탑과 함께 국무총리 표창을 받았으며, 출장도 많고 매우 바빴기 때문에 처인 조정윤에게 돈만 줬지 다른 병원 업무는 전혀 알지 못합니다. 그리고 검찰조사를 받은 직후에도 계속 적자라며 임대료도 내기 힘들다고 조정윤에게 들었습니다.

넷째로, 인원의 충원, 관리를 주도적으로 처리하는 것을 보면, 회사가 해준 기본 인테리어를 계약할 때 중간검사 준공시 외에는 일과시간 내에 병원에 간적이 없습니다. 그래서 제가 병원 운영에 관여했다는 형사 1심(2012 고단 131) 법정심 리일(2012년 4월 2일자) 참고인(권○○/강○○/김○○)들의 검찰 진술은 결코 사실이 아님을 밝히고자 합니다.

1) 강○○로 부터 병원 수익에 대해서 보고 받은 바 없으며, 인사는 받은 것 같으나 그 외의 접촉은 없었습니다.

2) 김○○(1개월정도 근무)이 제가 가끔씩 내원하여 보험 청구 내역 등을 확인했다는 진술은 전혀 사실 무근으로 만날 기회도 없었습니다.

3) 권○○(1개월정도 근무)의 진술에 의하면 제가 청구 교육을 받았다고 하는데 전혀 사실이 아니며, 장남 김○○과 점심을 먹기 위해서 교육 장소 근처에 한번 간 적이 있습니다. 교육장소인 메디아이 학원에 확인도 가능합니다.

4) 권○○의 진술에 의하면 병원의 물품, 의료 장비 등을 남편 회사 자금으로 구매했다고 했는데, 병원의 회계서류를 확인해 보시면 아시겠지만 이 물품들을 회사 명의로 구입한 적이 없습니다.

5) 손○○도 제가 개설 초 거의 매일 그 이후에는 일주일에 두 세번 병원에 와서 그 때마다 강○○가 병원 수익에 대해 저에게 보고를 했다고 진술했는데 업무상 강○○를 만난바 전혀 없습니다.

다만 형사 1심 2013년 고단 540 법정 진술때 검찰측 증인 원무부장 최○○는 1심 재판 과정에 출석하여 병원에 여러달 근무해 보았는데 제가 병원 경영에 전혀 관여하지 않았다고 분명히 진술하였습니다.

사실 지인 사이인 당사자들 간의 (임대)계약 내용을 병원 직원들이 속속들이 알 수는 결코 없기에 그들의 진술은 겉보기에만 치우쳐 사건의 전모를 파악 하는데는 한계가 있을 수 밖에 없습니다. 그러나 8시에 퇴근하는 제가 병원일에 관여했다는 그들의 주장은 병원의 모든 직원들이 증명할 수 있는 명백한 모의입니다.

뿐만 아니라 사건번호 2012 고단 130 이른바 수사관 이○○ 사건에서 권○○는 법정에서(2012. 5. 14.) 진정 취하금을 강○○에게 나누어 주어야 했는데 이○○ 수사관이 많이 요구해서 부담이 되었다고 진술했음을 법정에서 직접 방청하며 분명히 들었습니다.

권○○가 강○○에게 진정 취하금을 나누어 주어야 했다면 당연히 성공하면 보상금도 나누어 주겠다고 했으리라 짐작 되었습니다.

일례로 강○○의 퇴근시간은 저녁 6시 이전이라는데 저는 회사 일을 끝내고 병원에 조정윤를 픽업하러 오는 시간은 통상 8시에서 8시 반이었는데 어떻게 주중에 정기적으로 두 세번씩 청구보고를 받았겠습니까? 이런 명백한 허위진술은 병원 직원들에게 확인해 보셔도 됩니다.

무엇보다 진정인 권○○의 진술을 보면, 거의 전부가 억측과 조작으로 일관되어 있는데 그 단적인 예로, 권○○는 후임 병원장 진○○이 저희 회사로 부터 자금을 빌린 것처럼 허위로 채권 채무 서류를 꾸며 놓았다고 조정윤이 말했다고 진술했는데 실제로 진○○은 인수인계 할 때 회사와 채권 채무 서류를 결코 만들지 않았습니다. 이렇듯 권○○는 자기 추측대로 마치 조정윤이 그렇게 말한것처럼 조작하여 진술 하였습니다.

그리고 진정인 권○○는 조정윤이 남편이 사업을 해서 병원을 차렸고, 의료장비나 인테리어 비용도 회사자금으로 조달하였다고 말했다는데 어찌 조정윤이 겨우 1달 근무한 직원에게, 더욱이 사무장병원이 위법인줄 잘 아는데 남편이 사업해서 병원을 차렸다고 말했겠습니까. 그리고 의료장비대금은 병원장이 차용하도록 주선했고, 저는 인테리어 비용만 회사자금으로 조달하였습니다.

그런데 검찰수사를 받아보니 모의와 협박을 일삼는 진정인과 그와 합세한 두어명의 진술만으로 문화방송 녹취록 사건으로 물의를 빚었던 이○○ 수사관은 심증을 굳혔는지 임대를 위해 일시적으로 돈을 꿔 준 것이었는데도 수사관은 임대차 계약을 서류적으로만 작성한 것인 듯 의심하고 모든 계좌를 추적해 대니 참 답답한 노릇이었습니다. 민간끼리의 계약이고 어차피 장기 임대를 목표로 하는데 그 날짜에 못 갚으면 좀 늦게라도 받으면 되는 것 아니겠습니까? 돈을 꿔주는 입장은 마지못해서이지 개설때부터 돈을 제대로 받고 임대하기를 더욱 바랐던 것입니다.

그런데 사건 병원은 개원한지 몇 달(심○○때는 두달, 진○○때는 5달) 안되어서 검찰수사를 6개월 이상 받았고 그 후 법원소송까지 거치는데 1년 이 소요되었습니다. 그 사이 개점휴업 상태와 같이 뒤숭숭했던 병원이 적자와 자금난등으로 몇번이나 폐업의 위기를 겪었지만 임대하겠다는 병원장을 믿고 무엇보다 안정된 임대료를 받기 위해 개설자금까지 미리 차용해 준 입장에서는 어떻게 해서든 힘든 고비만이라도 넘겨 폐업만은 막으려고 한 것입니다.

그래야 장기적으로 임대료도 안정적으로 받고 또 그동안 다급하게 차용해준 빚도 상환받을 수 있겠기 때문입니다. 그런데 검찰수사를 받기 시작한 시기는 개설자금이 들어오고 있는 몇 달 사이이기에 통상적 임대차계약에서 미비점이 있었겠습니다.

개설 초기 병원장이 적자도 채 메꾸지 못하여 임대료를 낼 형편도 못되었지만 회사의 임대료를 내야 하니 저나 지인의 돈으로 임대료까지 내도록 할수 밖에 없었습니다. 사실, 지인들 사이의 실질적 임대계약이었는데 위장거래이듯 의혹을 갖고 수사를 해대니 죄가 없다고 생각하면서도 저와 같은 일반인들은 검찰수사를 받으면 무고한 혐의를 받을까와 우왕좌왕 하면서 자가당착에 맞닥뜨렸던 것입니다.

상기 참고인(권○○/강○○/손○○/김○○)들이 법정에서 모두 제가 병원 업무 보고를 받았다고 한 진술은 분명한 사실무근으로 진정에 성공하면 보다 많은 포상금을 받기 위해 환수금 청구에 저까지 엮기 위한 명백한 모의입니다.

더욱이 제가 검찰 조사를 받을 때 저한테 수사관이 이들의 진술에 대해 전혀 확인한 바도 없었기에 검찰 수가 초기 바탕이 되었던 이들의 이런 진술들이 사실무근이라고 부정할 기회조차도 없었습니다. 그러나 이○○ 수사관과 진정인으로 인해 발생한 문화방송 녹취록 사건(2011.11.15.)은 저희가 수사를 받을때부터 이미 수사관은 진정인이 주도한 이 모의에 회유됐거나 결탁되었던 증거라 하겠습니다. 진정인이 굳이 수사관과 진정 취하금을 나누는 대화를 녹취해서 공개한 것은 진정이 성공이라도 하면 후에 거액의 포상금을 나누겠다고 수사관으로서 강력하게 협상해 올 것을 대비해서 사전에 그 가능성을 차단하려는 극약처방이었다고 해석되었습니다.

끝으로, 검찰조사 및 재판 과정에서 야기됐던 몇가지 문제점을 설명

하면,

① 특히 마이너스 대출 2억5,000만원건은 임대인 입장에서 임대료를 계속 올리면(임대차계약이 2년임) 임차인이 대출을 갚을수 없으니, 임대인은 이 점을 감안해 달라는 은행원의 말과 언제 병원이 폐업 돼도 보험공단 ○○지사에서 지급되는 요양 급여가 1달쯤 후에 나와서 마이너스 대출이 상환되기 때문에 아무 문제가 없다고 판단되어 연대보증을 했습니다.

더욱이 일단 건물이 요양병원으로 인테리어 되어 있으니 다음에도 요양병원으로 계속 임대 될 수 밖에 없는 상황이었습니다. 따라서 모처럼 임대해온 병원장 진○○에게 초기에 최대한 편의와 혜택을 봐주어서 또 다시 임대병원장이 바뀌지 않고 계속 장기적·안정적으로 건물임대가 되도록 하기 위해 부득이하다고 생각했습니다.

한번 대출보증을 해주니까 2011. 7. 28. 1억9,000만원 대출시에도 대출 실무는 신용보증회사에서 처리했습니다. 저는 진○○이 재산이 없어서 보증이 필요하다며 조정윤이 하도 원해서 부득이 연대보증을 한번 더 해주었을 뿐입니다. 무엇보다 모처럼 임대해온 병원장에게 임차인을 바꾸기 보다는 장기적, 안정적 건물 임대를 위해 최대한 편의를 봐 주어야 했습니다.

그런데 메디칼 론대출 담당 변○○ 대리가 '진○○이 고용된 의사이고 이 사건 병원의 실소유주는 조정윤와 김○○로 알고 대출을 실행하였기에 연대보증인으로 세운 것'이라고 진술한 것으로 검찰수사 기록에 나와 있습니다. 그 수사기록 때문에 형사 1심때 변○○씨에게 직접 확인해 보니 전혀 그렇게 얘기한 적이 없다며 사실확인서까지 제출한 바 있습니다.

변○○ 대리는 저희 회사가 주로 거래하고 있는 은행의 직원이기에 이미 사건 병원의 건물이 회사 건물인 것과 그 건물이 임대중이었다는 것과 그 후 요양병원이 되었다는 것은 알고 있었습니다. 그러나 그는 새 병원장이 임대해온 병원장인지, 또는 고용된 의사인지 조차 구분하지 못했다고 분명히 사실확인서 등에서 확언한 바 있습니다.

이를테면 일반인들은 의료법의 세부를 잘 모르기에 의료법에서 규정하는 사무장 병원의 개념조차 명확히 잘 모르고 대부분 그 용어조차 분간하지 못했던 것이 분명합니다.

② 그리고 고교 동창회 사이트에 '김○○가 병원을 개원하였다'고 공지된 것에 대해서는 고교 동창들과 같은 일반인은 동창회 총무처럼 건물에 임대가 들어와서 개원했는지, 직접 운영을 한다는건지 구분할 줄도 모릅니다.

총무는 꽃집을 운영하고 있기 때문에 저희 회사 건물이 개원했다고 해야 동창들에게 화환을 많이 팔수 있기 때문에 또 제가 동창회 회장을 지낸바도 있고 해서 대대적으로 홍보한 듯 합니다. 그런데 덕담삼아 한 그런 홍보용 공지사항도 제가 병원에 관여한 커다란 입증자료로 채택되는데 답답하기만 합니다. 저는 그 사이트의 광고를 알지도 못했다가 수사받을 때 검찰수사관이 보여주어서 알았습니다.

또, 제 친구 임○○도 제가 건물 임대가 어렵다고 얘기했는데, 제가 '병원을 운영하면서 너무 어렵다' 라고 임○○에게 말했다고 검찰

기록이 되어 있었고, 나중에 이를 알고 사건병원의 형사 1심 법정에서 임○○이 사실확인서로 정정한 것과 같이 일반인들은 의료법의 세부를 명확히 모르면서 이렇게 수사관이 유도하는대로 진술하는 경향이 있겠습니다.

③ 제 친구 임○○ 명의의 계좌는 2010년 5월 개설한 것으로 몇 달 후 이런 검찰수사를 예상해서가 전혀 아니었습니다. 임○○는 회사 투자가이고 또임○○와 심○○은 둘 다 독신으로 선을 본 사이라서 이왕이면 임○○가 심○○에게 자금을 빌려주는 호의를 베푸는 듯한 모양새를 갖추자고 조정윤이 권유 했습니다. 따라서 임○○ 명의의 통장은 검찰수사를 받을 것을 예상하고 대비한 것이 결코 아닙니다.

특히 임○○의 검찰기록에는 자기가 말하지도 않은 '병원운영'이라는 말이 수없이 반복되고 있는데 이는 먼저 수사관이 이른바 사무장병원이 되는 그런 용어들을 반복하면서 유도하면 그 답변으로 자연스레 그런 용어들을 따라 했으리라 추측됩니다.

그리고 임○○는 저한테 '사무장 병원으로 혐의를 받고 신고 되었다'고 들었다는데, 조서기록에는 임○○더러 제가 '사무장 병원을 하다가 수사를 받고 있다'고 했다는 내용으로 기록되어 있었습니다. 사무장 병원 여부를 판가름하는데는 그 내용이 전혀 상반되는 진술이 되는데도 사실 민간인들은 의료법도 자세히 잘 몰라 사무장 병원을 하고 있다는 뜻 조차 정확히 모르는채 수사관이 유도하는대로 진술하는 경향이 있겠습니다.

이를테면 임○○과 같이 일반인들은 의료법의 세부를 잘 모르기에 의료법에서 규정하는 사무장 병원의 개념조차 명확히 잘 모르고 대부분 그 용어조차 분간할 줄 모르기 쉽습니다.

실제로 막상 검찰수사를 받아보니 수사관은 그가 예상하는 진술이 나올때까지 같은 질문을 반복했던 기억이 납니다. 그리고 한번 수사를 받으면 적어도 5〜6시간 넘게 되니 나중엔 지칠대로 지칩니다. 그럴때 진술하는 사람이 미처 생각지 않은 용어를 수사관이 먼저 구사하면서 반복하면 자연스레 그 용어들을 따라서 썼던 기억이 나기 때문입니다.

④ 진○○와 ○○은행과 사이에 체결된 메디칼 론은 시중은행에 문의해 보면 아시겠지만 어느 은행에서도 다 통용되는 론으로서 ○○은행과 제가 거래를 자주 하는 관계라서 특별히 해 주는 것이 전혀 아니었습니다. 다만 진원장이 개설자금 뿐 아니라 임대해 있었던 3층 한의원을 내보내려니까 론을 얻으려는데 진○○의 사업기간이 짧아 은행에서 보증인을 필요로 했고, 조정윤이 병원을 위해 필요하다고 간청해서 승낙했었습니다.

메디칼 론(마이너스 대출) 2억5,000만원건은 임대인 입장에서 임대료를 계속 올리면(임대차계약이 2년임) 임차인이 대출을 갚을 수 없으니, 임대인은 이 점을 감안해 달라는 취지의 연대보증이라는 은행원의 말과 후에 병원이 인수·인계 돼도 보험공단 ○○지사에서 지급되는 요양 청구금이 1달쯤 후에 나와서 마이너스 대출이 자동상환되기 때문에 아무 문제가 없다고 판단되어 연대보증을 했습니다.

저는 진○○ 원장을 임대인 자격으로 만났으며, 임대료를 잘 내달라고 부탁했으며, 그 후 2011년 1월 검찰기소되자 사건 병원의 공단 청구금이 1월분부터 지급 보류되었습니다. 건물 임대에 공을 들였는데 이런 급박한 상황에 처하니 가족밖에 없겠기에 대학에 있는 자부를 설득해서 3월 1일자로 임대계약을 인수인계하려고 했습니다.

새 병원장이 들어오려면 폐업 절차를 거쳐야 하는데 전임 병원장이 폐업에도 응하지 않으면 병원은 그냥 문 닫고 모든 채무만 떠안을 수밖에 없다고 합니다. 그렇다면 건물을 임대하는 입장에서는 다른 임차인에게 건물 임대도 불가능한 최악의 사태를 맞게 될 수밖에 없습니다.

그래서 저는 최악의 사태만 막아보려고 무척 애를 썼습니다. 그런 최악의 상황에서는 그동안 건물 임대를 위해 투입되었던 자금과 노력은 모두 수포가 되겠기 때문이었습니다. 그러다 제가 해외출장에 가게 되었는데 병원의 자금줄이 막혀 있으니 그 사이에라도 합의할 수 있도록 처남에게 위임장을 써 주었습니다. 출장에서 다녀와 보니 병원장 인수인계를 하기 위해서 처남은 터무니 없는 조건으로라도 합의를 할 수 밖에 없었다는데, 이것이 바로 원고측에서 제출한 합의서입니다. 특히 그 시점은 2012년 8월 병원장이 자백하면 환수금도 경감될 수 있다는 의료법 66조 시행령이 발효되었다고 합니다.

심○○과 진○○은 2012년 6월말 형사 1심 끝날때까지도 계속 탄원서를 통해 무혐의를 주장했었는데 의료법 66조 시행령이 발효된 직후부터 저와 E회사가 이 사건과 연관되는 듯한 무리한 의견서를 냈습니다. 그런데 그때는 2012년 8월 말경으로 마침 의료법 66조 시행령이 발표되었고 또 민사 1심 판결 직전이기도 했습니다.

그럼에도 민사소송 1심 판결에서는 그들의 무리한 의견서가 받아들여지지 않아 저와 회사는 무관하다는 판결을 받고 승소했습니다.

민사 1심에서 패소한 보험공단은 제가 회사 돈을 병원에 썼다며 배임 및 횡령 혐의로 검찰에 고소하였으나 제가 증거서류를 제출한 후 검찰도 무혐의 판정을 내린바 있습니다.(2013. 2. 28.)

보험공단 ○○지사는 아니면 말고식으로 마구 고소하는 무고죄에 해당되는 불법까지 감행하며 무리수를 쓰고 있는데 이렇듯 보험공단 ○○지사의 환수금 경감협상에 대한 재량권이 무한권력의 횡포가 되지 않도록 그리고 중소기업이 어려운 여건하에서도 국익에 일조할 수 있도록 사법정의를 바로 세워 주실 것을 간청드립니다.

무엇보다 공권력을 이용해 의료법을 극단적으로 적용하며 어떻게 해서든 거액의 환수금만은 모두 받아내려는 보험공단 ○○지사의 편집적인 행태와 공권력 남용은 앞으로도 많은 선의의 피해자를 희생시킬 수 있다는 점에서 꼭 견제해 되어야 한다고 봅니다.

※ 첨부 : 투자에 대한 이메일 사본 1부

VI.
책을 엮고 나서

VI. 책을 엮고 나서

근래에 들어와서 법의 진정한 주체인 국민의 인권이 시민사회의 중심적 가치로 떠오르면서 우리 사법의 민주화는 절박한 시대적 과제가 되고 있다고 하겠습니다. 그리고 평소 소신껏 성실하고 청렴하게 맡은 바 소임을 다하는 대다수 전문 법조인들의 정당한 권위와 명예를 보호하기 위해서도 우리 사법의 민주적 정당성과 대중적 신뢰 회복은 시급하다고 하겠습니다.

사실 예기치 않게 날벼락과도 같은 진정을 받고 검찰과 법원이라는 사법과정을 모두 거치고 난 후, 정치가도 기업인도 아니고 명색이 교직에만 있던 저로선 더욱 사법 피해의 환부를 만인에게 드러내기 까지에는 많은 용기와 결단이 필요했습니다. 그래서 이 글을 쓰는 일은 결코 쉬운 일이 아니었습니다.

그리고 사실 사건 관련자들의 프라이버시를 보호하기 위해 저자만 실명을 공개했기에 이 증언록은 저희 양심과 명예를 담보하고 있습니다.

동서고금 어떠한 상황에서도 꼭 세워야 할 사법정의는 억울한 사람들의 권익을 보호하는 것이라면 차라리 제 환부를 드러내 공론화를 위해 넓게 열린 장에서 저의 양심과 정의를 심판 받으려 합니다.

이제껏 살아오면서는 세상이 온통 권리의 쟁취와 이익의 확보에만 혈안이 된듯 하다 싶어 이런 법 만능 내지는 법 과잉 세태를 백안시 하기도 했습니다. 전통적 시각에서 법보다 덕을 중요시하는 동양사상에서 '법대로 하자'는 것은 막장으로 가는 지름길을 의미했기 때문이기도 했습니다.

그러나 직접 사법 피해 사례를 겪고 보니 언제까지나 세상 법과 거리를 두고만 있을 수는 없었습니다. 무엇보다 인권의식에 기반하여 민주사법을 지향하는 노력은 주권자인 국민 모두의 몫이 되어야 할 것이겠기 때문입니다.

설령 피상적으로는 사건병원에서 제가 의료법에 저촉된다고 보여 진정을 받았었다 해도 평생 견지해 온 저의 양심을 걸고 단언하건데 저는 혐의 없음을 확신하기 때문입니다. 그리고 사건병원에 대한 검찰수사 공개 진정서를 계기로 우리 검찰 개혁에 일말의 밑알이 될 수 있었으면 합니다.

사실, 사무장병원이라는 혐의로 이렇게 속속들이 고강도로 검찰 및 법원이라는 사법과정을 모두 거쳤다는 후일담만으로도 이른바 사무장병원의 난립을 억제하는 공익적 효과가 충분히 있겠다고 하겠습니다.

만일 시민사회에 온갖 위법과 탈법이 일상화 되고 그 희생으로 공동체의 가치 질서가 훼손된다면 이른바 민주주의와 인권을 지키기 위한 법치주의는 그 기능을 상실하게 될 것입니다.

따라서 법을 지키고 따르는 것이 가장 편하고 바람직하게 사는 길이라는 평범하지만 소중한 지혜를 모든 국민들이 터득하게 될 때 비로소 개인의 인권 및 공동체의 평화에 지속 가능한 발전이 담보되고 법과 정의가 조화를 이루는 선진적인 법치문화가 확립될 수 있을 것입니다.

저 또한 사전 계획에도 없다가 개설 요양병원을 임시적으로 돕는 과정에서 사법사건까지 겪게 되었던 것입니다. 앞으로 남은 여생동안 누구에게 제대로 알려보지도 못하고 음지에서 고통에 시달리는 피해 사안이나 아픔으로 가슴앓이하는 많은 분들과 소통하며 서서히나마 함께 그런 아픔들을 치유할수 있다면 비싼 수업료 내고 값진 학습을 하고 온 보람으로 삼겠습니다.

그리고 60 중반의 예비노년에 이르도록 이제껏 살아오면서 알게 모르게 남들에게 준 상처 그리고 미처 풀어놓지도 못하고 가두어 두었던 수많은 응어리들을 십자가 앞에 다 내려놓고 시작의 출발점에 서려고 합니다.

이 힘든 시간들을 통하여 보다 귀한 연단 받은 그릇으로 거듭나도록 이 고난이 변장하고 오신 하나님의 축복이기를 기도합니다. 비록 지금은 제 아픔과 제 비탄 때문에 기도하지만 이 고난을 끝낸 후에는 우리 모두의 평화와 불행한 모든 영혼을 위해 기도하고 싶습니다.

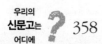

그리고 앞으로는 오얏나무 아래서는 짚신 끈 묶는일조차 삼가하고 그 동안 보이지 않는 기도로 응원과 격려를 아끼지 않은 주위의 많은 분들을 기억하며 남은 여생동안 보다 속마음이 큰 마음, 넓은 마음, 밝은 마음, 어진 마음 되어 보답하겠습니다. 그리고 지금까지 읽어준 독자 여러분께 고마움을 전합니다.

"아버지, 할수만 있거든 이 잔을 내게서 지나가게 하옵소서. 그러나 그 것도 내 뜻대로 마옵시고 아버지 뜻대로 하옵소서."

(마가복음 14:36)

우리의
신문고는
어디에

초판발행 · 2015년 7월 5일

지 은 이 · 조정윤
펴 낸 이 · 배수현
디 자 인 · 김화현
제   작 · 송재호

펴 낸 곳 · 가나북스 www.gnbooks.co.kr
출판등록 · 제393-2009-000012호
전   화 · 031-408-8811(代)
팩   스 · 031-501-8811

ISBN 979-11-86562-06-2(03330)